LIVRE

DE LA BLANCHISSEUSE,

Appartenant à M

commencé le [illegible] 178

LIVRE DE COMPTE NÉCESSAIRE A CHAQUE MÉNAGE,

Pour pouvoir compter, sans risque de perdre de Linge, avec les Personnes chargées de le blanchir.

A PARIS,

Chez QUILLAU, Imprimeur de S. A. S. Monseigneur le Prince de CONTY, rue du Fouarre, N°. 3.

Avec Approbation & Privilege du Roi.

AVERTISSEMENT.

EN offrant ce Livre au Public, on s'eſt perſuadé qu'il pourroit l'accueillir favorablement. Il réunit des avantages réels. En évitant la peine d'écrire ſon Linge, il indique les moyens sûrs pour n'en point égarer ; ce qui arrive ſouvent par la négligence des Domeſtiques, ou par leur peu d'aptitude à l'écrire.

L'uſage en eſt facile. Le Linge des Maîtres eſt placé ſur trois Colonnes diſtinguées par *Linge d'Homme*, *de Femme & d'Enfant.* Celui des Domeſtiques eſt à la ſuite de la Colonne du Linge d'Office, dans laquelle eſt compris le Linge de Table & de Cuiſine.

L'ordre qui regne dans chacune de ces Colonnes, indique, d'un côté, les moyens sûrs de trouver, au premier coup d'œil, les Objets dont on a beſoin, & donne, de l'autre, la sûreté de l'addition des ſommes, en les portant au Total placé au bas.

Parmi les avantages réunis dans notre Livre, le plus utile, ſans doute, eſt la foi qu'il peut avoir en Juſtice, dans le cas de conteſtation.

APPROBATION.

J'AI lu par ordre de Monseigneur le Garde-des-Sceaux, le Prospectus d'un *Livre de Compte* nécessaire à chaque Ménage, pour pouvoir compter sans risque de perdre le Linge, avec les personnes chargées de le blanchir, par le sieur GROIZARD, & je n'y ai rien trouvé qui puisse en empêcher l'impression. A Paris ce 7 Septembre 1785. BRALLE.

PRIVILÈGE DU ROI.

LOUIS, par la grâce de Dieu, Roi de France & de Navarre: A nos amés & feaux Conseiliers, les Gens tenant nos Cours de Parlement, Maîtres des Requêtes ordinaires de notre Hôtel, Grand Conseil, Prevôt de Paris, Baillis, Sénéchaux, leurs Lieutenans Civils, & autres nos Justiciers qu'il appartiendra; Salut: Notre bien Amé le Sr L. J. GROIZARD nous a fait exposer qu'il desireroit faire imprimer & donner au Public *le Livre de Compte, nécessaire à chaque Ménage, pour pouvoir compter, sans risque de perdre le Linge, avec les personnes chargées de le blanchir*; s'il nous plaisoit lui accorder nos Lettres de Privilege pour ce nécessaires: A CES CAUSES, voulant favorablement traiter l'Exposant, nous lui avons permis & permettons de faire imprimer ledit Ouvrage autant de fois que bon lui semblera, & de le vendre, faire vendre & débiter par tout notre Royaume. Voulons qu'il jouisse de l'effet du présent Privilege pour lui & ses hoirs à perpétuité, pourvu qu'il ne le rétrocede à personne; & si cependant il jugeoit à propos d'en faire une cession, l'acte qui la contiendra sera enregistré en la Chambre Syndicale de Paris, à peine de nullité, tant du Privilege que de la cession, & alors par le fait seul de la cession enregistrée, la durée du présent Privilege sera réduite à celle de la vie de l'Exposant, ou à celle de dix années, à compter de ce jour, si l'Exposant décede avant l'expiration desdites dix années. Le tout conformément aux articles IV & V de l'Arrêt du Conseil du 30 Août 1777, portant Réglement sur la durée des Privileges en Librairie. Faisons défenses à tous Imprimeurs, Libraires, & autres personnes, de quelque qualité & condition qu'elles soient, d'en introduire d'impression étrangere dans aucun lieu de notre obéissance; comme aussi d'imprimer ou faire imprimer, vendre, faire vendre, débiter ni contrefaire ledit ouvrages sous quelque prétexte que ce puisse être, sans la permission expresse & par écrit dudit Exposant, ou de celui qui le représentera, à peine de saisie & de confiscation des exemplaires contrefaits, de six mille livres d'amende, qui ne pourra être modérée, pour la premiere fois, de pareille amende & de déchéance d'état en cas de récidive, & de tous dépens, dommages & intérêts, conformément à l'Arrêt du Conseil du 30 Août 1777, concernant les contrefaçons. A la charge que ces Présentes seront enregistrées tout au long sur le Registre de la Communauté des Imprimeurs & Libraires de Paris, dans trois mois de la date d'icelles; que l'impression dudit Ouvrage sera faite dans notre Royaume, & non ailleurs, en bon papier & beaux caracteres, conformément aux Réglemens de la Librairie, à peine de déchéance du présent Privilége: qu'avant de l'exposer en vente, le Manuscrit, qui aura servi de copie à l'impression dudit Ouvrage, sera remis dans le même état où l'Approbation y aura été donnée ès-mains de notre très Cher & féal Chevalier, Garde des Sceaux de France, le sieur HUE DE MIROMENIL, Commandeur de nos Ordres, qu'il en sera ensuite remis deux exemplaires dans notre Bibliothéque publique, un dans celle de notre Château du Louvre, un dans celle de notre très-cher & féal Chevalier, Chancellier de France le Sr de MAUPEOU, & un dans celle dudit sieur HUE DE MIROMENIL: le tout à peine de nullité des Présentes. Du contenu desquelles vous mandons & enjoignons de faire jouir ledit Exposant & ses ayans cause, pleinement & paisiblement, sans souffrir qu'il leur soit fait aucun trouble ou empêchement. Voulons que la copie des Présentes qui sera imprimée tout au long, au commencement ou à la fin dudit Ouvrage, soit tenue pour duement signifiée, & qu'aux copies collationnées par l'un de nos amés & féaux Conseillers-Secrétaires, foi soit ajoutée comme à l'original. Commandons au premier notre Huissier ou Sergent sur ce requis, de faire, pour l'exécution d'icelles tous actes requis & nécessaires, sans demander autre permission, & nonobstant clameur de haro, Charte Normande & Lettres à ce contraires; car tel est notre plaisir. Donné, à Paris le onzieme jour du mois d'Octobre, l'an de grace mil sept cent quatre-vingt-cinq, & de notre regne le douzieme. Par le Roi, en son Conseil,

LEBEGUE.

Registré sur le Registre XXII de la Chambre Royale & Syndicale des Libraires & Imprimeurs de Paris, no. 439. fol. 432, conformément aux dispositions énoncées dans le présent Privilege, & à la charge de remettre à ladite Chambre les neuf exemplaires prescrits par l'Arret du Conseil du 16 Avril 1785, à Paris le 4 Novembre 1785.

LE CLERC, *Syndic.*

(1)

le DU MOIS d 178

donné à blanchir

SÇAVOIR à Monſieur.

ARTICLE	liv.	ſ.	d.
BANDEAUX,			
Bonnets de coton,			
Bonnets de laine,			
Bretelles.			
CALÇONS de toile,			
Calçons de futaine,			
Camiſoles de toile,			
Camiſoles de futaine,			
Camiſoles d'indienne,			
Chauſſettes,			
Chemiſes de jour, garnies,			
Chemiſes de nuit,			
Coîffes de Bonnets,			
Cols de mouſſeline,			
Cols de baſin,			
Cravattes de mouſſeline,			
Cravattes de batiſte,			
Culottes de baſin,			
Culottes de toile de coton,			
Culottes de draps de coton,			
Culottes de Nankin,			
ESSUIE-MAINS,			
FROTTOIRS,			
GANTS de fil,			
Gillets de baſin,			
Gillets de flanelle,			
Guêtres de toile,			
Gillets de futaine,			
Gillets de toile de coton,			
LINGE à barbe,			
MANCHETTES de mouſſeline,			
Manchettes de batiſte,			
Manchettes effilées,			
Manchettes de bottes,			
TOTAL			

ARTICLE	liv.	ſ.	d.
Mouchoirs des indes,			
Mouchoirs de toile blanche,			
Mouchoirs de batiſte,			
Mouchoirs de couleurs,			
NAPES,			
PAIRES de draps de maître,			
paires de draps de domeſtique,			
paires de bas de fil,			
paires de bas de coton,			
paires de bas de laine,			
paires de bas de filoſele,			
paires de chauſſons de toile,			
paires de chauſſons de tricot,			
Pantalon de moleton,			
Pantalon de toile,			
Pantalon de tricot,			
Peignoirs,			
Pieces d'eſtomac,			
ROBE-de-chambre d'indienne,			
Robe-de-chambre piquée,			
SACS à pelottes,			
Serre-têtes,			
Serviettes de toilette,			
Suſpenſoirs,			
TABLIER du matin,			
Tayes d'oreillers,			
VESTES de baſin,			
Veſtes de drap de coton			
Veſtes de Mouſſeline,			
Veſtes de Nankin,			
Veſtes piquées,			
Veſtes de toile de coton,			
TOTAL			

SÇAVOIR, à Madame

ARTICLE	liv.	ſ.	d.
BANDES à ſaigner,			
Bandeaux,			
Baſtiennes,			
Blouſes,			
Bonnets piqués,			
Bonnets ronds de mouſſeline,			
Bonnets ronds de linon,			
Bonnets ronds de dentelle			
CAMISOLES de mouſſeline garnies,			
Camiſoles de toile de coton garnies,			
Camiſoles piquées garnies,			
Camiſoles houettées garnies,			
Chemiſes de jour,			
Chemiſes de nuit,			
Chemiſes de batiſte,			
Chemiſes de bain,			
Chemiſes-robes de mouſſeline,			
Chemiſes-robe d'indienne,			
Chemiſe-robe, de linon,			
Coïffes de mouſſeline,			
Collerette,			
Corſet de toile de coton garnis,			
Corſets de baſin garnis,			
Corſets de toile fine garnis,			
Courtes-pointes,			
Coüverture de coton,			
Couvre-pieds piqués garnis,			
Couvre-pieds de mouſſeline,			
Couvre-meuble,			
DRAPS de maîtres,			
Draps ſans couture,			
Draps de domeſtique,			
Deshabillers garnis,			
ESSUIE-MAINS			
FOURREAUX de toile de coton,			
Fourreaux de mouſſeline,			
Fourreaux d'indienne,			
Fourreaux de linon,			
Fichus de mouſſeline,			
TOTAL			

ARTICLE	liv.	ſ.	d.
Fichus de batiſte,			
Fichus doubles,			
Fichus de linon,			
Fichus friſés,			
Fraiſettes de mouſſeline,			
Frottoirs de futaine,			
Frottoirs de flannelle,			
GARNITURES de lit de toile,			
Gaule de mouſſeline,			
Gaule d'indienne,			
HOUPELANDE,			
JUPONS piqués, blancs, garnis,			
Jupons de moleton,			
Jupons de futaine,			
Jupons de baſin garnis,			
Jupons de granat,			
Jupons houettés, garnis,			
Jupons de linon,			
Jupons de mouſſeline,			
LINGE de toilette,			
Linge de Garde-robe,			
Linges de baignoir,			
MANTELETS de mouſſeline,			
Mouchoirs de toile blanche,			
Mouchoirs de batiſte,			
Mouchoirs des indes,			
PAIRES de poches de baſin, garnies,			
Paires de poches de toile, garnies,			
paire de bas de coton,			
Peignoirs de toile,			
Peignoirs de Mouſſeline,			
Pieces d'eſtomac,			
Pierrot & Jupon de linon,			
RIDEAUX de mouſſeline, grands,			
Rideaux de toile de coton, grands,			
Rideaux de mouſſeline, petits,			
Rideaux de linon, petits,			
Robe & Jupon de toile de coton,			
TOTAL			

ARTICLE	liv.	s.	d.
Robe & Jupon de mousseline,			
Robe & Jupon de linon,			
Robe & Jupon d'indienne,			
Rodingotte d'indienne,			
SACS à pelottes,			
Serre-têtes,			
Serviettes de toilette,			
Serviettes de garderobe,			
TABLIERS de Femme-de-chambre,			
Tabliers de coëffeur,			
Tayes d'oreillers garnies,			
Toilette garnie de mousseline,			
Tours de chaise,			
Tour de bassin,			
Linge des Enfans.			
BANDEAUX,			
Bandes,			
Bavoirs,			
Beguin,			
Brassieres de futaine,			
Brassieres de flanelle,			
CALÇONS,			
Camisoles de mousseline,			
Camisoles de toile de coton,			
Camisoles d'indienne,			
Camisoles de futaine,			
Chaussettes,			
Chaussons,			
Chemises de jour, de garçon,			
Chemises de nuit, de garçon,			
Chemises de jour, de demoiselle			
Chemises de nuit, de demoiselle,			
Chemises petites,			
Chemises-robes de mousseline,			
Chemises-robe d'indienne,			
Collerettes de mousseline,			
Cols de mousseline,			
Couches,			
Couvres-pieds garnis,			
Culottes de draps de coton,			
Culottes de basin,			
Culottes de toile de coton,			
DESHABILLERS de toile de coton,			
TOTAL			

ARTICLE	liv.	s.	d.
Deshabillers d'indienne,			
FOURREAUX de toile de coton,			
Fourreaux de linon,			
Fourreaux d'indienne,			
GARNITURES de lit,			
Gillets de basin,			
Gillets de toile de coton,			
JACTONS,			
Jupons de toile de coton garnis,			
Jupons de basin garnis,			
Jupons de futaine,			
Jupons de moleton,			
LANGES piqués,			
Lange de futaine,			
Lange de laine,			
Linge de toilette,			
MANTELETS de mousseline,			
Manchettes de garçon,			
Matelots de toile,			
Matelots de Nankin,			
Mouchoirs de toile,			
Mouchoirs de batiste,			
PAIRES de bas de coton,			
paires de bas de fil,			
paires de bas petits,			
paires de bas de laine,			
paires de poches,			
Peignoirs,			
Pierrots & Jupon de linon,			
Pierrots & Jupon de mousseline,			
Pieces d'estomac,			
ROBES & Jupons de toile de coton,			
Robes & Jupons de mousseline,			
Robes & Jupons d'indienne,			
Robe de chambre,			
TETIERES,			
Tours de bonnet,			
Tours de chaises,			
VESTES de basin,			
Vestes de toile de coton,			
Vestes de nankin,			
Vestes de drap de coton.			
TOTAL			

ARTICLE	liv.	f.	d.
Linge d'Office.			
CHAUSSES à passer,			
ESSUIE-MAINS,			
NAPES damassées,			
Napes à linteaux,			
Napes à grains d'orge,			
Napes ouvrées,			
Napes d'office,			
Napes petites,			
Napes de venise,			
Napes de cuisine,			
PAQUETS de Torchons,			
SERVIETTES d'amassées,			
Serviettes à linteaux,			
Serviettes à grains d'orge,			
Serviettes ouvrées,			
Serviettes de Venise,			
TABLIERS d'office,			
Tabliers de cuisine,			
Torchons,			
Linge de la Femme de Chambre.			
BANDEAUX,			
Bonnets ronds,			
Bonnets piqués,			
CAMISOLES de toile de coton,			
Camisoles d'indienne,			
Chemises,			
Corset de toile,			
Corset de basin,			
DESHABILLÉ complet de toile de coton,			
Deshabillé complet d'indienne,			
FICHUS de mousseline,			
Fichus de linon,			
JUPONS piqués,			
Jupons houetrés,			
Jupons de toile de coton,			
LINGE de toilette,			
MOUCHOIRS blancs,			
Mouchoirs de couleur,			
PAIRES de poches,			
paires de bas de coton,			
paires de bas de fil,			
TOTAL			

ARTICLE	liv.	f.
ROBE & Jupon d'indienne,		
Robe & Jupons de toile de coton,		
Robe & Jupon de mousseline,		
SERRE-TÊTES.		
Linge de la Cuisiniere.		
BONNETS ronds,		
Bonnets piqués,		
CAMISOLES d'indienne,		
Camisoles de toile de coton,		
Chemises,		
DESHABILLÉ compl. de toile de cot.		
Deshabiller complet d'indienne,		
FICHUS de mousseline,		
Fichus de linon,		
JUPONS piqués,		
Jupons de toile de coton,		
Jupons d'indienne,		
LINGE de toilette,		
MOUCHOIRS blancs,		
Mouchoirs de couleur,		
PAIRES de poches,		
paires de bas de laine,		
paires de bas de coton,		
paires de bas de fil,		
ROBE & Jupon d'indienne,		
Robe & Jupon de toile de coton,		
SERRE-TETE,		
Linge du Domestique.		
BONNETS de coton,		
Bonnets de laine,		
CALÇONS,		
Chemises,		
Cols,		
Cravattes,		
Culottes blanches,		
Culotte de Nankin,		
MOUCHOIRS,		
PAIRES de bas de coton,		
paires de bas de fil,		
paires de bas de laine,		
paires de bas de filoselle,		
paires de chaussons,		
VESTES blanches,		
Vestes de Nankin,		
TOTAL		

le DU MOIS d 178

donné à blanchir

SÇAVOIR à Monſieur.

ARTICLE	liv.	ſ.	d.
BANDEAUX,			
Bonnets de coton,			
Bonnets de laine,			
Bretelles.			
CALÇONS de toile,			
Calçons de futaine,			
Camiſoles de toile,			
Camiſoles de futaine,			
Camiſoles d'indienne,			
Chauſſettes,			
Chemiſes de jour, garnies,			
Chemiſes de nuit,			
Coîffes de Bonnets,			
Cols de mouſſeline,			
Cols de baſin,			
Cravattes de mouſſeline,			
Cravattes de batiſte,			
Culottes de baſin,			
Culottes de toile de coton,			
Culottes de draps de coton,			
Culottes de Nankin,			
ESSUIE-MAINS,			
FROTTOIRS			
GANTS de fil,			
Gillets de baſin,			
Gillets de flanelle,			
Guêtres de toile,			
Gillets de futaine,			
Gillets de toile de coton,			
LINGE à barbe,			
MANCHETTES de mouſſeline,			
Manchettes de batiſte,			
Manchettes effilées,			
Manchettes de bottes,			
TOTAL			

ARTICLE	liv.	ſ.	d.
Mouchoirs des indes,			
Mouchoirs de toile blanche,			
Mouchoirs de batiſte,			
Mouchoirs de couleurs,			
NAPES,			
PAIRES de draps de maître,			
paires de draps de domeſtique,			
paires de bas de fil,			
paires de bas de coton,			
paires de bas de laine,			
paires de bas de filoſele,			
paires de chauſſons de toile,			
paires de chauſſons de tricot,			
Pantalon de moleton,			
Pantalon de toile,			
Pantalon de tricot,			
Peignoirs,			
Pieces d'eſtomac,			
ROBE-de-chambre d'indienne,			
Robe-de-chambre piquée,			
SACS à pelottes,			
Serre-têtes,			
Serviettes de toilette,			
Suſpenſoirs,			
TABLIER du matin,			
Tayes d'oreillers,			
VESTES de baſin,			
Veſtes de drap de coton			
Veſtes de Mouſſeline,			
Veſtes de Nankin,			
Veſtes piquées,			
Veſtes de toile de coton,			
TOTAL			

SÇAVOIR, à Madame

ARTICLE	liv.	ſ.	d.	ARTICLE	liv.	ſ.	d.
BANDES à ſaigner,				Fichus de batiſte,			
Bandeaux,				Fichus doubles,			
Baſtiennes,				Fichus de linon,			
Blouſes,				Fichus friſés,			
Bonnets piqués,				Fraiſettes de mouſſeline,			
Bonnets ronds de mouſſeline,				Frottoirs de futaine,			
Bonnets ronds de linon,				Frottoirs de flannelle,			
Bonnets ronds de dentelle				GARNITURES de lit de toile,			
CAMISOLES de mouſſeline garnies,				Gaule de mouſſeline,			
Camiſoles de toile de coton garnies,				Gaule d'indienne,			
Camiſoles piquées garnies,				HOUPELANDE,			
Camiſoles houettées garnies,				JUPONS piqués, blancs, garnis,			
Chemiſes de jour,				Jupons de moleton,			
Chemiſes de nuit,				Jupons de futaine,			
Chemiſes de batiſte,				Jupons de baſin garnis,			
Chemiſes de bain,				Jupons de granat,			
Chemiſes-robes de mouſſeline,				Jupons houettés, garnis,			
Chemiſes-robe d'indienne,				Jupons de linon,			
Chemiſe-robe, de linon,				Jupons de mouſſeline,			
Coîffes de mouſſeline,				LINGE de toilette,			
Collerette,				Linge de Garde-robe,			
Corſet de toile de coton garnis,				Linges de baignoir,			
Corſets de baſin garnis,				MANTELETS de mouſſeline,			
Corſets de toile fine garnis,				Mouchoirs de toile blanche,			
Courtes-pointes,				Mouchoirs de batiſte,			
Couverture de coton,				Mouchoirs des indes,			
Couvre-pieds piqués garnis,				PAIRES de poches de baſin, garnies,			
Couvre-pieds de mouſſeline,				Paires de poches de toile, garnies,			
Couvre-meuble,				paire de bas de coton,			
DRAPS de maîtres,				Peignoirs de toile,			
Draps ſans couture,				Peignoirs de Mouſſeline,			
Draps de domeſtique,				Pieces d'eſtomac,			
Deshabillers garnis,				Pierrot & Jupon de linon,			
ESSUIE-MAINS				RIDEAUX de mouſſeline, grands,			
FOURREAUX de toile de coton,				Rideaux de toile de coton, grands,			
Fourreaux de mouſſeline,				Rideaux de mouſſeline, petits,			
Fourreaux d'indienne,				Rideaux de linon, petits,			
Fourreaux de linon,				Robe & Jupon de toile de coton,			
Fichus de mouſſeline,							
TOTAL				TOTAL			

ARTICLE	liv.	s.	d.
Robe & Jupon de mousseline,			
Robe & Jupon de linon,			
Robe & Jupon d'indienne,			
Rodingotte d'indienne,			
SACS à pelottes,			
Serre-têtes,			
Serviettes de toilette,			
Serviettes de garderobe,			
TABLIERS de Femme-de-chambre,			
Tabliers de coëffeur,			
Tayes d'oreillers garnies,			
Toilette garnie de mousseline,			
Tours de chaise,			
Tour de bassin,			
Linge des Enfans.			
BANDEAUX,			
Bandes,			
Bavoirs;			
Beguin,			
Brassieres de futaine,			
Brassieres de flanelle,			
CALÇONS,			
Camisoles de mousseline,			
Camisoles de toile de coton,			
Camisoles d'indienne,			
Camisoles de futaine,			
Chaussettes,			
Chaussons,			
Chemises de jour, de garçon,			
Chemises de nuit, de garçon,			
Chemises de jour, de demoiselle			
Chemises de nuit, de demoiselle,			
Chemises petites,			
Chemises-robes de mousseline,			
Chemises-robe d'indienne,			
Collerettes de mousseline,			
Cols de mousseline,			
Couches,			
Couvres-pieds garnis,			
Culottes de draps de coton,			
Culottes de basin,			
Culottes de toile de coton,			
DESHABILLERS de toile de coton,			
TOTAL			

ARTICLE	liv.	s.	d.
Deshabillers d'indienne,			
FOURREAUX de toile de coton,			
Fourreaux de linon,			
Fourreaux d'indienne,			
GARNITURES de lit,			
Gillets de basin,			
Gillets de toile de coton,			
JACTONS,			
Jupons de toile de coton garnis,			
Jupons de basin garnis,			
Jupons de futaine,			
Jupons de moleton,			
LANGES piqués,			
Lange de futaine,			
Lange de laine,			
Linge de toilette,			
MANTELETS de mousseline,			
Manchettes de garçon,			
Matelots de toile,			
Matelots de Nankin,			
Mouchoirs de toile,			
Mouchoirs de batiste,			
PAIRES de bas de coton,			
paires de bas de fil,			
paires de bas petits,			
paires de bas de laine,			
paires de poches,			
Peignoirs,			
Pierrots & Jupon de linon,			
Pierrots & Jupon de mousseline,			
Pieces d'estomac,			
ROBES & Jupons de toile de coton,			
Robes & Jupons de mousseline,			
Robes & Jupons d'indienne,			
Robe de chambre,			
TETIERES,			
Tours de bonnet,			
Tours de chaises,			
VESTES de basin,			
Vestes de toile de coton,			
Vestes de nankin,			
Vestes de drap de coton.			
TOTAL			

ARTICLE	liv.	f.	d.
Linge d'Office.			
CHAUSSES à passer,			
ESSUIE-MAINS,			
NAPES damassées,			
Napes à linteaux,			
Napes à grains d'orge,			
Napes ouvrées,			
Napes d'office,			
Napes petites,			
Napes de venise,			
Napes de cuisine,			
PAQUETS de Torchons,			
SERVIETTES d'amassées,			
Serviettes à linteaux,			
Serviettes à grains d'orge,			
Serviettes ouvrées,			
Serviettes de Venise,			
TABLIERS d'office,			
Tabliers de cuisine,			
Torchons,			
Linge de la Femme de Chambre.			
BANDEAUX,			
Bonnets ronds,			
Bonnets piqués,			
CAMISOLES de toile de coton,			
Camisoles d'indienne,			
Chemises,			
Corset de toile,			
Corset de basin,			
DESHABILLÉ complet de toile de coton,			
Deshabillé complet d'indienne,			
FICHUS de mousseline,			
Fichus de linon,			
JUPONS piqués,			
Jupons houetrés,			
Jupons de toile de coton,			
LINGE de toilette,			
MOUCHOIRS blancs,			
Mouchoirs de couleur,			
PAIRES de poches,			
paires de bas de coton,			
paires de bas de fil,			
TOTAL			

ARTICLE	liv.	f.
ROBE & Jupon d'indienne,		
Robe & Jupons de toile de coton,		
Robe & Jupon de mousseline,		
SERRE-TÊTES.		
Linge de la Cuisiniere.		
BONNETS ronds,		
Bonnets piqués,		
CAMISOLES d'indienne,		
Camisoles de toile de coton,		
Chemises,		
DESHABILLÉ compl. de toile de cot.		
Deshabiller complet d'indienne,		
FICHUS de mousseline,		
Fichus de linon,		
JUPONS piqués,		
Jupons de toile de coton,		
Jupons d'indienne,		
LINGE de toilette,		
MOUCHOIRS blancs,		
Mouchoirs de couleur,		
PAIRES de poches,		
paires de bas de laine,		
paires de bas de coton,		
paires de bas de fil,		
ROBE & Jupon d'indienne,		
Robe & Jupon de toile de coton,		
SERRE-TETE,		
Linge du Domestique.		
BONNETS de coton,		
Bonnets de laine,		
CALÇONS,		
Chemises,		
Cols,		
Cravattes,		
Culottes blanches,		
Culotte de Nankin,		
MOUCHOIRS,		
PAIRES de bas de coton,		
paires de bas de fil,		
paires de bas de laine,		
paires de bas de filoselle,		
paires de chaussons,		
VESTES blanches,		
Vestes de Nankin,		
TOTAL		

le DU MOIS d 178

donné à blanchir

SÇAVOIR à Monſieur.

ARTICLE	liv.	ſ.	d.
BANDEAUX,			
Bonnets de coton,			
Bonnets de laine,			
Bretelles.			
CALÇONS de toile,			
Calçons de futaine,			
Camiſoles de toile,			
Camiſoles de futaine,			
Camiſoles d'indienne,			
Chauſſettes,			
Chemiſes de jour, garnies,			
Chemiſes de nuit,			
Coïffes de Bonnets,			
Cols de mouſſeline,			
Cols de baſin,			
Cravattes de mouſſeline,			
Cravattes de batiſte,			
Culottes de baſin,			
Culottes de toile de coton,			
Culottes de draps de coton,			
Culottes de Nankin,			
ESSUIE-MAINS,			
FROTTOIRS,			
GANTS de fil,			
Gillets de baſin,			
Gillets de flanelle,			
Guêtres de toile,			
Gillets de futaine,			
Gillets de toile de coton,			
LINGE à barbe,			
MANCHETTES de mouſſeline,			
Manchettes de batiſte,			
Manchettes effilées,			
Manchettes de bottes,			
TOTAL			

ARTICLE	liv.	ſ.	d.
Mouchoirs des indes,			
Mouchoirs de toile blanche,			
Mouchoirs de batiſte,			
Mouchoirs de couleurs,			
NAPES,			
PAIRES de draps de maître,			
paires de draps de domeſtique,			
paires de bas de fil,			
paires de bas de coton,			
paires de bas de laine,			
paires de bas de filoſele,			
paires de chauſſons de toile,			
paires de chauſſons de tricot,			
Pantalon de moleton,			
Pantalon de toile,			
Pantalon de tricot,			
Peignoirs,			
Pieces d'eſtomac,			
ROBE-de-chambre d'indienne,			
Robe-de-chambre piquée,			
SACS à pelottes,			
Serre-têtes,			
Serviettes de toilette,			
Suſpenſoirs,			
TABLIER du matin,			
Tayes d'oreillers,			
VESTES de baſin,			
Veſtes de drap de coton			
Veſtes de Mouſſeline,			
Veſtes de Nankin,			
Veſtes piquées,			
Veſtes de toile de coton,			
TOTAL			

SÇAVOIR, à Madame

ARTICLE	liv.	s.	d.
BANDES à saigner,			
Bandeaux,			
Bastiennes,			
Blouses,			
Bonnets piqués,			
Bonnets ronds de mousseline,			
Bonnets ronds de linon,			
Bonnets ronds de dentelle			
CAMISOLES de mousseline garnies,			
Camisoles de toile de coton garnies,			
Camisoles piquées garnies,			
Camisoles houettées garnies,			
Chemises de jour,			
Chemises de nuit,			
Chemises de batiste,			
Chemises de bain,			
Chemises-robes de mousseline,			
Chemises-robe d'indienne,			
Chemise-robe, de linon,			
Coiffes de mousseline,			
Collerette,			
Corset de toile de coton garnis,			
Corsets de basin garnis,			
Corsets de toile fine garnis,			
Courtes-pointes,			
Couverture de coton,			
Couvre-pieds piqués garnis,			
Couvre-pieds de mousseline,			
Couvre-meuble,			
DRAPS de maîtres,			
Draps sans couture,			
Draps de domestique,			
Deshabillers garnis,			
ESSUIE-MAINS.			
FOURREAUX de toile de coton,			
Fourreaux de mousseline,			
Fourreaux d'indienne,			
Fourreaux de linon,			
Fichus de mousseline,			
TOTAL			

ARTICLE	liv.	s.	d.
Fichus de batiste,			
Fichus doubles,			
Fichus de linon,			
Fichus frisés,			
Fraisettes de mousseline,			
Frottoirs de futaine,			
Frottoirs de flannelle,			
GARNITURES de lit de toile,			
Gaule de mousseline,			
Gaule d'indienne,			
HOUPELANDE,			
JUPONS piqués, blancs, garnis,			
Jupons de moléton,			
Jupons de futaine,			
Jupons de basin garnis,			
Jupons de granat,			
Jupons houettés, garnis,			
Jupons de linon,			
Jupons de mousseline,			
LINGE de toilette,			
Linge de Garde-robe,			
Linges de baignoir,			
MANTELETS de mousseline,			
Mouchoirs de toile blanche,			
Mouchoirs de batiste,			
Mouchoirs des indes,			
PAIRES de poches de basin, garnies,			
Paires de poches de toile, garnies,			
paire de bas de coton,			
Peignoirs de toile,			
Peignoirs de Mousseline,			
Pieces d'estomac,			
Pierrot & Jupon de linon,			
RIDEAUX de mousseline, grands,			
Rideaux de toile de coton, grands,			
Rideaux de mousseline, petits,			
Rideaux de linon, petits,			
Robe & Jupon de toile de coton,			
TOTAL			

Article	liv.	s.	d.
Robe & Jupon de mousseline,			
Robe & Jupon de linon,			
Robe & Jupon d'indienne,			
Rodingotte d'indienne,			
Sacs à pelottes,			
Serre-têtes,			
Serviettes de toilette,			
Serviettes de garderobe,			
Tabliers de Femme-de-chambre,			
Tabliers de coëffeur,			
Tayes d'oreillers garnies,			
Toilette garnie de mousseline,			
Tours de chaise,			
Tour de bassin,			
Linge des Enfans.			
Bandeaux,			
Bandés,			
Bavoirs,			
Beguin,			
Brassieres de futaine,			
Brassieres de flanelle,			
Calçons,			
Camisoles de mousseline,			
Camisoles de toile de coton,			
Camisoles d'indienne,			
Camisoles de futaine,			
Chaussettes,			
Chaussons,			
Chemises de jour, de garçon,			
Chemises de nuit, de garçon,			
Chemises de jour, de demoiselle			
Chemises de nuit, de demoiselle,			
Chemises petites,			
Chemises-robes de mousseline,			
Chemises-robe d'indienne,			
Collerettes de mousseline,			
Cols de mousseline,			
Couches,			
Couvres-pieds garnis,			
Culottes de draps de coton,			
Culottes de basin,			
Culottes de toile de coton,			
Deshabillers de toile de coton,			
Total			

Article	liv.	s.	d.
Deshabillers d'indienne,			
Fourreaux de toile de coton,			
Fourreaux de linon,			
Fourreaux d'indienne,			
Garnitures de lit,			
Gillets de basin,			
Gillets de toile de coton,			
Jactons,			
Jupons de toile de coton garnis,			
Jupons de basin garnis,			
Jupons de futaine,			
Jupons de moleton,			
Langes piqués,			
Lange de futaine,			
Lange de laine,			
Linge de toilette,			
Mantelets de mousseline,			
Manchettes de garçon,			
Matelots de toile,			
Matelots de Nankin,			
Mouchoirs de toile,			
Mouchoirs de batiste,			
Paires de bas de coton,			
paires de bas de fil,			
paires de bas petits,			
paires de bas de laine,			
paires de poches,			
Peignoirs,			
Pierrots & Jupon de linon,			
Pierrots & Jupon de mousseline,			
Pieces d'estomac,			
Robes & Jupons de toile de coton,			
Robes & Jupons de mousseline,			
Robes & Jupons d'indienne,			
Robe de chambre,			
Tetieres,			
Tours de bonnet,			
Tours de chaises,			
Vestes de basin,			
Vestes de toile de coton,			
Vestes de nankin,			
Vestes de drap de coton.			
Total			

ARTICLE	liv.	f.	d.
Linge d'Office.			
CHAUSSÉS à passer,			
ESSUIE-MAINS,			
NAPES damassées,			
Napes à linteaux,			
Napes à grains d'orge,			
Napes ouvrées,			
Napes d'office,			
Napes petites,			
Napes de venise,			
Napes de cuisine,			
PAQUETS de Torchons,			
SERVIETTES d'amassées,			
Serviettes à linteaux,			
Serviettes à grains d'orge,			
Serviettes ouvrées,			
Serviettes de Venise,			
TABLIERS d'office,			
Tabliers de cuisine,			
Torchons,			
Linge de la Femme de Chambre.			
BANDEAUX,			
Bonnets ronds,			
Bonnets piqués,			
CAMISOLES de toile de coton,			
Camisoles d'indienne,			
Chemises,			
Corset de toile,			
Corset de basin,			
DESHABILLÉ complet de toile de coton,			
Deshabillé complet d'indienne,			
FICHUS de mousseline,			
Fichus de linon,			
JUPONS piqués,			
Jupons houettés,			
Jupons de toile de coton,			
LINGE de toilette,			
MOUCHOIRS blancs,			
Mouchoirs de couleur,			
PAIRES de poches,			
paires de bas de coton,			
paires de bas de fil,			
TOTAL			

ARTICLE	liv.	f.
ROBE & Jupon d'indienne,		
Robe & Jupons de toile de coton,		
Robe & Jupon de mousseline,		
SERRE-TÊTES.		
Linge de la Cuisiniere.		
BONNETS ronds,		
Bonnets piqués,		
CAMISOLES d'indienne,		
Camisoles de toile de coton,		
Chemises,		
DESHABILLÉ compl. de toile de cot.		
Deshabiller complet d'indienne,		
FICHUS de mousseline,		
Fichus de linon,		
JUPONS piqués,		
Jupons de toile de coton,		
Jupons d'indienne,		
LINGE de toilette,		
MOUCHOIRS blancs,		
Mouchoirs de couleur,		
PAIRES de poches,		
paires de bas de laine,		
paires de bas de coton,		
paires de bas de fil,		
ROBE & Jupon d'indienne,		
Robe & Jupon de toile de coton,		
SERRE-TETE,		
Linge du Domestique.		
BONNETS de coton,		
Bonnets de laine,		
CALÇONS,		
Chemises,		
Cols,		
Cravattes,		
Culottes blanches,		
Culotte de Nankin,		
MOUCHOIRS,		
PAIRES de bas de coton,		
paires de bas de fil,		
paires de bas de laine,		
paires de bas de filoselle,		
paires de chaussons,		
VESTES blanches,		
Vestes de Nankin,		
TOTAL		

le DU MOIS d 178

donné à blanchir

SÇAVOIR à Monſieur.

ARTICLE	liv.	ſ.	d.
BANDEAUX,			
Bonnets de coton,			
Bonnets de laine,			
Bretelles.			
CALÇONS de toile,			
Calçons de futaine,			
Camiſoles de toile,			
Camiſoles de futaine,			
Camiſoles d'indienne,			
Chauſſettes,			
Chemiſes de jour, garnies,			
Chemiſes de nuit,			
Coîffes de Bonnets,			
Cols de mouſſeline,			
Cols de baſin,			
Cravattes de mouſſeline,			
Cravattes de batiſte,			
Culottes de baſin,			
Culottes de toile de coton,			
Culottes de draps de coton,			
Culottes de Nankin,			
ESSUIE-MAINS,			
FROTTOIRS			
GANTS de fil,			
Gillets de baſin,			
Gillets de flanelle,			
Guêtres de toile,			
Gillets de futaine,			
Gillets de toile de coton,			
LINGE à barbe,			
MANCHETTES de mouſſeline,			
Manchettes de batiſte,			
Manchettes effilées,			
Manchettes de bottes,			
TOTAL			

ARTICLE	liv.	ſ.	d.
Mouchoirs des indes,			
Mouchoirs de toile blanche,			
Mouchoirs de batiſte,			
Mouchoirs de couleurs,			
NAPES,			
PAIRES de draps de maître,			
paires de draps de domeſtique,			
paires de bas de fil,			
paires de bas de coton,			
paires de bas de laine,			
paires de bas de filoſele,			
paires de chauſſons de toile,			
paires de chauſſons de tricot,			
Pantalon de moleton,			
Pantalon de toile,			
Pantalon de tricot,			
Peignoirs,			
Pieces d'eſtomac,			
ROBE-de-chambre d'indienne,			
Robe-de-chambre piquée,			
SACS à pelottes,			
Serre-têtes,			
Serviettes de toilette,			
Suſpenſoirs,			
TABLIER du matin,			
Tayes d'oreillers,			
VESTES de baſin,			
Veſtes de drap de coton			
Veſtes de Mouſſeline,			
Veſtes de Nankin,			
Veſtes piquées,			
Veſtes de toile de coton,			
TOTAL			

SÇAVOIR, à Madame

ARTICLE	liv.	s.	d.
BANDES à saigner,			
Bandeaux,			
Bastiennes,			
Blouses,			
Bonnets piqués,			
Bonnets ronds de mousseline,			
Bonnets ronds de linon,			
Bonnets ronds de dentelle			
CAMISOLES de mousseline garnies,			
Camisoles de toile de coton garnies,			
Camisoles piquées garnies,			
Camisoles houettées garnies,			
Chemises de jour,			
Chemises de nuit,			
Chemises de batiste,			
Chemises de bain,			
Chemises-robes de mousseline,			
Chemises-robe d'indienne,			
Chemise-robe, de linon,			
Coëffes de mousseline,			
Collerette,			
Corset de toile de coton garnis,			
Corsets de basin garnis,			
Corsets de toile fine garnis,			
Courtes-pointes,			
Couverture de coton,			
Couvre-pieds piqués garnis,			
Couvre-pieds de mousseline,			
Couvre-meuble,			
DRAPS de maîtres,			
Draps sans couture,			
Draps de domestique,			
Deshabillers garnis,			
ESSUIE-MAINS			
FOURREAUX de toile de coton,			
Fourreaux de mousseline,			
Fourreaux d'indienne,			
Fourreaux de linon,			
Fichus de mousseline,			
TOTAL			

ARTICLE	liv.	s.	d.
Fichus de batiste,			
Fichus doubles,			
Fichus de linon,			
Fichus frisés,			
Fraisettes de mousseline,			
Frottoirs de futaine,			
Frottoirs de flannelle,			
GARNITURES de lit de toile,			
Gaule de mousseline,			
Gaule d'indienne,			
HOUPELANDE,			
JUPONS piqués, blancs, garnis,			
Jupons de moleton,			
Jupons de futaine,			
Jupons de basin garnis,			
Jupons de granat,			
Jupons houettés, garnis,			
Jupons de linon,			
Jupons de mousseline,			
LINGE de toilette,			
Linge de Garde-robe,			
Linges de baignoir,			
MANTELETS de mousseline,			
Mouchoirs de toile blanche,			
Mouchoirs de batiste,			
Mouchoirs des indes,			
PAIRES de poches de basin, garnies,			
Paires de poches de toile, garnies,			
paire de bas de coton,			
Peignoirs de toile,			
Peignoirs de Mousseline,			
Pieces d'estomac,			
Pierrot & Jupon de linon,			
RIDEAUX de mousseline, grands,			
Rideaux de toile de coton, grands,			
Rideaux de mousseline, petits,			
Rideaux de linon, petits,			
Robe & Jupon de toile de coton,			
TOTAL			

ARTICLE	liv.	ſ.	d.
Robe & Jupon de mouſſeline,			
Robe & Jupon de linon,			
Robe & Jupon d'indienne,			
Rodingotte d'indienne,			
SACS à pelottes,			
Serre-têtes,			
Serviettes de toilette,			
Serviettes de garderobe,			
TABLIERS de Femme-de-chambre,			
Tabliers de coëffeur,			
Tayes d'oreillers garnies,			
Toilette garnie de mouſſeline,			
Tours de chaiſe,			
Tour de baſſin,			
Linge des Enfans.			
BANDEAUX,			
Bandes,			
Bavoirs;			
Beguin,			
Braſſieres de futaine,			
Braſſieres de flanelle,			
CALÇONS,			
Camiſoles de mouſſeline,			
Camiſoles de toile de coton,			
Camiſoles d'indienne,			
Camiſoles de futaine,			
Chauſſettes,			
Chauſſons,			
Chemiſes de jour, de garçon,			
Chemiſes de nuit, de garçon,			
Chemiſes de jour, de demoiſelle			
Chemiſes de nuit, de demoiſelle,			
Chemiſes petites,			
Chemiſes-robes de mouſſeline,			
Chemiſes-robe d'indienne,			
Collerettes de mouſſeline,			
Cols de mouſſeline,			
Couches,			
Couvres-pieds garnis,			
Culottes de draps de coton,			
Culottes de baſin,			
Culottes de toile de coton,			
DESHABILLERS de toile de coton,			
TOTAL			

ARTICLE	liv.	ſ.	d.
Deſhabillers d'indienne,			
FOURREAUX de toile de coton,			
Fourreaux de linon,			
Fourreaux d'indienne,			
GARNITURES de lit,			
Gillets de baſin,			
Gillets de toile de coton,			
JACTONS,			
Jupons de toile de coton garnis,			
Jupons de baſin garnis,			
Jupons de futaine,			
Jupons de moleton,			
LANGES piqués,			
Lange de futaine,			
Lange de laine,			
Linge de toilette,			
MANTELETS de mouſſeline,			
Manchettes de garçon,			
Matelots de toile,			
Matelots de Nankin,			
Mouchoirs de toile,			
Mouchoirs de batiſte,			
PAIRES de bas de coton,			
paires de bas de fil,			
paires de bas petits,			
paires de bas de laine,			
paires de poches,			
Peignoirs,			
Pierrots & Jupon de linon,			
Pierrots & Jupon de mouſſeline,			
Pieces d'eſtomac,			
ROBES & Jupons de toile de coton,			
Robes & Jupons de mouſſeline,			
Robes & Jupons d'indienne,			
Robe de chambre,			
TETIERES,			
Tours de bonnet,			
Tours de chaiſes,			
VESTES de baſin,			
Veſtes de toile de coton,			
Veſtes de nankin,			
Veſtes de drap de coton.			
TOTAL			

ARTICLE	liv.	f.	d.
Linge d'Office.			
CHAUSSES à passer,			
ESSUIE-MAINS,			
NAPES damassées,			
Napes à linteaux,			
Napes à grains d'orge,			
Napes ouvrées,			
Napes d'office,			
Napes petites,			
Napes de venise,			
Napes de cuisine,			
PAQUETS de Torchons,			
SERVIETTES d'amassées,			
Serviettes à linteaux,			
Serviettes à grains d'orge,			
Serviettes ouvrées,			
Serviettes de Venise,			
TABLIERS d'office,			
Tabliers de cuisine,			
Torchons,			
Linge de la Femme de Chambre.			
BANDEAUX,			
Bonnets ronds,			
Bonnets piqués,			
CAMISOLES de toile de coton,			
Camisoles d'indienne,			
Chemises,			
Corset de toile,			
Corset de basin,			
DESHABILLÉ complet de toile de coton,			
Deshabillé complet d'indienne,			
FICHUS de mousseline,			
Fichus de linon,			
JUPONS piqués,			
Jupons houetrés,			
Jupons de toile de coton,			
LINGE de toilette,			
MOUCHOIRS blancs,			
Mouchoirs de couleur,			
PAIRES de poches,			
paires de bas de coton,			
paires de bas de fil,			
TOTAL			

ARTICLE	liv.	f.
ROBE & Jupon d'indienne,		
Robe & Jupons de toile de coton,		
Robe & Jupon de mousseline,		
SERRE-TÊTES.		
Linge de la Cuisiniere.		
BONNETS ronds,		
Bonnets piqués,		
CAMISOLES d'indienne,		
Camisoles de toile de coton,		
Chemises,		
DESHABILLÉ compl. de toile de cot.		
Deshabiller complet d'indienne,		
FICHUS de mousseline,		
Fichus de linon,		
JUPONS piqués,		
Jupons de toile de coton,		
Jupons d'indienne,		
LINGE de toilette,		
MOUCHOIRS blancs,		
Mouchoirs de couleur,		
PAIRES de poches,		
paires de bas de laine,		
paires de bas de coton,		
paires de bas de fil,		
ROBE & Jupon d'indienne,		
Robe & Jupon de toile de coton,		
SERRE-TETE,		
Linge du Domestique.		
BONNETS de coton,		
Bonnets de laine,		
CALÇONS,		
Chemises,		
Cols,		
Cravattes,		
Culottes blanches,		
Culotte de Nankin,		
MOUCHOIRS,		
PAIRES de bas de coton,		
paires de bas de fil,		
paires de bas de laine,		
paires de bas de filoselle,		
paires de chaussons,		
VESTES blanches,		
Vestes de Nankin,		
TOTAL		

le DU MOIS d 178

donné à blanchir

SÇAVOIR à Monsieur.

ARTICLE	liv.	s.	d.
BANDEAUX,			
Bonnets de coton,			
Bonnets de laine,			
Bretelles.			
CALÇONS de toile,			
Calçons de futaine,			
Camisoles de toile,			
Camisoles de futaine,			
Camisoles d'indienne,			
Chaussettes,			
Chemises de jour, garnies,			
Chemises de nuit,			
Coîffes de Bonnets,			
Cols de mousseline,			
Cols de basin,			
Cravattes de mousseline,			
Cravattes de batiste,			
Culottes de basin,			
Culottes de toile de coton,			
Culottes de draps de coton,			
Culottes de Nankin,			
ESSUIE-MAINS,			
FROTTOIRS,			
GANTS de fil,			
Gillets de basin,			
Gillets de flanelle,			
Guêtres de toile,			
Gillets de futaine,			
Gillets de toile de coton,			
LINGE à barbe,			
MANCHETTES de mousseline,			
Manchettes de batiste,			
Manchettes effilées,			
Manchettes de bottes,			
TOTAL			

ARTICLE	liv.	s.	d.
Mouchoirs des indes,			
Mouchoirs de toile blanche,			
Mouchoirs de batiste,			
Mouchoirs de couleurs,			
NAPES,			
PAIRES de draps de maître,			
paires de draps de domestique,			
paires de bas de fil,			
paires de bas de coton,			
paires de bas de laine,			
paires de bas de filosele,			
paires de chaussons de toile,			
paires de chaussons de tricot,			
Pantalon de moleton,			
Pantalon de toile,			
Pantalon de tricot,			
Peignoirs,			
Pieces d'estomac,			
ROBE-de-chambre d'indienne,			
Robe-de-chambre piquée,			
SACS à pelottes,			
Serre-têtes,			
Serviettes de toilette,			
Suspensoirs,			
TABLIER du matin,			
Tayes d'oreillers,			
VESTES de basin,			
Vestes de drap de coton			
Vestes de Mousseline,			
Vestes de Nankin,			
Vestes piquées,			
Vestes de toile de coton,			
TOTAL			

SÇAVOIR, à Madame

ARTICLE	liv.	s.	d.
BANDES à saigner,			
Bandeaux,			
Bastiennes,			
Blouses,			
Bonnets piqués,			
Bonnets ronds de mousseline,			
Bonnets ronds de linon,			
Bonnets ronds de dentelle			
CAMISOLES de mousseline garnies,			
Camisoles de toile de coton garnies,			
Camisoles piquées garnies,			
Camisoles houettées garnies,			
Chemises de jour,			
Chemises de nuit,			
Chemises de batiste,			
Chemises de bain,			
Chemises-robes de mousseline,			
Chemises-robe d'indienne,			
Chemise-robe, de linon,			
Coîffes de mousseline,			
Collerette,			
Corset de toile de coton garnis,			
Corsets de basin garnis,			
Corsets de toile fine garnis,			
Courtes-pointes,			
Couverture de coton,			
Couvre-pieds piqués garnis,			
Couvre-pieds de mousseline,			
Couvre-meuble,			
DRAPS de maîtres,			
Draps sans couture,			
Draps de domestique,			
Deshabillers garnis,			
ESSUIE-MAINS			
FOURREAUX de toile de coton,			
Fourreaux de mousseline,			
Fourreaux d'indienne,			
Fourreaux de linon,			
Fichus de mousseline,			
TOTAL			

ARTICLE	liv.	s.	d.
Fichus de batiste,			
Fichus doubles,			
Fichus de linon,			
Fichus frisés,			
Fraisettes de mousseline,			
Frottoirs de futaine,			
Frottoirs de flannelle,			
GARNITURES de lit de toile,			
Gaule de mousseline,			
Gaule d'indienne,			
HOUPELANDE,			
JUPONS piqués, blancs, garnis,			
Jupons de moleton,			
Jupons de futaine,			
Jupons de basin garnis,			
Jupons de granat,			
Jupons houettés, garnis,			
Jupons de linon,			
Jupons de mousseline,			
LINGE de toilette,			
Linge de Garde-robe,			
Linges de baignoir,			
MANTELETS de mousseline,			
Mouchoirs de toile blanche,			
Mouchoirs de batiste,			
Mouchoirs des indes,			
PAIRES de poches de basin, garnies,			
Paires de poches de toile, garnies,			
paire de bas de coton,			
Peignoirs de toile,			
Peignoirs de Mousseline,			
Pieces d'estomac,			
Pierrot & Jupon de linon,			
RIDEAUX de mousseline, grands,			
Rideaux de toile de coton, grands,			
Rideaux de mousseline, petits,			
Rideaux de linon, petits,			
Robe & Jupon de toile de coton,			
TOTAL			

ARTICLE	liv.	s.	d.
Robe & Jupon de mousseline,			
Robe & Jupon de linon,			
Robe & Jupon d'indienne,			
Rodingotte d'indienne,			
SACS à pelottes,			
Serre-têtes,			
Serviettes de toilette,			
Serviettes de garderobe,			
TABLIERS de Femme-de-chambre,			
Tabliers de coëffeur,			
Tayes d'oreillers garnies,			
Toilette garnie de mousseline,			
Tours de chaise,			
Tour de bassin,			
Linge des Enfans.			
BANDEAUX,			
Bandes,			
Bavoirs,			
Beguin,			
Brassieres de futaine,			
Brassieres de flanelle,			
CALÇONS,			
Camisoles de mousseline,			
Camisoles de toile de coton,			
Camisoles d'indienne,			
Camisoles de futaine,			
Chaussettes,			
Chaussons,			
Chemises de jour, de garçon,			
Chemises de nuit, de garçon,			
Chemises de jour, de demoiselle			
Chemises de nuit, de demoiselle,			
Chemises petites,			
Chemises-robes de mousseline,			
Chemises-robe d'indienne,			
Collerettes de mousseline,			
Cols de mousseline,			
Couches,			
Couvres-pieds garnis,			
Culottes de draps de coton,			
Culottes de basin,			
Culottes de toile de coton,			
DESHABILLERS de toile de coton,			
TOTAL			

ARTICLE	liv.	s.	d.
Deshabillers d'indienne,			
FOURREAUX de toile de coton,			
Fourreaux de linon,			
Fourreaux d'indienne,			
GARNITURES de lit,			
Gillets de basin,			
Gillets de toile de coton,			
JACTONS,			
Jupons de toile de coton garnis,			
Jupons de basin garnis,			
Jupons de futaine,			
Jupons de moleton,			
LANGES piqués,			
Lange de futaine,			
Lange de laine,			
Linge de toilette,			
MANTELETS de mousseline,			
Manchettes de garçon,			
Matelots de toile,			
Matelots de Nankin,			
Mouchoirs de toile,			
Mouchoirs de batiste,			
PAIRES de bas de coton,			
paires de bas de fil,			
paires de bas petits,			
paires de bas de laine,			
paires de poches,			
Peignoirs,			
Pierrots & Jupon de linon,			
Pierrots & Jupon de mousseline,			
Pieces d'estomac,			
ROBES & Jupons de toile de coton,			
Robes & Jupons de mousseline,			
Robes & Jupons d'indienne,			
Robe de chambre,			
TETIERES,			
Tours de bonnet,			
Tours de chaises,			
VESTES de basin,			
Vestes de toile de coton,			
Vestes de nankin,			
Vestes de drap de coton.			
TOTAL			

ARTICLE	liv.	f.	d.
Linge d'Office.			
CHAUSSES à passer,			
ESSUIE-MAINS,			
NAPES damassées,			
Napes à linteaux,			
Napes à grains d'orge,			
Napes ouvrées,			
Napes d'office,			
Napes petites,			
Napes de venise,			
Napes de cuisine,			
PAQUETS de Torchons,			
SERVIETTES d'amassées,			
Serviettes à linteaux,			
Serviettes à grains d'orge,			
Serviettes ouvrées,			
Serviettes de Venise,			
TABLIERS d'office,			
Tabliers de cuisine,			
Torchons,			
Linge de la Femme de Chambre.			
BANDEAUX,			
Bonnets ronds,			
Bonnets piqués,			
CAMISOLES de toile de coton,			
Camisoles d'indienne,			
Chemises,			
Corset de toile,			
Corset de basin,			
DESHABILLÉ complet de toile de coton,			
Deshabillé complet d'indienne,			
FICHUS de mousseline,			
Fichus de linon,			
JUPONS piqués,			
Jupons houetrés,			
Jupons de toile de coton,			
LINGE de toilette,			
MOUCHOIRS blancs,			
Mouchoirs de couleur,			
PAIRES de poches,			
paires de bas de coton,			
paires de bas de fil,			
TOTAL			

ARTICLE	liv.	f.
ROBE & Jupon d'indienne,		
Robe & Jupons de toile de coton,		
Robe & Jupon de mousseline,		
SERRE-TÊTES.		
Linge de la Cuisinière.		
BONNETS ronds,		
Bonnets piqués,		
CAMISOLES d'indienne,		
Camisoles de toile de coton,		
Chemises,		
DESHABILLÉ compl. de toile de cot.		
Deshabiller complet d'indienne,		
FICHUS de mousseline,		
Fichus de linon,		
JUPONS piqués,		
Jupons de toile de coton,		
Jupons d'indienne,		
LINGE de toilette,		
MOUCHOIRS blancs,		
Mouchoirs de couleur,		
PAIRES de poches,		
paires de bas de laine,		
paires de bas de coton,		
paires de bas de fil,		
ROBE & Jupon d'indienne,		
Robe & Jupon de toile de coton,		
SERRE-TETE,		
Linge du Domestique.		
BONNETS de coton,		
Bonnets de laine,		
CALÇONS,		
Chemises,		
Cols,		
Cravattes,		
Culottes blanches,		
Culotte de Nankin,		
MOUCHOIRS,		
PAIRES de bas de coton,		
paires de bas de fil,		
paires de bas de laine,		
paires de bas de filoselle,		
paires de chaussons,		
VESTES blanches,		
Vestes de Nankin,		
TOTAL		

(1)

le DU MOIS d 178

donné à blanchir

SÇAVOIR à Monſieur.

ARTICLE	liv.	ſ.	d.
BANDEAUX,			
Bonnets de coton,			
Bonnets de laine,			
Bretelles.			
CALÇONS de toile,			
Calçons de futaine,			
Camiſoles de toile,			
Camiſoles de futaine,			
Camiſoles d'indienne,			
Chauſſettes,			
Chemiſes de jour, garnies,			
Chemiſes de nuit,			
Coîffes de Bonnets,			
Cols de mouſſeline,			
Cols de baſin,			
Cravattes de mouſſeline,			
Cravattes de batiſte,			
Culottes de baſin,			
Culottes de toile de coton,			
Culottes de draps de coton,			
Culottes de Nankin,			
ESSUIE-MAINS,			
FROTTOIRS			
GANTS de fil,			
Gillets de baſin,			
Gillets de flanelle,			
Guêtres de toile,			
Gillets de futaine,			
Gillets de toile de coton,			
LINGE à barbe,			
MANCHETTES de mouſſeline,			
Manchettes de batiſte,			
Manchettes effilées,			
Manchettes de bottes,			
TOTAL			

ARTICLE	liv.	ſ.	d.
Mouchoirs des indes,			
Mouchoirs de toile blanche,			
Mouchoirs de batiſte,			
Mouchoirs de couleurs,			
NAPES,			
PAIRES de draps de maître,			
paires de draps de domeſtique,			
paires de bas de fil,			
paires de bas de coton,			
paires de bas de laine,			
paires de bas de filoſele,			
paires de chauſſons de toile,			
paires de chauſſons de tricot,			
Pantalon de moleton,			
Pantalon de toile,			
Pantalon de tricot,			
Peignoirs,			
Pièces d'eſtomac,			
ROBE-de-chambre d'indienne,			
Robe-de-chambre piquée,			
SACS à pelottes,			
Serre-têtes,			
Serviettes de toilette,			
Suſpenſoirs,			
TABLIER du matin,			
Tayes d'oreillers,			
VESTES de baſin,			
Veſtes de drap de coton			
Veſtes de Mouſſeline,			
Veſtes de Nankin,			
Veſtes piquées,			
Veſtes de toile de coton,			
TOTAL			

SÇAVOIR, à Madame

ARTICLE	liv.	s.	d.
BANDES à saigner,			
Bandeaux,			
Bastiennes,			
Blouses,			
Bonnets piqués,			
Bonnets ronds de mousseline,			
Bonnets ronds de linon,			
Bonnets ronds de dentelle			
CAMISOLES de mousseline garnies,			
Camisoles de toile de coton garnies,			
Camisoles piquées garnies,			
Camisoles houettées garnies,			
Chemises de jour,			
Chemises de nuit,			
Chemises de batiste,			
Chemises de bain,			
Chemises-robes de mousseline,			
Chemises-robe d'indienne,			
Chemise-robe, de linon,			
Coîffes de mousseline,			
Collerette,			
Corset de toile de coton garnis,			
Corsets de basin garnis,			
Corsets de toile fine garnis,			
Courtes-pointes,			
Couverture de coton,			
Couvre-pieds piqués garnis,			
Couvre-pieds de mousseline,			
Couvre-meuble,			
DRAPS de maîtres,			
Draps sans couture,			
Draps de domestique,			
Deshabillers garnis,			
ESSUIE-MAINS			
FOURREAUX de toile de coton,			
Fourreaux de mousseline,			
Fourreaux d'indienne,			
Fourreaux de linon,			
Fichus de mousseline,			
TOTAL			

ARTICLE	liv.	s.	d.
Fichus de batiste,			
Fichus doubles,			
Fichus de linon,			
Fichus frisés,			
Fraisettes de mousseline,			
Frottoirs de futaine,			
Frottoirs de flannelle,			
GARNITURES de lit de toile,			
Gaule de mousseline,			
Gaule d'indienne,			
HOUPELANDE,			
JUPONS piqués, blancs, garnis,			
Jupons de moleton,			
Jupons de futaine,			
Jupons de basin garnis,			
Jupons de granat,			
Jupons houettés, garnis,			
Jupons de linon,			
Jupons de mousseline,			
LINGE de toilette,			
Linge de Garde-robe,			
Linges de baignoir,			
MANTELETS de mousseline,			
Mouchoirs de toile blanche,			
Mouchoirs de batiste,			
Mouchoirs des indes,			
PAIRES de poches de basin, garnies,			
Paires de poches de toile, garnies,			
paire de bas de coton,			
Peignoirs de toile,			
Peignoirs de Mousseline,			
Pieces d'estomac,			
Pierrot & Jupon de linon,			
RIDEAUX de mousseline, grands,			
Rideaux de toile de coton, grands,			
Rideaux de mousseline, petits,			
Rideaux de linon, petits,			
Robe & Jupon de toile de coton,			
TOTAL			

ARTICLE	liv.	f.	d.
Robe & Jupon de mousseline,			
Robe & Jupon de linon,			
Robe & Jupon d'indienne,			
Rodingotte d'indienne,			
SACS à pelottes,			
Serre-têtes,			
Serviettes de toilette,			
Serviettes de garderobe,			
TABLIERS de Femme-de-chambre,			
Tabliers de coëffeur,			
Tayes d'oreillers garnies,			
Toilette garnie de mousseline,			
Tours de chaise,			
Tour de bassin,			
Linge des Enfans.			
BANDEAUX,			
Bandes,			
Bavoirs;			
Beguin,			
Brassieres de futaine,			
Brassieres de flanelle,			
CALÇONS,			
Camisoles de mousseline,			
Camisoles de toile de coton,			
Camisoles d'indienne,			
Camisoles de futaine,			
Chaussettes,			
Chaussons,			
Chemises de jour, de garçon,			
Chemises de nuit, de garçon,			
Chemises de jour, de demoiselle			
Chemises de nuit, de demoiselle,			
Chemises petites,			
Chemises-robes de mousseline,			
Chemises-robe d'indienne,			
Collerettes de mousseline,			
Cols de mousseline,			
Couches,			
Couvres-pieds garnis,			
Culottes de draps de coton,			
Culottes de basin,			
Culottes de toile de coton,			
DESHABILLERS de toile de coton,			
TOTAL			

ARTICLE	liv.	f.	d.
Deshabillers d'indienne,			
FOURREAUX de toile de coton,			
Fourreaux de linon,			
Fourreaux d'indienne,			
GARNITURES de lit,			
Gillets de basin,			
Gillets de toile de coton,			
JACTONS,			
Jupons de toile de coton garnis,			
Jupons de basin garnis,			
Jupons de futaine,			
Jupons de moleton,			
LANGES piqués,			
Lange de futaine,			
Lange de laine,			
Linge de toilette,			
MANTELETS de mousseline,			
Manchettes de garçon,			
Matelots de toile,			
Matelots de Nankin,			
Mouchoirs de toile,			
Mouchoirs de batiste,			
PAIRES de bas de coton,			
paires de bas de fil,			
paires de bas petits,			
paires de bas de laine,			
paires de poches,			
Peignoirs,			
Pierrots & Jupon de linon,			
Pierrots & Jupon de mousseline,			
Pieces d'estomac,			
ROBES & Jupons de toile de coton,			
Robes & Jupons de mousseline,			
Robes & Jupons d'indienne,			
Robe de chambre,			
TETIERES,			
Tours de bonnet,			
Tours de chaises;			
VESTES de basin,			
Vestes de toile de coton,			
Vestes de nankin,			
Vestes de drap de coton.			
TOTAL			

ARTICLE	liv.	ſ.	d.
Linge d'Office.			
CHAUSSES à paſſer,			
ESSUIE-MAINS,			
NAPES damaſſées,			
Napes à linteaux,			
Napes à grains d'orge,			
Napes ouvrées,			
Napes d'office,			
Napes petites,			
Napes de veniſe,			
Napes de cuiſine,			
PAQUETS de Torchons,			
SERVIETTES d'amaſſées,			
Serviettes à linteaux,			
Serviettes à grains d'orge,			
Serviettes ouvrées,			
Serviettes de Veniſe,			
TABLIERS d'office,			
Tabliers de cuiſine,			
Torchons,			
Linge de la Femme de Chambre.			
BANDEAUX,			
Bonnets ronds,			
Bonnets piqués,			
CAMISOLES de toile de coton,			
Camiſoles d'indienne,			
Chemiſes,			
Corſet de toile,			
Corſet de baſin,			
DESHABILLÉ complet de toile de coton,			
Deshabillé complet d'indienne,			
FICHUS de mouſſeline,			
Fichus de linon,			
JUPONS piqués,			
Jupons houetrés,			
Jupons de toile de coton,			
LINGE de toilette,			
MOUCHOIRS blancs,			
Mouchoirs de couleur,			
PAIRES de poches,			
paires de bas de coton,			
paires de bas de fil,			
TOTAL			

ARTICLE	liv.	ſ.
ROBE & Jupon d'indienne,		
Robe & Jupons de toile de coton,		
Robe & Jupon de mouſſeline,		
SERRE-TÊTES.		
Linge de la Cuiſiniere.		
BONNETS ronds,		
Bonnets piqués,		
CAMISOLES d'indienne,		
Camiſoles de toile de coton,		
Chemiſes,		
DESHABILLÉ compl. de toile de cot.		
Deshabiller complet d'indienne,		
FICHUS de mouſſeline,		
Fichus de linon,		
JUPONS piqués,		
Jupons de toile de coton,		
Jupons d'indienne,		
LINGE de toilette,		
MOUCHOIRS blancs,		
Mouchoirs de couleur,		
PAIRES de poches,		
paires de bas de laine,		
paires de bas de coton,		
paires de bas de fil,		
ROBE & Jupon d'indienne,		
Robe & Jupon de toile de coton,		
SERRE-TETE,		
Linge du Domeſtique.		
BONNETS de coton,		
Bonnets de laine,		
CALÇONS,		
Chemiſes,		
Cols,		
Cravattes,		
Culottes blanches,		
Culotte de Nankin,		
MOUCHOIRS,		
PAIRES de bas de coton,		
paires de bas de fil,		
paires de bas de laine,		
paires de bas de filoſelle,		
paires de chauſſons,		
VESTES blanches,		
Veſtes de Nankin,		
TOTAL		

(1)

le DU MOIS d 178

donné à blanchir

SÇAVOIR à Monsieur.

ARTICLE		liv.	s.	d.
	BANDEAUX,			
	Bonnets de coton,			
	Bonnets de laine,			
	Bretelles.			
	CALÇONS de toile,			
	Calçons de futaine,			
	Camisoles de toile,			
	Camisoles de futaine,			
	Camisoles d'indienne,			
	Chaussettes,			
	Chemises de jour, garnies,			
	Chemises de nuit,			
	Coîffes de Bonnets,			
	Cols de mousseline,			
	Cols de basin,			
	Cravattes de mousseline,			
	Cravattes de batiste,			
	Culottes de basin,			
	Culottes de toile de coton,			
	Culottes de draps de coton,			
	Culottes de Nankin,			
	ESSUIE-MAINS,			
	FROTTOIRS,			
	GANTS de fil,			
	Gillets de basin,			
	Gillets de flanelle,			
	Guêtres de toile,			
	Gillets de futaine,			
	Gillets de toile de coton,			
	LINGE à barbe,			
	MANCHETTES de mousseline,			
	Manchettes de batiste,			
	Manchettes effilées,			
	Manchettes de bottes,			
	TOTAL			

ARTICLE		liv.	s.	d.
	Mouchoirs des indes,			
	Mouchoirs de toile blanche,			
	Mouchoirs de batiste,			
	Mouchoirs de couleurs,			
	NAPES,			
	PAIRES de draps de maître,			
	paires de draps de domestique,			
	paires de bas de fil,			
	paires de bas de coton,			
	paires de bas de laine,			
	paires de bas de filoselle,			
	paires de chaussons de toile,			
	paires de chaussons de tricot,			
	Pantalon de moleton,			
	Pantalon de toile,			
	Pantalon de tricot,			
	Peignoirs,			
	Pieces d'estomac,			
	ROBE-de-chambre d'indienne,			
	Robe-de-chambre piquée,			
	SACS à pelottes,			
	Serre-têtes,			
	Serviettes de toilette,			
	Suspensoirs,			
	TABLIER du matin,			
	Tayes d'oreillers,			
	VESTES de basin,			
	Vestes de drap de coton			
	Vestes de Mousseline,			
	Vestes de Nankin,			
	Vestes piquées,			
	Vestes de toile de coton,			
	TOTAL			

SÇAVOIR, à Madame

ARTICLE	liv.	ſ.	d.
BANDES à ſaigner,			
Bandeaux,			
Baſtiennes,			
Blouſes,			
Bonnets piqués,			
Bonnets ronds de mouſſeline,			
Bonnets ronds de linon,			
Bonnets ronds de dentelle			
CAMISOLES de mouſſeline garnies,			
Camiſoles de toile de coton garnies,			
Camiſoles piquées garnies,			
Camiſoles houettées garnies,			
Chemiſes de jour,			
Chemiſes de nuit,			
Chemiſes de batiſte,			
Chemiſes de bain,			
Chemiſes-robes de mouſſeline,			
Chemiſes-robe d'indienne,			
Chemiſe-robe, de linon,			
Coïffes de mouſſeline,			
Collerette,			
Corſet de toile de coton garnis,			
Corſets de baſin garnis,			
Corſets de toile fine garnis,			
Courtes-pointes,			
Couverture de coton,			
Couvre-pieds piqués garnis,			
Couvre-pieds de mouſſeline,			
Couvre-meuble,			
DRAPS de maîtres,			
Draps ſans couture,			
Draps de domeſtique,			
Deshabillers garnis,			
ESSUIE-MAINS			
FOURREAUX de toile de coton,			
Fourreaux de mouſſeline,			
Fourreaux d'indienne,			
Fourreaux de linon,			
Fichus de mouſſeline,			
TOTAL			

ARTICLE	liv.	ſ.
Fichus de batiſte,		
Fichus doubles,		
Fichus de linon,		
Fichus friſés,		
Fraiſettes de mouſſeline,		
Frottoirs de futaine,		
Frottoirs de flannelle,		
GARNITURES de lit de toile,		
Gaule de mouſſeline,		
Gaule d'indienne,		
HOUPELANDE,		
JUPONS piqués, blancs, garnis,		
Jupons de moleton,		
Jupons de futaine,		
Jupons de baſin garnis,		
Jupons de granat,		
Jupons houettés, garnis,		
Jupons de linon,		
Jupons de mouſſeline,		
LINGE de toilette,		
Linge de Garde-robe,		
Linges de baignoir,		
MANTELETS de mouſſeline,		
Mouchoirs de toile blanche,		
Mouchoirs de batiſte,		
Mouchoirs des indes,		
PAIRES de poches de baſin, garnies,		
Paires de poches de toile, garnies,		
paire de bas de coton,		
Peignoirs de toile,		
Peignoirs de Mouſſeline,		
Pieces d'eſtomac,		
Pierrot & Jupon de linon,		
RIDEAUX de mouſſeline, grands,		
Rideaux de toile de coton, grands,		
Rideaux de mouſſeline, petits,		
Rideaux de linon, petits,		
Robe & Jupon de toile de coton,		
TOTAL		

ARTICLE	liv.	f.	d.
Robe & Jupon de mousseline,			
Robe & Jupon de linon,			
Robe & Jupon d'indienne,			
Rodingotte d'indienne,			
SACS à pelottes,			
Serre-têtes,			
Serviettes de toilette,			
Serviettes de garderobe,			
TABLIERS de Femme-de-chambre,			
Tabliers de coëffeur,			
Tayes d'oreillers garnies,			
Toilette garnie de mousseline,			
Tours de chaise,			
Tour de bassin,			
Linge des Enfans.			
BANDEAUX,			
Bandes,			
Bavoirs;			
Beguin,			
Brassieres de futaine,			
Brassieres de flanelle,			
CALÇONS,			
Camisoles de mousseline,			
Camisoles de toile de coton,			
Camisoles d'indienne,			
Camisoles de futaine,			
Chaussettes,			
Chaussons,			
Chemises de jour, de garçon,			
Chemises de nuit, de garçon,			
Chemises de jour, de demoiselle			
Chemises de nuit, de demoiselle,			
Chemises petites,			
Chemises-robes de mousseline,			
Chemises-robe d'indienne,			
Collerettes de mousseline,			
Cols de mousseline,			
Couches,			
Couvres-pieds garnis,			
Culottes de draps de coton,			
Culottes de basin,			
Culottes de toile de coton,			
DESHABILLERS de toile de coton,			
TOTAL			

ARTICLE	liv.	f.	d.
Deshabillers d'indienne,			
FOURREAUX de toile de coton,			
Fourreaux de linon,			
Fourreaux d'indienne,			
GARNITURES de lit,			
Gillets de basin,			
Gillets de toile de coton,			
JACTONS,			
Jupons de toile de coton garnis,			
Jupons de basin garnis,			
Jupons de futaine,			
Jupons de moleton,			
LANGES piqués,			
Lange de futaine,			
Lange de laine,			
Linge de toilette,			
MANTELETS de mousseline,			
Manchettes de garçon,			
Matelots de toile,			
Matelots de Nankin,			
Mouchoirs de toile,			
Mouchoirs de batiste,			
PAIRES de bas de coton,			
paires de bas de fil,			
paires de bas petits,			
paires de bas de laine,			
paires de poches,			
Peignoirs,			
Pierrots & Jupon de linon,			
Pierrots & Jupon de mousseline,			
Pieces d'estomac,			
ROBES & Jupons de toile de coton,			
Robes & Jupons de mousseline,			
Robes & Jupons d'indienne,			
Robe de chambre,			
TETIERES,			
Tours de bonnet,			
Tours de chaises,			
VESTES de basin,			
Vestes de toile de coton,			
Vestes de nankin,			
Vestes de drap de coton.			
TOTAL			

Article	liv.	f.	d.
Linge d'Office.			
CHAUSSES à passer,			
ESSUIE-MAINS,			
NAPES damassées,			
Napes à linteaux,			
Napes à grains d'orge,			
Napes ouvrées,			
Napes d'office,			
Napes petites,			
Napes de venise,			
Napes de cuisine,			
PAQUETS de Torchons,			
SERVIETTES d'amassées,			
Serviettes à linteaux,			
Serviettes à grains d'orge,			
Serviettes ouvrées,			
Serviettes de Venise,			
TABLIERS d'office,			
Tabliers de cuisine,			
Torchons,			
Linge de la Femme de Chambre.			
BANDEAUX,			
Bonnets ronds,			
Bonnets piqués,			
CAMISOLES de toile de coton,			
Camisoles d'indienne,			
Chemises,			
Corset de toile,			
Corset de basin,			
DESHABILLÉ complet de toile de coton,			
Deshabillé complet d'indienne,			
FICHUS de mousseline,			
Fichus de linon,			
JUPONS piqués,			
Jupons houetrés,			
Jupons de toile de coton,			
LINGE de toilette,			
MOUCHOIRS blancs,			
Mouchoirs de couleur,			
PAIRES de poches,			
paires de bas de coton,			
paires de bas de fil,			
TOTAL			

Article	liv.	f.
ROBE & Jupon d'indienne,		
Robe & Jupons de toile de coton,		
Robe & Jupon de mousseline,		
SERRE-TÊTES.		
Linge de la Cuisinière.		
BONNETS ronds,		
Bonnets piqués,		
CAMISOLES d'indienne,		
Camisoles de toile de coton,		
Chemises,		
DESHABILLÉ compl. de toile de cot.		
Deshabiller complet d'indienne,		
FICHUS de mousseline,		
Fichus de linon,		
JUPONS piqués,		
Jupons de toile de coton,		
Jupons d'indienne,		
LINGE de toilette,		
MOUCHOIRS blancs,		
Mouchoirs de couleur,		
PAIRES de poches,		
paires de bas de laine,		
paires de bas de coton,		
paires de bas de fil,		
ROBE & Jupon d'indienne,		
Robe & Jupon de toile de coton,		
SERRE-TETE,		
Linge du Domestique.		
BONNETS de coton,		
Bonnets de laine,		
CALÇONS,		
Chemises,		
Cols,		
Cravattes,		
Culottes blanches,		
Culotte de Nankin,		
MOUCHOIRS,		
PAIRES de bas de coton,		
paires de bas de fil,		
paires de bas de laine,		
paires de bas de filoselle,		
paires de chaussons,		
VESTES blanches,		
Vestes de Nankin,		
TOTAL		

le DU MOIS d 178

donné à blanchir

SÇAVOIR à Monſieur.

ARTICLE	liv.	ſ.	d.
BANDEAUX,			
Bonnets de coton,			
Bonnets de laine,			
Bretelles.			
CALÇONS de toile,			
Calçons de futaine,			
Camiſoles de toile,			
Camiſoles de futaine,			
Camiſoles d'indienne,			
Chauſſettes,			
Chemiſes de jour, garnies,			
Chemiſes de nuit,			
Coïffes de Bonnets.			
Cols de mouſſeline,			
Cols de baſin,			
Cravattes de mouſſeline,			
Cravattes de batiſte,			
Culottes de baſin,			
Culottes de toile de coton,			
Culottes de draps de coton,			
Culottes de Nankin,			
ESSUIE-MAINS,			
FROTTOIRS			
GANTS de fil,			
Gillets de baſin,			
Gillets de flanelle,			
Guêtres de toile,			
Gillets de futaine,			
Gillets de toile de coton,			
LINGE à barbe,			
MANCHETTES de mouſſeline,			
Manchettes de batiſte,			
Manchettes effilées,			
Manchettes de bottes,			
TOTAL			

ARTICLE	liv.	ſ.	d.
Mouchoirs des indes,			
Mouchoirs de toile blanche,			
Mouchoirs de batiſte,			
Mouchoirs de couleurs,			
NAPES,			
PAIRES de draps de maître,			
paires de draps de domeſtique,			
paires de bas de fil,			
paires de bas de coton,			
paires de bas de laine,			
paires de bas de filoſele,			
paires de chauſſons de toile,			
paires de chauſſons de tricot,			
Pantalon de moleton,			
Pantalon de toile,			
Pantalon de tricot,			
Peignoirs,			
Pieces d'eſtomac,			
ROBE-de-chambre d'indienne,			
Robe-de-chambre piquée,			
SACS à pelottes,			
Serre-têtes,			
Servîettes de toilette,			
Suſpenſoirs,			
TABLIER du matin,			
Tayes d'oreillers,			
VESTES de baſin,			
Veſtes de drap de coton			
Veſtes de Mouſſeline,			
Veſtes de Nankin,			
Veſtes piquées,			
Veſtes de toile de coton,			
TOTAL			

SÇAVOIR, à Madame

Article	liv.	ſ.	d.
Bandes à ſaigner,			
Bandeaux,			
Baſtiennes,			
Blouſes,			
Bonnets piqués,			
Bonnets ronds de mouſſeline,			
Bonnets ronds de linon,			
Bonnets ronds de dentelle			
Camisoles de mouſſeline garnies,			
Camiſoles de toile de coton garnies,			
Camiſoles piquées garnies,			
Camiſoles houettées garnies,			
Chemiſes de jour,			
Chemiſes de nuit,			
Chemiſes de batiſte,			
Chemiſes de bain,			
Chemiſes-robes de mouſſeline,			
Chemiſes-robe d'indienne,			
Chemiſe-robe, de linon,			
Coîffes de mouſſeline,			
Collerette,			
Corſet de toile de coton garnis,			
Corſets de baſin garnis,			
Corſets de toile fine garnis,			
Courtes-pointes,			
Couverture de coton,			
Couvre-pieds piqués garnis,			
Couvre-pieds de mouſſeline,			
Couvre-meuble,			
Draps de maîtres,			
Draps ſans couture,			
Draps de domeſtique,			
Deshabillers garnis,			
Essuie-mains			
Fourreaux de toile de coton,			
Fourreaux de mouſſeline,			
Fourreaux d'indienne,			
Fourreaux de linon,			
Fichus de mouſſeline,			
Total			

Article	liv.	ſ.	d.
Fichus de batiſte,			
Fichus doubles,			
Fichus de linon,			
Fichus friſés,			
Fraiſettes de mouſſeline,			
Frottoirs de futaine,			
Frottoirs de flannelle,			
Garnitures de lit de toile,			
Gaule de mouſſeline,			
Gaule d'indienne,			
Houpelande,			
Jupons piqués, blancs, garnis,			
Jupons de moleton,			
Jupons de futaine,			
Jupons de baſin garnis,			
Jupons de granat,			
Jupons houettés, garnis,			
Jupons de linon,			
Jupons de mouſſeline,			
Linge de toilette,			
Linge de Garde-robe,			
Linges de baignoir,			
Mantelets de mouſſeline,			
Mouchoirs de toile blanche,			
Mouchoirs de batiſte,			
Mouchoirs des indes,			
Paires de poches de baſin, garnies,			
Paires de poches de toile, garnies,			
paire de bas de coton,			
Peignoirs de toile,			
Peignoirs de Mouſſeline,			
Pieces d'eſtomac,			
Pierrot & Jupon de linon,			
Rideaux de mouſſeline, grands,			
Rideaux de toile de coton, grands,			
Rideaux de mouſſeline, petits,			
Rideaux de linon, petits,			
Robe & Jupon de toile de coton,			
Total			

ARTICLE	liv.	s.	d.
Robe & Jupon de mousseline,			
Robe & Jupon de linon,			
Robe & Jupon d'indienne,			
Rodingotte d'indienne,			
SACS à pelottes,			
Serre-têtes,			
Serviettes de toilette,			
Serviettes de garderobe,			
TABLIERS de Femme-de-chambre,			
Tabliers de coëffeur,			
Tayes d'oreillers garnies,			
Toilette garnie de mousseline,			
Tours de chaise,			
Tour de bassin,			
Linge des Enfans.			
BANDEAUX,			
Bandes,			
Bavoirs,			
Beguin,			
Brassieres de futaine,			
Brassieres de flanelle,			
CALÇONS,			
Camisoles de mousseline,			
Camisoles de toile de coton,			
Camisoles d'indienne,			
Camisoles de futaine,			
Chaussettes,			
Chaussons,			
Chemises de jour, de garçon,			
Chemises de nuit, de garçon,			
Chemises de jour, de demoiselle			
Chemises de nuit, de demoiselle,			
Chemises petites,			
Chemises-robes de mousseline,			
Chemises-robe d'indienne,			
Collerettes de mousseline,			
Cols de mousseline,			
Couches,			
Couvres-pieds garnis,			
Culottes de draps de coton,			
Culottes de basin,			
Culottes de toile de coton,			
DESHABILLERS de toile de coton,			
TOTAL			

ARTICLE	liv.	s.	d.
Deshabillers d'indienne,			
FOURREAUX de toile de coton,			
Fourreaux de linon,			
Fourreaux d'indienne,			
GARNITURES de lit,			
Gillets de basin,			
Gillets de toile de coton,			
JACTONS,			
Jupons de toile de coton garnis,			
Jupons de basin garnis,			
Jupons de futaine,			
Jupons de molleton,			
LANGES piqués,			
Lange de futaine,			
Lange de laine,			
Linge de toilette,			
MANTELETS de mousseline,			
Manchettes de garçon,			
Matelots de toile,			
Matelots de Nankin,			
Mouchoirs de toile,			
Mouchoirs de batiste,			
PAIRES de bas de coton,			
paires de bas de fil,			
paires de bas petits,			
paires de bas de laine,			
paires de poches,			
Peignoirs,			
Pierrots & Jupon de linon,			
Pierrots & Jupon de mousseline,			
Pieces d'estomac,			
ROBES & Jupons de toile de coton,			
Robes & Jupons de mousseline,			
Robes & Jupons d'indienne,			
Robe de chambre,			
TETIERES,			
Tours de bonnet,			
Tours de chaises,			
VESTES de basin,			
Vestes de toile de coton,			
Vestes de nankin,			
Vestes de drap de coton.			
TOTAL			

ARTICLE	liv.	s.	d.
Linge d'Office.			
CHAUSSES à passer,			
ESSUIE-MAINS,			
NAPES damassées,			
Napes à linteaux,			
Napes à grains d'orge,			
Napes ouvrées,			
Napes d'office,			
Napes petites,			
Napes de venise,			
Napes de cuisine,			
PAQUETS de Torchons,			
SERVIETTES d'amassées,			
Serviettes à linteaux,			
Serviettes à grains d'orge,			
Serviettes ouvrées,			
Serviettes de Venise,			
TABLIERS d'office,			
Tabliers de cuisine,			
Torchons,			
Linge de la Femme de Chambre.			
BANDEAUX,			
Bonnets ronds,			
Bonnets piqués,			
CAMISOLES de toile de coton,			
Camisoles d'indienne,			
Chemises,			
Corset de toile,			
Corset de basin,			
DESHABILLÉ complet de toile de coton,			
Deshabillé complet d'indienne,			
FICHUS de mousseline,			
Fichus de linon,			
JUPONS piqués,			
Jupons houetrés,			
Jupons de toile de coton,			
LINGE de toilette,			
MOUCHOIRS blancs,			
Mouchoirs de couleur,			
PAIRES de poches,			
paires de bas de coton,			
paires de bas de fil,			
TOTAL			

ARTICLE	liv.	s.
ROBE & Jupon d'indienne,		
Robe & Jupons de toile de coton,		
Robe & Jupon de mousseline,		
SERRE-TÊTES.		
Linge de la Cuisiniere.		
BONNETS ronds,		
Bonnets piqués,		
CAMISOLES d'indienne,		
Camisoles de toile de coton,		
Chemises,		
DESHABILLÉ compl. de toile de cot.		
Deshabiller complet d'indienne,		
FICHUS de mousseline,		
Fichus de linon,		
JUPONS piqués,		
Jupons de toile de coton,		
Jupons d'indienne,		
LINGE de toilette,		
MOUCHOIRS blancs,		
Mouchoirs de couleur,		
PAIRES de poches,		
paires de bas de laine,		
paires de bas de coton,		
paires de bas de fil,		
ROBE & Jupon d'indienne,		
Robe & Jupon de toile de coton,		
SERRE-TETE,		
Linge du Domestique.		
BONNETS de coton,		
Bonnets de laine,		
CALÇONS,		
Chemises,		
Cols,		
Cravattes,		
Culottes blanches,		
Culotte de Nankin,		
MOUCHOIRS,		
PAIRES de bas de coton,		
paires de bas de fil,		
paires de bas de laine,		
paires de bas de filoselle,		
paires de chaussons,		
VESTES blanches,		
Vestes de Nankin,		
TOTAL		

le DU MOIS d 178

donné à blanchir

SÇAVOIR à Monsieur.

ARTICLE	liv.	s.	d.
BANDEAUX,			
Bonnets de coton,			
Bonnets de laine,			
Bretelles.			
CALÇONS de toile,			
Calçons de futaine,			
Camisoles de toile,			
Camisoles de futaine,			
Camisoles d'indienne,			
Chaussettes,			
Chemises de jour, garnies,			
Chemises de nuit,			
Coîffes de Bonnets,			
Cols de mousseline,			
Cols de basin,			
Cravattes de mousseline,			
Cravattes de batiste,			
Culottes de basin,			
Culottes de toile de coton,			
Culottes de draps de coton,			
Culottes de Nankin,			
ESSUIE-MAINS,			
FROTTOIRS,			
GANTS de fil,			
Gillets de basin,			
Gillets de flanelle,			
Guêtres de toile,			
Gillets de futaine,			
Gillets de toile de coton,			
LINGE à barbe,			
MANCHETTES de mousseline,			
Manchettes de batiste,			
Manchettes effilées,			
Manchettes de bottes,			
TOTAL			

ARTICLE	liv.	s.	d.
Mouchoirs des indes,			
Mouchoirs de toile blanche,			
Mouchoirs de batiste,			
Mouchoirs de couleurs,			
NAPES,			
PAIRES de draps de maître,			
paires de draps de domestique,			
paires de bas de fil,			
paires de bas de coton,			
paires de bas de laine,			
paires de bas de filosele,			
paires de chaussons de toile,			
paires de chaussons de tricot,			
Pantalon de moleton,			
Pantalon de toile,			
Pantalon de tricot,			
Peignoirs,			
Pieces d'estomac,			
ROBE-de-chambre d'indienne,			
Robe-de-chambre piquée,			
SACS à pelottes,			
Serre-têtes,			
Serviettes de toilette,			
Suspensoirs,			
TABLIER du matin,			
Tayes d'oreillers,			
VESTES de basin,			
Vestes de drap de coton			
Vestes de Mousseline,			
Vestes de Nankin,			
Vestes piquées,			
Vestes de toile de coton,			
TOTAL			

SÇAVOIR, à Madame

ARTICLE	liv.	s.	d.
BANDES à saigner,			
Bandeaux,			
Bastiennes,			
blouses,			
Bonnets piqués,			
Bonnets ronds de mousseline,			
Bonnets ronds de linon,			
Bonnets ronds de dentelle			
CAMISOLES de mousseline garnies,			
Camisoles de toile de coton garnies,			
Camisoles piquées garnies,			
Camisoles houettées garnies,			
Chemises de jour,			
Chemises de nuit,			
Chemises de batiste,			
Chemises de bain,			
Chemises-robes de mousseline,			
Chemises-robe d'indienne,			
Chemise-robe, de linon,			
Coîffes de mousseline,			
Collerette,			
Corset de toile de coton garnis,			
Corsets de basin garnis,			
Corsets de toile fine garnis,			
Courtes-pointes,			
Couverture de coton,			
Couvre-pieds piqués garnis,			
Couvre-pieds de mousseline,			
Couvre-meuble,			
DRAPS de maîtres,			
Draps sans couture,			
Draps de domestique,			
Deshabillers garnis,			
ESSUIE-MAINS			
FOURREAUX de toile de coton,			
Fourreaux de mousseline,			
Fourreaux d'indienne,			
Foutreaux de linon,			
Fichus de mousseline,			
TOTAL			

ARTICLE	liv.	s.	d.
Fichus de batiste,			
Fichus doubles,			
Fichus de linon,			
Fichus frisés,			
Fraisettes de mousseline,			
Frottoirs de futaine,			
Frottoirs de flannelle,			
GARNITURES de lit de toile,			
Gaule de mousseline,			
Gaule d'indienne,			
HOUPELANDE,			
JUPONS piqués, blancs, garnis,			
Jupons de moleton,			
Jupons de futaine,			
Jupons de basin garnis,			
Jupons de granat,			
Jupons houettés, garnis,			
Jupons de linon,			
Jupons de mousseline,			
LINGE de toilette,			
Linge de Garde-robe,			
Linges de baignoir,			
MANTELETS de mousseline,			
Mouchoirs de toile blanche,			
Mouchoirs de batiste,			
Mouchoirs des indes,			
PAIRES de poches de basin, garnies,			
Paires de poches de toile, garnies,			
paire de bas de coton,			
Peignoirs de toile,			
Peignoirs de Mousseline,			
Pieces d'estomac,			
Pierrot & Jupon de linon,			
RIDEAUX de mousseline, grands,			
Rideaux de toile de coton, grands,			
Rideaux de mousseline, petits,			
Rideaux de linon, petits,			
Robe & Jupon de toile de coton,			
TOTAL			

ARTICLE	liv.	s.	d.
Robe & Jupon de mousseline,			
Robe & Jupon de linon,			
Robe & Jupon d'indienne,			
Rodingotte d'indienne,			
SACS à pelottes,			
Serre-têtes,			
Serviettes de toilette,			
Serviettes de garderobe,			
TABLIERS de Femme-de-chambre,			
Tabliers de coëffeur,			
Tayes d'oreillers garnies,			
Toilette garnie de mousseline,			
Tours de chaise,			
Tour de bassin,			
Linge des Enfans.			
BANDEAUX,			
Bandes,			
Bavoirs,			
Beguin,			
Brassieres de futaine,			
Brassieres de flanelle,			
CALÇONS,			
Camisoles de mousseline,			
Camisoles de toile de coton,			
Camisoles d'indienne,			
Camisoles de futaine,			
Chaussettes,			
Chaussons,			
Chemises de jour, de garçon,			
Chemises de nuit, de garçon,			
Chemises de jour, de demoiselle			
Chemises de nuit, de demoiselle,			
Chemises petites,			
Chemises-robes de mousseline,			
Chemises-robe d'indienne,			
Collerettes de mousseline,			
Cols de mousseline,			
Couches,			
Couvres-pieds garnis,			
Culottes de draps de coton,			
Culottes de basin,			
Culottes de toile de coton,			
DESHABILLERS de toile de coton,			
TOTAL			

ARTICLE	liv.	s.	d.
Deshabillers d'indienne,			
FOURREAUX de toile de coton,			
Fourreaux de linon,			
Fourreaux d'indienne,			
GARNITURES de lit,			
Gillets de basin,			
Gillets de toile de coton,			
JACTONS,			
Jupons de toile de coton garnis,			
Jupons de basin garnis,			
Jupons de futaine,			
Jupons de moleton,			
LANGES piqués,			
Lange de futaine,			
Lange de laine,			
Linge de toilette,			
MANTELETS de mousseline,			
Manchettes de garçon,			
Matelots de toile,			
Matelots de Nankin,			
Mouchoirs de toile,			
Mouchoirs de batiste,			
PAIRES de bas de coton,			
paires de bas de fil,			
paires de bas petits,			
paires de bas de laine,			
paires de poches,			
Peignoirs,			
Pierrots & Jupon de linon,			
Pierrots & Jupon de mousseline,			
Pieces d'estomac,			
ROBES & Jupons de toile de coton,			
Robes & Jupons de mousseline,			
Robes & Jupons d'indienne,			
Robe de chambre,			
TETIERES,			
Tours de bonnet,			
Tours de chaises,			
VESTES de basin,			
Vestes de toile de coton,			
Vestes de nankin,			
Vestes de drap de coton.			
TOTAL			

ARTICLE	liv.	ſ.	d.
Linge d'Office.			
CHAUSSES à paſſer,			
ESSUIE-MAINS,			
NAPES damaſſées,			
Napes à linteaux,			
Napes à grains d'orge,			
Napes ouvrées,			
Napes d'office,			
Napes petites,			
Napes de veniſe,			
Napes de cuiſine,			
PAQUETS de Torchons,			
SERVIETTES d'amaſſées,			
Serviettes à linteaux,			
Serviettes à grains d'orge,			
Serviettes ouvrées,			
Serviettes de Veniſe,			
TABLIERS d'office,			
Tabliers de cuiſine,			
Torchons,			
Linge de la Femme de Chambre.			
BANDEAUX,			
Bonnets ronds,			
Bonnets piqués,			
CAMISOLES de toile de coton,			
Camiſoles d'indienne,			
Chemiſes,			
Corſet de toile,			
Corſet de baſin,			
DESHABILLÉ complet de toile de coton,			
Deshabillé complet d'indienne,			
FICHUS de mouſſeline,			
Fichus de linon,			
JUPONS piqués,			
Jupons houetrés,			
Jupons de toile de coton,			
LINGE de toilette,			
MOUCHOIRS blancs,			
Mouchoirs de couleur,			
PAIRES de poches,			
paires de bas de coton,			
paires de bas de fil,			
TOTAL			

ARTICLE	liv.	ſ.
ROBE & Jupon d'indienne,		
Robe & Jupons de toile de coton,		
Robe & Jupon de mouſſeline,		
SERRE-TÊTES.		
Linge de la Cuiſiniere.		
BONNETS ronds,		
Bonnets piqués,		
CAMISOLES d'indienne,		
Camiſoles de toile de coton,		
Chemiſes,		
DESHABILLÉ compl. de toile de cot.		
Deshabiller complet d'indienne,		
FICHUS de mouſſeline,		
Fichus de linon,		
JUPONS piqués,		
Jupons de toile de coton,		
Jupons d'indienne,		
LINGE de toilette,		
MOUCHOIRS blancs,		
Mouchoirs de couleur,		
PAIRES de poches,		
paires de bas de laine,		
paires de bas de coton,		
paires de bas de fil,		
ROBE & Jupon d'indienne,		
Robe & Jupon de toile de coton,		
SERRE-TETE,		
Linge du Domeſtique.		
BONNETS de coton,		
Bonnets de laine,		
CALÇONS,		
Chemiſes,		
Cols,		
Cravattes,		
Culottes blanches,		
Culotte de Nankin,		
MOUCHOIRS,		
PAIRES de bas de coton,		
paires de bas de fil,		
paires de bas de laine,		
paires de bas de filoſelle,		
paires de chauſſons,		
VESTES blanches,		
Veſtes de Nankin,		
TOTAL		

le DU MOIS d 178

donné à blanchir

SÇAVOIR à Monsieur.

ARTICLE	liv.	s.	d.
BANDEAUX,			
Bonnets de coton,			
Bonnets de laine,			
Bretelles.			
CALÇONS de toile,			
Calçons de futaine,			
Camisoles de toile,			
Camisoles de futaine,			
Camisoles d'indienne,			
Chaussettes,			
Chemises de jour, garnies,			
Chemises de nuit,			
Coîffes de Bonnets,			
Cols de mousseline,			
Cols de basin,			
Cravattes de mousseline,			
Cravattes de batiste,			
Culottes de basin,			
Culottes de toile de coton,			
Culottes de draps de coton,			
Culottes de Nankin,			
ESSUIE-MAINS,			
FROTTOIRS			
GANTS de fil,			
Gillets de basin,			
Gillets de flanelle,			
Guêtres de toile,			
Gillets de futaine,			
Gillets de toile de coton,			
LINGE à barbe,			
MANCHETTES de mousseline,			
Manchettes de batiste,			
Manchettes effilées,			
Manchettes de bottes,			
TOTAL			

ARTICLE	liv.	s.	d.
Mouchoirs des indes,			
Mouchoirs de toile blanche,			
Mouchoirs de batiste,			
Mouchoirs de couleurs,			
NAPES,			
PAIRES de draps de maître,			
paires de draps de domestique,			
paires de bas de fil,			
paires de bas de coton,			
paires de bas de laine,			
paires de bas de filosele,			
paires de chaussons de toile,			
paires de chaussons de tricot,			
Pantalon de moleton,			
Pantalon de toile,			
Pantalon de tricot,			
Peignoirs,			
Pieces d'estomac,			
ROBE-de-chambre d'indienne,			
Robe-de-chambre piquée,			
SACS à pelottes,			
Serre-têtes,			
Serviettes de toilette,			
Suspensoirs,			
TABLIER du matin,			
Tayes d'oreillers,			
VESTES de basin,			
Vestes de drap de coton			
Vestes de Mousseline,			
Vestes de Nankin,			
Vestes piquées,			
Vestes de toile de coton,			
TOTAL			

SÇAVOIR, à Madame

ARTICLE	liv.	s.	d.
BANDES à saigner,			
Bandeaux,			
Bastiennes,			
Blouses,			
Bonnets piqués,			
Bonnets ronds de mousseline,			
Bonnets ronds de linon,			
Bonnets ronds de dentelle			
CAMISOLES de mousseline garnies,			
Camisoles de toile de coton garnies,			
Camisoles piquées garnies,			
Camisoles houettées garnies,			
Chemises de jour,			
Chemises de nuit,			
Chemises de batiste,			
Chemises de bain,			
Chemises-robes de mousseline,			
Chemises-robe d'indienne,			
Chemise-robe, de linon,			
Coiffes de mousseline,			
Collerette,			
Corset de toile de coton garnis,			
Corsets de basin garnis,			
Corsets de toile fine garnis,			
Courtes-pointes,			
Couverture de coton,			
Couvre-pieds piqués garnis,			
Couvre-pieds de mousseline,			
Couvre-meuble,			
DRAPS de maîtres,			
Draps sans couture,			
Draps de domestique,			
Deshabillers garnis,			
ESSUIE-MAINS			
FOURREAUX de toile de coton,			
Fourreaux de mousseline,			
Fourreaux d'indienne,			
Fourreaux de linon,			
Fichus de mousseline,			
TOTAL			

ARTICLE	liv.	s.
Fichus de batiste,		
Fichus doubles,		
Fichus de linon,		
Fichus frisés,		
Fraisettes de mousseline,		
Frottoirs de futaine,		
Frottoirs de flannelle,		
GARNITURES de lit de toile,		
Gaule de mousseline,		
Gaule d'indienne,		
HOUPELANDE,		
JUPONS piqués, blancs, garnis,		
Jupons de moleton,		
Jupons de futaine,		
Jupons de basin garnis,		
Jupons de granat,		
Jupons houettés, garnis,		
Jupons de linon,		
Jupons de mousseline,		
LINGE de toilette,		
Linge de Garde-robe,		
Linges de baignoir,		
MANTELETS de mousseline,		
Mouchoirs de toile blanche,		
Mouchoirs de batiste,		
Mouchoirs des indes,		
PAIRES de poches de basin, garnies,		
Paires de poches de toile, garnies,		
paire de bas de coton,		
Peignoirs de toile,		
Peignoirs de Mousseline,		
Pieces d'estomac,		
Pierrot & Jupon de linon,		
RIDEAUX de mousseline, grands,		
Rideaux de toile de coton, grands,		
Rideaux de mousseline, petits,		
Rideaux de linon, petits,		
Robe & Jupon de toile de coton,		
TOTAL		

ARTICLE	liv.	f.	d.
Robe & Jupon de mouffeline,			
Robe & Jupon de linon,			
Robe & Jupon d'indienne,			
Rodingotte d'indienne,			
SACS à pelottes,			
Serre-têtes,			
Serviettes de toilette,			
Serviettes de garderobe,			
TABLIERS de Femme-de-chambre,			
Tabliers de coëffeur,			
Tayes d'oreillers garnies,			
Toilette garnie de mouffeline,			
Tours de chaife,			
Tour de baffin,			
Linge des Enfans.			
BANDEAUX,			
Bandes,			
Bavoirs,			
Beguin,			
Braffieres de futaine,			
Braffieres de flanelle,			
CALÇONS,			
Camifoles de mouffeline,			
Camifoles de toile de coton,			
Camifoles d'indienne,			
Camifoles de futaine,			
Chauffettes,			
Chauffons,			
Chemifes de jour, de garçon,			
Chemifes de nuit, de garçon,			
Chemifes de jour, de demoifelle			
Chemifes de nuit, de demoifelle,			
Chemifes petites,			
Chemifes-robes de mouffeline,			
Chemifes-robe d'indienne,			
Collerettes de mouffeline,			
Cols de mouffeline,			
Couches,			
Couvres-pieds garnis,			
Culottes de draps de coton,			
Culottes de bafin,			
Culottes de toile de coton,			
DESHABILLERS de toile de coton,			
TOTAL			

ARTICLE	liv.	f.	d.
Deshabillers d'indienne,			
FOURREAUX de toile de coton,			
Fourreaux de linon,			
Fourreaux d'indienne,			
GARNITURES de lit,			
Gillets de bafin,			
Gillets de toile de coton,			
JACTONS,			
Jupons de toile de coton garnis,			
Jupons de bafin garnis,			
Jupons de futaine,			
Jupons de molcton,			
LANGES piqués,			
Lange de futaine,			
Lange de laine,			
Linge de toilette,			
MANTELETS de mouffeline,			
Manchettes de garçon,			
Matelots de toile,			
Matelots de Nankin,			
Mouchoirs de toile,			
Mouchoirs de batifte,			
PAIRES de bas de coton,			
paires de bas de fil,			
paires de bas petits,			
paires de bas de laine,			
paires de poches,			
Peignoirs,			
Pierrots & Jupon de linon,			
Pierrots & Jupon de mouffeline,			
Piece's d'eftomac,			
ROBES & Jupons de toile de coton,			
Robes & Jupons de mouffeline,			
Robes & Jupons d'indienne,			
Robe de chambre,			
TETIERES,			
Tours de bonnet,			
Tours de chaifes,			
VESTES de bafin,			
Veftes de toile de coton,			
Veftes de nankin,			
Veftes de drap de coton.			
TOTAL			

ARTICLE	liv.	f.	d.
Linge d'Office.			
CHAUSSES à passer,			
ESSUIE-MAINS,			
NAPES damassées,			
Napes à linteaux,			
Napes à grains d'orge,			
Napes ouvrées,			
Napes d'office,			
Napes petites,			
Napes de venise,			
Napes de cuisine,			
PAQUETS de Torchons,			
SERVIETTES d'amassées,			
Serviettes à linteaux,			
Serviettes à grains d'orge,			
Serviettes ouvrées,			
Serviettes de Venise,			
TABLIERS d'office,			
Tabliers de cuisine,			
Torchons,			
Linge de la Femme de Chambre.			
BANDEAUX,			
Bonnets ronds,			
Bonnets piqués,			
CAMISOLES de toile de coton,			
Camisoles d'indienne,			
Chemises,			
Corset de toile,			
Corset de basin,			
DESHABILLÉ complet de toile de coton,			
Deshabillé complet d'indienne,			
FICHUS de mousseline,			
Fichus de linon,			
JUPONS piqués,			
Jupons houetrés,			
Jupons de toile de coton,			
LINGE de toilette,			
MOUCHOIRS blancs,			
Mouchoirs de couleur,			
PAIRES de poches,			
paires de bas de coton,			
paires de bas de fil,			
TOTAL			

ARTICLE	liv.	f.
ROBE & Jupon d'indienne,		
Robe & Jupons de toile de coton,		
Robe & Jupon de mousseline,		
SERRE-TÊTES.		
Linge de la Cuisiniere.		
BONNETS ronds,		
Bonnets piqués,		
CAMISOLES d'indienne,		
Camisoles de toile de coton,		
Chemises,		
DESHABILLÉ compl. de toile de cot.		
Deshabiller complet d'indienne,		
FICHUS de mousseline,		
Fichus de linon,		
JUPONS piqués,		
Jupons de toile de coton,		
Jupons d'indienne,		
LINGE de toilette,		
MOUCHOIRS blancs,		
Mouchoirs de couleur,		
PAIRES de poches,		
paires de bas de laine,		
paires de bas de coton,		
paires de bas de fil,		
ROBE & Jupon d'indienne,		
Robe & Jupon de toile de coton,		
SERRE-TETE,		
Linge du Domestique.		
BONNETS de coton,		
Bonnets de laine,		
CALÇONS,		
Chemises,		
Cols,		
Cravattes,		
Culottes blanches,		
Culotte de Nankin,		
MOUCHOIRS,		
PAIRES de bas de coton,		
paires de bas de fil,		
paires de bas de laine,		
paires de bas de filoselle,		
paires de chaussons,		
VESTES blanches,		
Vestes de Nankin,		
TOTAL		

le DU MOIS d 178

donné à blanchir

SÇAVOIR à Monsieur.

ARTICLE	liv.	s.	d.
BANDEAUX,			
Bonnets de coton,			
Bonnets de laine,			
Bretelles.			
CALÇONS de toile,			
Calçons de futaine,			
Camisoles de toile,			
Camisoles de futaine,			
Camisoles d'indienne,			
Chaussettes,			
Chemises de jour, garnies,			
Chemises de nuit,			
Coiffes de Bonnets,			
Cols de mousseline,			
Cols de basin,			
Cravattes de mousseline,			
Cravattes de batiste,			
Culottes de basin,			
Culottes de toile de coton,			
Culottes de draps de coton,			
Culottes de Nankin,			
ESSUIE-MAINS,			
FROTTOIRS,			
GANTS de fil,			
Gillets de basin,			
Gillets de flanelle,			
Guêtres de toile,			
Gillets de futaine,			
Gillets de toile de coton,			
LINGE à barbe,			
MANCHETTES de mousseline,			
Manchettes de batiste,			
Manchettes effilées,			
Manchettes de bottes,			
TOTAL			

ARTICLE	liv.	s.	d.
Mouchoirs des indes,			
Mouchoirs de toile blanche,			
Mouchoirs de batiste,			
Mouchoirs de couleurs,			
NAPES,			
PAIRES de draps de maître,			
paires de draps de domestique,			
paires de bas de fil,			
paires de bas de coton,			
paires de bas de laine,			
paires de bas de filosele,			
paires de chaussons de toile,			
paires de chaussons de tricot,			
Pantalon de moleton,			
Pantalon de toile,			
Pantalon de tricot,			
Peignoirs,			
Pieces d'estomac,			
ROBE-de-chambre d'indienne,			
Robe-de-chambre piquée,			
SACS à pelottes,			
Serre-têtes,			
Serviettes de toilette,			
Suspensoirs,			
TABLIER du matin,			
Tayes d'oreillers,			
VESTES de basin,			
Vestes de drap de coton			
Vestes de Mousseline,			
Vestes de Nankin,			
Vestes piquées,			
Vestes de toile de coton,			
TOTAL			

SÇAVOIR, à Madame

ARTICLE	liv.	s.	d.
BANDES à saigner,			
Bandeaux,			
Bastiennes,			
Blouses,			
Bonnets piqués,			
Bonnets ronds de mousseline,			
Bonnets ronds de linon,			
Bonnets ronds de dentelle			
CAMISOLES de mousseline garnies,			
Camisoles de toile de coton garnies,			
Camisoles piquées garnies,			
Camisoles houettées garnies,			
Chemises de jour,			
Chemises de nuit,			
Chemises de batiste,			
Chemises de bain,			
Chemises-robes de mousseline,			
Chemises-robe d'indienne,			
Chemise-robe, de linon,			
Coiffes de mousseline,			
Collerette,			
Corset de toile de coton garnis,			
Corsets de basin garnis,			
Corsets de toile fine garnis,			
Courtes-pointes,			
Couverture de coton,			
Couvre-pieds piqués garnis,			
Couvre-pieds de mousseline,			
Couvre-meuble,			
DRAPS de maîtres,			
Draps sans couture,			
Draps de domestique,			
Deshabillers garnis,			
ESSUIE-MAINS			
FOURREAUX de toile de coton,			
Fourreaux de mousseline,			
Fourreaux d'indienne,			
Fourreaux de linon,			
Fichus de mousseline,			
TOTAL			

ARTICLE	liv.	s.
Fichus de batiste,		
Fichus doubles,		
Fichus de linon,		
Fichus frisés,		
Fraisettes de mousseline,		
Frottoirs de futaine,		
Frottoirs de flannelle,		
GARNITURES de lit de toile,		
Gaule de mousseline,		
Gaule d'indienne,		
HOUPELANDE,		
JUPONS piqués, blancs, garnis,		
Jupons de moleton,		
Jupons de futaine,		
Jupons de basin garnis,		
Jupons de granat,		
Jupons houettés, garnis,		
Jupons de linon,		
Jupons de mousseline,		
LINGE de toilette,		
Linge de Garde-robe,		
Linges de baignoir,		
MANTELETS de mousseline,		
Mouchoirs de toile blanche,		
Mouchoirs de batiste,		
Mouchoirs des indes,		
PAIRES de poches de basin, garnies,		
Paires de poches de toile, garnies,		
paire de bas de coton,		
Peignoirs de toile,		
Peignoirs de Mousseline,		
Pieces d'estomac,		
Pierrot & Jupon de linon,		
RIDEAUX de mousseline, grands,		
Rideaux de toile de coton, grands,		
Rideaux de mousseline, petits,		
Rideaux de linon, petits,		
Robe & Jupon de toile de coton,		
TOTAL		

Article	liv.	ſ.	d.
Robe & Jupon de mouſſeline,			
Robe & Jupon de linon,			
Robe & Jupon d'indienne,			
Rodingotte d'indienne,			
Sacs à pelottes,			
Serre-têtes,			
Serviettes de toilette,			
Serviettes de garderobe,			
Tabliers de Femme-de-chambre,			
Tabliers de coëffeur,			
Tayes d'oreillers garnies,			
Toilette garnie de mouſſeline,			
Tours de chaiſe,			
Tour de baſſin,			
Linge des Enfans.			
Bandeaux,			
Bandes,			
Bavoirs;			
Beguin,			
Braſſieres de futaine;			
Braſſieres de flanelle,			
Calçons,			
Camiſoles de mouſſeline,			
Camiſoles de toile de coton,			
Camiſoles d'indienne,			
Camiſoles de futaine,			
Chauſſettes,			
Chauſſons,			
Chemiſes de jour, de garçon,			
Chemiſes de nuit, de garçon,			
Chemiſes de jour, de demoiſelle			
Chemiſes de nuit, de demoiſelle,			
Chemiſes petites,			
Chemiſes-robes de mouſſeline,			
Chemiſes-robe d'indienne,			
Collerettes de mouſſeline,			
Cols de mouſſeline,			
Couches,			
Couvres-pieds garnis;			
Culottes de draps de coton;			
Culottes de baſin,			
Culottes de toile de coton,			
Deshabillers de toile de coton,			
Total			

Article	liv.	ſ.	d.
Deſhabillers d'indienne,			
Fourreaux de toile de coton,			
Fourreaux de linon,			
Fourreaux d'indienne,			
Garnitures de lit,			
Gillets de baſin,			
Gillets de toile de coton;			
Jactons,			
Jupons de toile de coton garnis,			
Jupons de baſin garnis,			
Jupons de futaine,			
Jupons de moleton,			
Langes piqués,			
Lange de futaine,			
Lange de laine,			
Linge de toilette,			
Mantelets de mouſſeline,			
Manchettes de garçon,			
Matelots de toile,			
Matelots de Nankin,			
Mouchoirs de toile,			
Mouchoirs de batiſte,			
Paires de bas de coton;			
paires de bas de fil,			
paires de bas petits,			
paires de bas de laine,			
paires de poches,			
Peignoirs,			
Pierrots & Jupon de linon,			
Pierrots & Jupon de mouſſeline,			
Pieces d'eſtomac,			
Robes & Jupons de toile de coton,			
Robes & Jupons de mouſſeline,			
Robes & Jupons d'indienne,			
Robe de chambre,			
Tetieres,			
Tours de bonnet,			
Tours de chaiſes,			
Vestes de baſin,			
Veſtes de toile de coton;			
Veſtes de nankin,			
Veſtes de drap de coton.			
Total			

ARTICLE	liv.	f.	d.
Linge d'Office.			
CHAUSSES à passer,			
ESSUIE-MAINS,			
NAPES damassées,			
Napes à linteaux,			
Napes à grains d'orge,			
Napes ouvrées,			
Napes d'office,			
Napes petites,			
Napes de venise,			
Napes de cuisine,			
PAQUETS de Torchons,			
SERVIETTES d'amassées,			
Serviettes à linteaux,			
Serviettes à grains d'orge,			
Serviettes ouvrées,			
Serviettes de Venise!			
TABLIERS d'office,			
Tabliers de cuisine,			
Torchons,			
Linge de la Femme de Chambre.			
BANDEAUX,			
Bonnets ronds,			
Bonnets piqués,			
CAMISOLES de toile de coton,			
Camisoles d'indienne,			
Chemises,			
Corset de toile,			
Corset de basin,			
DESHABILLÉ complet de toile de coton,			
Deshabillé complet d'indienne,			
FICHUS de mousseline,			
Fichus de linon,			
JUPONS piqués,			
Jupons houetrés,			
Jupons de toile de coton,			
LINGE de toilette,			
MOUCHOIRS blancs,			
Mouchoirs de couleur,			
PAIRES de poches,			
paires de bas de coton,			
paires de bas de fil,			
TOTAL			

ARTICLE	liv.	f.
ROBE & Jupon d'indienne,		
Robe & Jupons de toile de coton,		
Robe & Jupon de mousseline,		
SERRE-TÊTES.		
Linge de la Cuisinière.		
BONNETS ronds,		
Bonnets piqués,		
CAMISOLES d'indienne,		
Camisoles de toile de coton,		
Chemises,		
DESHABILLÉ compl. de toile de cot.		
Deshabiller complet d'indienne,		
FICHUS de mousseline,		
Fichus de linon,		
JUPONS piqués,		
Jupons de toile de coton,		
Jupons d'indienne,		
LINGE de toilette,		
MOUCHOIRS blancs,		
Mouchoirs de couleur,		
PAIRES de poches,		
paires de bas de laine,		
paires de bas de coton,		
paires de bas de fil,		
ROBE & Jupon d'indienne,		
Robe & Jupon de toile de coton,		
SERRE-TETE,		
Linge du Domestique.		
BONNETS de coton,		
Bonnets de laine,		
CALÇONS,		
Chemises,		
Cols,		
Cravattes,		
Culottes blanches,		
Culotte de Nankin,		
MOUCHOIRS,		
PAIRES de bas de coton,		
paires de bas de fil,		
paires de bas de laine,		
paires de bas de filoselle,		
paires de chaussons,		
VESTES blanches,		
Vestes de Nankin,		
TOTAL		

le DU MOIS d 178

donné à blanchir

SÇAVOIR à Monsieur.

ARTICLE	liv.	s.	d.
BANDEAUX,			
Bonnets de coton,			
Bonnets de laine,			
Bretelles.			
CALÇONS de toile,			
Calçons de futaine,			
Camisoles de toile,			
Camisoles de futaine,			
Camisoles d'indienne,			
Chaussettes,			
Chemises de jour, garnies,			
Chemises de nuit,			
Coiffes de Bonnets,			
Cols de mousseline,			
Cols de basin,			
Cravattes de mousseline,			
Cravattes de batiste,			
Culottes de basin,			
Culottes de toile de coton,			
Culottes de draps de coton,			
Culottes de Nankin,			
ESSUIE-MAINS,			
FROTTOIRS			
GANTS de fil,			
Gillets de basin,			
Gillets de flanelle,			
Guêtres de toile,			
Gillets de futaine,			
Gillets de toile de coton,			
LINGE à barbe,			
MANCHETTES de mousseline,			
Manchettes de batiste,			
Manchettes effilées,			
Manchettes de bottes,			
TOTAL			

ARTICLE	liv.	s.	d.
Mouchoirs des indes,			
Mouchoirs de toile blanche,			
Mouchoirs de batiste,			
Mouchoirs de couleurs,			
NAPES,			
PAIRES de draps de maître,			
paires de draps de domestique,			
paires de bas de fil,			
paires de bas de coton,			
paires de bas de laine,			
paires de bas de filosele,			
paires de chaussons de toile,			
paires de chaussons de tricot,			
Pantalon de moleton,			
Pantalon de toile,			
Pantalon de tricot,			
Peignoirs,			
Pieces d'estomac,			
ROBE-de-chambre d'indienne,			
Robe-de-chambre piquée,			
SAÇS à pelottes,			
Serre-têtes,			
Serviettes de toilette,			
Suspensoirs,			
TABLIER du matin,			
Tayes d'oreillers,			
VESTES de basin,			
Vestes de drap de coton			
Vestes de Mousseline,			
Vestes de Nankin,			
Vestes piquées,			
Vestes de toile de coton,			
TOTAL			

SÇAVOIR, à Madame

ARTICLE	liv.	s.	d.
BANDES à saigner,			
Bandeaux,			
Bastiennes,			
Blouses,			
Bonnets piqués,			
Bonnets ronds de mousseline,			
Bonnets ronds de linon,			
Bonnets ronds de dentelle			
CAMISOLES de mousseline garnies,			
Camisoles de toile de coton garnies,			
Camisoles piquées garnies,			
Camisoles houettées garnies,			
Chemises de jour,			
Chemises de nuit,			
Chemises de batiste,			
Chemises de bain,			
Chemises-robes de mousseline,			
Chemises-robe d'indienne,			
Chemise-robe, de linon,			
Coiffes de mousseline,			
Collerette,			
Corset de toile de coton garnis,			
Corsets de basin garnis,			
Corsets de toile fine garnis,			
Courtes-pointes,			
Couverture de coton,			
Couvre-pieds piqués garnis,			
Couvre-pieds de mousseline,			
Couvre-meuble,			
DRAPS de maîtres,			
Draps sans couture,			
Draps de domestique,			
Deshabillers garnis,			
ESSUIE-MAINS			
FOURREAUX de toile de coton,			
Fourreaux de mousseline,			
Fourreaux d'indienne,			
Fourreaux de linon,			
Fichus de mousseline,			
TOTAL			

ARTICLE	liv.	s.	d.
Fichus de batiste,			
Fichus doubles,			
Fichus de linon,			
Fichus frisés,			
Fraisettes de mousseline,			
Frottoirs de futaine,			
Frottoirs de flannelle,			
GARNITURES de lit de toile,			
Gaule de mousseline,			
Gaule d'indienne,			
HOUPELANDE,			
JUPONS piqués, blancs, garnis,			
Jupons de moleton,			
Jupons de futaine,			
Jupons de basin garnis,			
Jupons de granat,			
Jupons houettés, garnis,			
Jupons de linon,			
Jupons de mousseline,			
LINGE de toilette,			
Linge de Garde-robe,			
Linges de baignoir,			
MANTELETS de mousseline,			
Mouchoirs de toile blanche,			
Mouchoirs de batiste,			
Mouchoirs des indes,			
PAIRES de poches de basin, garnies,			
Paires de poches de toile, garnies,			
paire de bas de coton,			
Peignoirs de toile,			
Peignoirs de Mousseline,			
Pieces d'estomac,			
Pierrot & Jupon de linon,			
RIDEAUX de mousseline, grands,			
Rideaux de toile de coton, grands,			
Rideaux de mousseline, petits,			
Rideaux de linon, petits,			
Robe & Jupon de toile de coton,			
TOTAL			

ARTICLE	liv.	s.	d.
Robe & Jupon de mousseline,			
Robe & Jupon de linon,			
Robe & Jupon d'indienne,			
Rodingotte d'indienne,			
SACS à pelottes,			
Serre-têtes,			
Serviettes de toilette,			
Serviettes de garderobe,			
TABLIERS de Femme-de-chambre,			
Tabliers de coëffeur,			
Tayes d'oreillers garnies,			
Toilette garnie de mousseline,			
Tours de chaise,			
Tour de basin,			
Linge des Enfans.			
BANDEAUX,			
Bandes,			
Bavoirs,			
Beguin,			
Brassieres de futaine,			
Brassieres de flanelle,			
CALÇONS,			
Camisoles de mousseline,			
Camisoles de toile de coton,			
Camisoles d'indienne,			
Camisoles de futaine,			
Chaussettes,			
Chaussons,			
Chemises de jour, de garçon,			
Chemises de nuit, de garçon,			
Chemises de jour, de demoiselle			
Chemises de nuit, de demoiselle,			
Chemises petites,			
Chemises-robes de mousseline,			
Chemises-robe d'indienne,			
Collerettes de mousseline,			
Cols de mousseline,			
Couches,			
Couvres-pieds garnis,			
Culottes de draps de coton,			
Culottes de basin,			
Culottes de toile de coton,			
DESHABILLERS de toile de coton,			
TOTAL			

ARTICLE	liv.	s.	d.
Deshabillers d'indienne,			
FOURREAUX de toile de coton,			
Fourreaux de linon,			
Fourreaux d'indienne,			
GARNITURES de lit,			
Gillets de basin,			
Gillets de toile de coton,			
JACTONS,			
Jupons de toile de coton garnis,			
Jupons de basin garnis,			
Jupons de futaine,			
Jupons de moleton,			
LANGES piqués,			
Lange de futaine,			
Lange de laine,			
Linge de toilette,			
MANTELETS de mousseline,			
Manchettes de garçon,			
Matelots de toile,			
Matelots de Nankin,			
Mouchoirs de toile,			
Mouchoirs de batiste,			
PAIRES de bas de coton,			
paires de bas de fil,			
paires de bas petits,			
paires de bas de laine,			
paires de poches,			
Peignoirs,			
Pierrots & Jupon de linon,			
Pierrots & Jupon de mousseline,			
Pieces d'estomac,			
ROBES & Jupons de toile de coton,			
Robes & Jupons de mousseline,			
Robes & Jupons d'indienne,			
Robe de chambre,			
TETIÈRES,			
Tours de bonnet,			
Tours de chaises,			
VESTES de basin,			
Vestes de toile de coton,			
Vestes de nankin,			
Vestes de drap de coton.			
TOTAL			

Article	liv.	ſ.	d.
Linge d'Office.			
Chausses à paſſer,			
Essuie-mains,			
Napes damaſſées,			
Napes à linteaux,			
Napes à grains d'orge,			
Napes ouvrées,			
Napes d'office,			
Napes petites,			
Napes de veniſe,			
Napes de cuiſine,			
Paquets de Torchons,			
Serviettes d'amaſſées,			
Serviettes à linteaux,			
Serviettes à grains d'orge,			
Serviettes ouvrées,			
Serviettes de Veniſe,			
Tabliers d'office,			
Tabliers de cuiſine,			
Torchons,			
Linge de la Femme de Chambre.			
Bandeaux,			
Bonnets ronds,			
Bonnets piqués,			
Camisoles de toile de coton,			
Camiſoles d'indienne,			
Chemiſes,			
Corſet de toile,			
Corſet de baſin,			
Deshabillé complet de toile de coton,			
Deshabillé complet d'indienne,			
Fichus de mouſſeline,			
Fichus de linon,			
Jupons piqués,			
Jupons houettés,			
Jupons de toile de coton,			
Linge de toilette,			
Mouchoirs blancs,			
Mouchoirs de couleur,			
Paires de poches,			
paires de bas de coton,			
paires de bas de fil,			
Total			

Article	liv.	ſ.
Robe & Jupon d'indienne,		
Robe & Jupons de toile de coton,		
Robe & Jupon de mouſſeline,		
Serre-Têtes.		
Linge de la Cuiſiniere.		
Bonnets ronds,		
Bonnets piqués,		
Camisoles d'indienne,		
Camiſoles de toile de coton,		
Chemiſes,		
Deshabillé compl. de toile de cot.		
Deshabiller complet d'indienne,		
Fichus de mouſſeline,		
Fichus de linon,		
Jupons piqués,		
Jupons de toile de coton,		
Jupons d'indienne,		
Linge de toilette,		
Mouchoirs blancs,		
Mouchoirs de couleur,		
Paires de poches,		
paires de bas de laine,		
paires de bas de coton,		
paires de bas de fil,		
Robe & Jupon d'indienne,		
Robe & Jupon de toile de coton,		
Serre-Tête,		
Linge du Domeſtique.		
Bonnets de coton,		
Bonnets de laine,		
Calçons,		
Chemiſes,		
Cols,		
Cravattes,		
Culottes blanches,		
Culotte de Nankin,		
Mouchoirs,		
Paires de bas de coton,		
paires de bas de fil,		
paires de bas de laine,		
paires de bas de filoſelle,		
paires de chauſſons,		
Vestes blanches,		
Veſtes de Nankin,		
Total		

(1)

le DU MOIS d 178

donné à blanchir

SÇAVOIR à Monsieur.

ARTICLE	liv.	ſ.	d.
BANDEAUX,			
Bonnets de coton,			
Bonnets de laine,			
Bretelles.			
CALÇONS de toile,			
Calçons de futaine,			
Camiſoles de toile,			
Camiſoles de futaine,			
Camiſoles d'indienne,			
Chauſſettes,			
Chemiſes de jour, garnies,			
Chemiſes de nuit,			
Coïffes de Bonnets,			
Cols de mouſſeline,			
Cols de baſin,			
Cravattes de mouſſeline,			
Cravattes de batiſte,			
Culottes de baſin,			
Culottes de toile de coton,			
Culottes de draps de coton,			
Culottes de Nankin,			
ESSUIE-MAINS,			
FROTTOIRS,			
GANTS de fil,			
Gillets de baſin,			
Gillets de flanelle,			
Guêtres de toile,			
Gillets de futaine,			
Gillets de toile de coton,			
LINGE à barbe,			
MANCHETTES de mouſſeline,			
Manchettes de batiſte,			
Manchettes effilées,			
Manchettes de bottes,			
TOTAL			

ARTICLE	liv.	ſ.	d.
Mouchoirs des indes,			
Mouchoirs de toile blanche,			
Mouchoirs de batiſte,			
Mouchoirs de couleurs,			
NAPES,			
PAIRES de draps de maître,			
paires de draps de domeſtique,			
paires de bas de fil,			
paires de bas de coton,			
paires de bas de laine,			
paires de bas de filoſele,			
paires de chauſſons de toile,			
paires de chauſſons de tricot,			
Pantalon de moleton,			
Pantalon de toile,			
Pantalon de tricot,			
Peignoirs,			
Pieces d'eſtomac,			
ROBE-de-chambre d'indienne,			
Robe-de-chambre piquée,			
SACS à pelottes,			
Serre-têtes,			
Serviettes de toilette,			
Suſpenſoirs,			
TABLIER du matin,			
Tayes d'oreillers,			
VESTES de baſin,			
Veſtes de drap de coton			
Veſtes de Mouſſeline,			
Veſtes de Nankin,			
Veſtes piquées,			
Veſtes de toile de coton,			
TOTAL			

SÇAVOIR, à Madame

ARTICLE	liv.	s.	d.
BANDES à saigner,			
Bandeaux,			
Bastiennes,			
Blouses,			
Bonnets piqués,			
Bonnets ronds de mousseline,			
Bonnets ronds de linon,			
Bonnets ronds de dentelle			
CAMISOLES de mousseline garnies,			
Camisoles de toile de coton garnies,			
Camisoles piquées garnies,			
Camisoles houettées garnies,			
Chemises de jour,			
Chemises de nuit,			
Chemises de batiste,			
Chemises de bain,			
Chemises-robes de mousseline,			
Chemises-robe d'indienne,			
Chemise-robe, de linon,			
Coiffes de mousseline,			
Collerette,			
Corset de toile de coton garnis,			
Corsets de basin garnis,			
Corsets de toile fine garnis,			
Courtes-pointes,			
Couverture de coton,			
Couvre-pieds piqués garnis,			
Couvre-pieds de mousseline,			
Couvre-meuble,			
DRAPS de maîtres,			
Draps sans couture,			
Draps de domestique,			
Deshabillers garnis,			
ESSUIE-MAINS			
FOURREAUX de toile de coton,			
Fourreaux de mousseline,			
Fourreaux d'indienne,			
Fourreaux de linon,			
Fichus de mousseline,			
TOTAL			

ARTICLE	liv.	s.	d.
Fichus de batiste,			
Fichus doubles,			
Fichus de linon,			
Fichus frisés,			
Fraisettes de mousseline,			
Frottoirs de futaine,			
Frottoirs de flannelle,			
GARNITURES de lit de toile,			
Gaule de mousseline,			
Gaule d'indienne,			
HOUPELANDE,			
JUPONS piqués, blancs, garnis,			
Jupons de moleton,			
Jupons de futaine,			
Jupons de basin garnis,			
Jupons de granat,			
Jupons houettés, garnis,			
Jupons de linon,			
Jupons de mousseline,			
LINGE de toilette,			
Linge de Garde-robe,			
Linges de baignoir,			
MANTELETS de mousseline,			
Mouchoirs de toile blanche,			
Mouchoirs de batiste,			
Mouchoirs des indes,			
PAIRES de poches de basin, garnies,			
Paires de poches de toile, garnies,			
paire de bas de coton,			
Peignoirs de toile,			
Peignoirs de Mousseline,			
Pieces d'estomac,			
Pierrot & Jupon de linon,			
RIDEAUX de mousseline, grands,			
Rideaux de toile de coton, grands,			
Rideaux de mousseline, petits,			
Rideaux de linon, petits,			
Robe & Jupon de toile de coton,			
TOTAL			

ARTICLE	liv.	s.	d.
Robe & Jupon de mousseline,			
Robe & Jupon de linon,			
Robe & Jupon d'indienne,			
Rodingotte d'indienne,			
SACS à pelottes,			
Serre-têtes,			
Serviettes de toilette,			
Serviettes de garderobe,			
TABLIERS de Femme-de-chambre,			
Tabliers de coëffeur,			
Tayes d'oreillers garnies,			
Toilette garnie de mousseline,			
Tours de chaise,			
Tour de bassin,			
Linge des Enfans.			
BANDEAUX,			
Bandes,			
Bavoirs;			
Beguin,			
Brassieres de futaine,			
Brassieres de flanelle,			
CALÇONS,			
Camisoles de mousseline,			
Camisoles de toile de coton,			
Camisoles d'indienne,			
Camisoles de futaine,			
Chaussettes,			
Chaussons,			
Chemises de jour, de garçon,			
Chemises de nuit, de garçon,			
Chemises de jour, de demoiselle			
Chemises de nuit, de demoiselle,			
Chemises petites,			
Chemises-robes de mousseline,			
Chemises-robe d'indienne,			
Collerettes de mousseline,			
Cols de mousseline,			
Couches,			
Couvres-pieds garnis,			
Culottes de draps de coton,			
Culottes de basin,			
Culottes de toile de coton,			
DESHABILLERS de toile de coton,			
TOTAL			

ARTICLE	liv.	s.	d.
Deshabillers d'indienne,			
FOURREAUX de toile de coton,			
Fourreaux de linon,			
Fourreaux d'indienne,			
GARNITURES de lit,			
Gillets de basin,			
Gillets de toile de coton,			
JACTONS,			
Jupons de toile de coton garnis,			
Jupons de basin garnis,			
Jupons de futaine,			
Jupons de moleton,			
LANGES piqués,			
Lange de futaine,			
Lange de laine,			
Linge de toilette,			
MANTELETS de mousseline,			
Manchettes de garçon,			
Matelots de toile,			
Matelots de Nankin,			
Mouchoirs de toile,			
Mouchoirs de batiste,			
PAIRES de bas de coton,			
paires de bas de fil,			
paires de bas petits,			
paires de bas de laine,			
paires de poches,			
Peignoirs,			
Pierrots & Jupon de linon,			
Pierrots & Jupon de mousseline,			
Pieces d'estomac,			
ROBES & Jupons de toile de coton,			
Robes & Jupons de mousseline,			
Robes & Jupons d'indienne,			
Robe de chambre,			
TETIERES,			
Tours de bonnet,			
Tours de chaises,			
VESTES de basin,			
Vestes de toile de coton,			
Vestes de nankin,			
Vestes de drap de coton.			
TOTAL			

ARTICLE	liv.	f.	d.
Linge d'Office.			
CHAUSSES à passer,			
ESSUIE-MAINS,			
NAPES damassées,			
Napes à linteaux,			
Napes à grains d'orge,			
Napes ouvrées,			
Napes d'office,			
Napes petites,			
Napes de venise,			
Napes de cuisine,			
PAQUETS de Torchons,			
SERVIETTES d'amassées,			
Serviettes à linteaux,			
Serviettes à grains d'orge,			
Serviettes ouvrées,			
Serviettes de Venise!			
TABLIERS d'office,			
Tabliers de cuisine,			
Torchons,			
Linge de la Femme de Chambre.			
BANDEAUX,			
Bonnets ronds,			
Bonnets piqués,			
CAMISOLES de toile de coton,			
Camisoles d'indienne,			
Chemises,			
Corset de toile,			
Corset de basin,			
DESHABILLÉ complet de toile de coton,			
Deshabillé complet d'indienne,			
FICHUS de mousseline,			
Fichus de linon,			
JUPONS piqués,			
Jupons houetrés,			
Jupons de toile de coton,			
LINGE de toilette,			
MOUCHOIRS blancs,			
Mouchoirs de couleur,			
PAIRES de poches,			
paires de bas de coton,			
paires de bas de fil,			
TOTAL			

ARTICLE	liv.	f.
ROBE & Jupon d'indienne,		
Robe & Jupons de toile de coton,		
Robe & Jupon de mousseline,		
SERRE-TÊTES.		
Linge de la Cuisinière.		
BONNETS ronds,		
Bonnets piqués,		
CAMISOLES d'indienne,		
Camisoles de toile de coton,		
Chemises,		
DESHABILLÉ compl. de toile de cot.		
Deshabiller complet d'indienne,		
FICHUS de mousseline,		
Fichus de linon,		
JUPONS piqués,		
Jupons de toile de coton,		
Jupons d'indienne,		
LINGE de toilette,		
MOUCHOIRS blancs,		
Mouchoirs de couleur,		
PAIRES de poches,		
paires de bas de laine,		
paires de bas de coton,		
paires de bas de fil,		
ROBE & Jupon d'indienne,		
Robe & Jupon de toile de coton,		
SERRE-TETE,		
Linge du Domestique.		
BONNETS de coton,		
Bonnets de laine,		
CALÇONS,		
Chemises,		
Cols,		
Cravattes,		
Culottes blanches,		
Culotte de Nankin,		
MOUCHOIRS,		
PAIRES de bas de coton,		
paires de bas de fil,		
paires de bas de laine,		
paires de bas de filoselle,		
paires de chaussons,		
VESTES blanches,		
Vestes de Nankin,		
TOTAL		

le DU MOIS d 178

donné à blanchir

SÇAVOIR à Monsieur.

ARTICLE	liv.	s.	d.
BANDEAUX,			
Bonnets de coton,			
Bonnets de laine,			
Bretelles.			
CALÇONS de toile,			
Calçons de futaine,			
Camisoles de toile,			
Camisoles de futaine,			
Camisoles d'indienne,			
Chauffettes,			
Chemises de jour, garnies,			
Chemises de nuit,			
Coîffes de Bonnets,			
Cols de mousseline,			
Cols de basin,			
Cravattes de mousseline,			
Cravattes de batiste,			
Culottes de basin,			
Culottes de toile de coton,			
Culottes de draps de coton,			
Culottes de Nankin,			
ESSUIE-MAINS,			
FROTTOIRS			
GANTS de fil,			
Gillets de basin,			
Gillets de flanelle,			
Guêtres de toile,			
Gillets de futaine,			
Gillets de toile de coton,			
LINGE à barbe,			
MANCHETTES de mousseline,			
Manchettes de batiste,			
Manchettes effilées,			
Manchettes de bottes,			
TOTAL			

ARTICLE	liv.	s.	d.
Mouchoirs des indes,			
Mouchoirs de toile blanche,			
Mouchoirs de batiste,			
Mouchoirs de couleurs,			
NAPES,			
PAIRES de draps de maître,			
paires de draps de domestique,			
paires de bas de fil,			
paires de bas de coton,			
paires de bas de laine,			
paires de bas de filosele,			
paires de chaussons de toile,			
paires de chaussons de tricot,			
Pantalon de moleton,			
Pantalon de toile,			
Pantalon de tricot,			
Peignoirs,			
Pieces d'estomac,			
ROBE-de-chambre d'indienne,			
Robe-de-chambre piquée,			
SACS à pelottes,			
Serre-têtes,			
Serviettes de toilette,			
Suspensoirs,			
TABLIER du matin,			
Tayes d'oreillers,			
VESTES de basin,			
Vestes de drap de coton			
Vestes de Mousseline,			
Vestes de Nankin,			
Vestes piquées,			
Vestes de toile de coton,			
TOTAL			

SÇAVOIR, à Madame

ARTICLE	liv.	s.	d.
BANDES à saigner,			
Bandeaux,			
Bastiennes,			
Blouses,			
Bonnets piqués,			
Bonnets ronds de mousseline,			
Bonnets ronds de linon,			
Bonnets ronds de dentelle			
CAMISOLES de mousseline garnies,			
Camisoles de toile de coton garnies,			
Camisoles piquées garnies,			
Camisoles houettées garnies,			
Chemises de jour,			
Chemises de nuit,			
Chemises de batiste,			
Chemises de bain,			
Chemises-robes de mousseline,			
Chemises-robe d'indienne,			
Chemise-robe, de linon,			
Coiffes de mousseline,			
Collerette,			
Corset de toile de coton garnis,			
Corsets de basin garnis,			
Corsets de toile fine garnis,			
Courtes-pointes,			
Couverture de coton,			
Couvre-pieds piqués garnis,			
Couvre-pieds de mousseline,			
Couvre-meuble,			
DRAPS de maîtres,			
Draps sans couture,			
Draps de domestique,			
Deshabillers garnis,			
ESSUIE-MAINS			
FOURREAUX de toile de coton,			
Fourreaux de mousseline,			
Fourreaux d'indienne,			
Fourreaux de linon,			
Fichus de mousseline,			
TOTAL			

ARTICLE	liv.	s.	d.
Fichus de batiste,			
Fichus doubles,			
Fichus de linon,			
Fichus frisés,			
Fraisettes de mousseline,			
Frottoirs de futaine,			
Frottoirs de flannelle,			
GARNITURES de lit de toile,			
Gaule de mousseline,			
Gaule d'indienne,			
HOUPELANDE,			
JUPONS piqués, blancs, garnis,			
Jupons de moleton,			
Jupons de futaine,			
Jupons de basin garnis,			
Jupons de granat,			
Jupons houettés, garnis,			
Jupons de linon,			
Jupons de mousseline,			
LINGE de toilette,			
Linge de Garde-robe,			
Linges de baignoir,			
MANTELETS de mousseline,			
Mouchoirs de toile blanche,			
Mouchoirs de batiste,			
Mouchoirs des indes,			
PAIRES de poches de basin, garnies,			
Paires de poches de toile, garnies,			
paire de bas de coton,			
Peignoirs de toile,			
Peignoirs de Mousseline,			
Pieces d'estomac,			
Pierrot & Jupon de linon,			
RIDEAUX de mousseline, grands,			
Rideaux de toile de coton, grands,			
Rideaux de mousseline, petits,			
Rideaux de linon, petits,			
Robe & Jupon de toile de coton,			
TOTAL			

ARTICLE	liv.	s.	d.
Robe & Jupon de mousseline,			
Robe & Jupon de linon,			
Robe & Jupon d'indienne,			
Rodingotte d'indienne,			
SACS à pelottes,			
Serre-têtes,			
Serviettes de toilette,			
Serviettes de garderobe,			
TABLIERS de Femme-de-chambre,			
Tabliers de coëffeur,			
Tayes d'oreillers garnies,			
Toilette garnie de mousseline,			
Tours de chaise,			
Tour de bassin,			
Linge des Enfans.			
BANDEAUX,			
Bandes,			
Bavoirs;			
Beguin,			
Brassieres de futaine,			
Brassieres de flanelle,			
CALÇONS,			
Camisoles de mousseline,			
Camisoles de toile de coton,			
Camisoles d'indienne,			
Camisoles de futaine,			
Chaussettes,			
Chaussons,			
Chemises de jour, de garçon,			
Chemises de nuit, de garçon,			
Chemises de jour, de demoiselle			
Chemises de nuit, de demoiselle,			
Chemises petites,			
Chemises-robes de mousseline,			
Chemises-robe d'indienne,			
Collerettes de mousseline,			
Cols de mousseline,			
Couches,			
Couvres-pieds garnis,			
Culottes de draps de coton,			
Culottes de basin,			
Culottes de toile de coton,			
DESHABILLERS de toile de coton,			
TOTAL			

ARTICLE	liv.	s.	d.
Deshabillers d'indienne,			
FOURREAUX de toile de coton,			
Fourreaux de linon,			
Fourreaux d'indienne,			
GARNITURES de lit,			
Gillets de basin,			
Gillets de toile de coton,			
JACTONS,			
Jupons de toile de coton garnis,			
Jupons de basin garnis,			
Jupons de futaine,			
Jupons de moleton,			
LANGES piqués,			
Lange de futaine,			
Lange de laine,			
Linge de toilette,			
MANTELETS de mousseline,			
Manchettes de garçon,			
Matelots de toile,			
Matelots de Nankin,			
Mouchoirs de toile,			
Mouchoirs de batiste,			
PAIRES de bas de coton,			
paires de bas de fil,			
paires de bas petits,			
paires de bas de laine,			
paires de poches,			
Peignoirs,			
Pierrots & Jupon de linon,			
Pierrots & Jupon de mousseline,			
Pieces d'estomac,			
ROBES & Jupons de toile de coton,			
Robes & Jupons de mousseline,			
Robes & Jupons d'indienne,			
Robe de chambre,			
TETIERES,			
Tours de bonnet,			
Tours de chaises,			
VESTES de basin,			
Vestes de toile de coton,			
Vestes de nankin,			
Vestes de drap de coton.			
TOTAL			

ARTICLE	liv.	s.	d.
Linge d'Office.			
CHAUSSES à passer,			
ESSUIE-MAINS,			
NAPES damassées,			
Napes à linteaux,			
Napes à grains d'orge,			
Napes ouvrées,			
Napes d'office,			
Napes petites,			
Napes de venise,			
Napes de cuisine,			
PAQUETS de Torchons,			
SERVIETTES d'amassées,			
Serviettes à linteaux,			
Serviettes à grains d'orge,			
Serviettes ouvrées,			
Serviettes de Venise,			
TABLIERS d'office,			
Tabliers de cuisine,			
Torchons,			
Linge de la Femme de Chambre.			
BANDEAUX,			
Bonnets ronds,			
Bonnets piqués,			
CAMISOLES de toile de coton,			
Camisoles d'indienne,			
Chemises,			
Corset de toile,			
Corset de basin,			
DESHABILLÉ complet de toile de coton,			
Deshabillé complet d'indienne,			
FICHUS de mousseline,			
Fichus de linon,			
JUPONS piqués,			
Jupons houetrés,			
Jupons de toile de coton,			
LINGE de toilette,			
MOUCHOIRS blancs,			
Mouchoirs de couleur,			
PAIRES de poches,			
paires de bas de coton,			
paires de bas de fil,			
TOTAL			

ARTICLE	liv.	s.	d.
ROBE & Jupon d'indienne,			
Robe & Jupons de toile de coton,			
Robe & Jupon de mousseline,			
SERRE-TÊTES.			
Linge de la Cuisiniere.			
BONNETS ronds,			
Bonnets piqués,			
CAMISOLES d'indienne,			
Camisoles de toile de coton,			
Chemises,			
DESHABILLÉ compl. de toile de cot.			
Deshabiller complet d'indienne,			
FICHUS de mousseline,			
Fichus de linon,			
JUPONS piqués,			
Jupons de toile de coton,			
Jupons d'indienne,			
LINGE de toilette,			
MOUCHOIRS blancs,			
Mouchoirs de couleur,			
PAIRES de poches,			
paires de bas de laine,			
paires de bas de coton,			
paires de bas de fil,			
ROBE & Jupon d'indienne,			
Robe & Jupon de toile de coton,			
SERRE-TETE,			
Linge du Domestique.			
BONNETS de coton,			
Bonnets de laine,			
CALÇONS,			
Chemises,			
Cols,			
Cravattes,			
Culottes blanches,			
Culotte de Nankin,			
MOUCHOIRS,			
PAIRES de bas de coton,			
paires de bas de fil,			
paires de bas de laine,			
paires de bas de filoselle,			
paires de chaussons,			
VESTES blanches,			
Vestes de Nankin,			
TOTAL			

le DU MOIS d 178

donné à blanchir

SÇAVOIR à Monsieur.

ARTICLE	liv.	f.	d.
BANDEAUX,			
Bonnets de coton,			
Bonnets de laine,			
Bretelles.			
CALÇONS de toile,			
Calçons de futaine,			
Camifoles de toile,			
Camifoles de futaine,			
Camifoles d'indienne,			
Chauffettes,			
Chemifes de jour, garnies,			
Chemifes de nuit,			
Coîffes de Bonnets,			
Cols de mouffeline,			
Cols de bafin,			
Cravattes de mouffeline,			
Cravattes de batifte,			
Culottes de bafin,			
Culottes de toile de coton,			
Culottes de draps de coton,			
Culottes de Nankin,			
ESSUIE-MAINS,			
FROTTOIRS,			
GANTS de fil,			
Gillets de bafin,			
Gillets de flanelle,			
Guêtres de toile,			
Gillets de futaine,			
Gillets de toile de coton,			
LINGE à barbe,			
MANCHETTES de mouffeline,			
Manchettes de batifte,			
Manchettes effilées,			
Manchettes de bottes,			
TOTAL			

ARTICLE	liv.	f.	d.
Mouchoirs des indes,			
Mouchoirs de toile blanche,			
Mouchoirs de batifte,			
Mouchoirs de couleurs,			
NAPES,			
PAIRES de draps de maître,			
paires de draps de domeftique,			
paires de bas de fil,			
paires de bas de coton,			
paires de bas de laine,			
paires de bas de filofele,			
paires de chauffons de toile,			
paires de chauffons de tricot,			
Pantalon de moleton,			
Pantalon de toile,			
Pantalon de tricot,			
Peignoirs,			
Pieces d'eftomac,			
ROBE-de-chambre d'indienne,			
Robe-de-chambre piquée,			
SACS à pelottes,			
Serre-têtes,			
Serviettes de toilette,			
Sufpenfoirs,			
TABLIER du matin,			
Tayes d'oreillers,			
VESTES de bafin,			
Veftes de drap de coton			
Veftes de Mouffeline,			
Veftes de Nankin,			
Veftes piquées,			
Veftes de toile de coton,			
TOTAL			

SÇAVOIR, à Madame

ARTICLE	liv.	ſ.	d.
BANDES à ſaigner,			
Bandeaux,			
Baſtiennes,			
Blouſes,			
Bonnets piqués,			
Bonnets ronds de mouſſeline,			
Bonnets ronds de linon,			
Bonnets ronds de dentelle			
CAMISOLES de mouſſeline garnies,			
Camiſoles de toile de coton garnies,			
Camiſoles piquées garnies,			
Camiſoles houettées garnies,			
Chemiſes de jour,			
Chemiſes de nuit,			
Chemiſes de batiſte,			
Chemiſes de bain,			
Chemiſes-robes de mouſſeline,			
Chemiſes-robe d'indienne,			
Chemiſe-robe, de linon,			
Coïffes de mouſſeline,			
Collerette,			
Corſet de toile de coton garnis,			
Corſets de baſin garnis,			
Corſets de toile fine garnis,			
Courtes-pointes,			
Couverture de coton,			
Couvre-pieds piqués garnis,			
Couvre-pieds de mouſſeline,			
Couvre-meuble,			
DRAPS de maîtres,			
Draps ſans couture,			
Draps de domeſtique,			
Deshabillers garnis,			
ESSUIE-MAINS			
FOURREAUX de toile de coton,			
Fourreaux de mouſſeline,			
Fourreaux d'indienne,			
Fourreaux de linon,			
Fichus de mouſſeline,			
TOTAL			

ARTICLE	liv.	ſ.	d.
Fichus de batiſte,			
Fichus doubles,			
Fichus de linon,			
Fichus friſés,			
Fraiſettes de mouſſeline,			
Frottoirs de futaine,			
Frottoirs de flannelle,			
GARNITURES de lit de toile,			
Gaule de mouſſeline,			
Gaule d'indienne,			
HOUPELANDE,			
JUPONS piqués, blancs, garnis,			
Jupons de moleton,			
Jupons de futaine,			
Jupons de baſin garnis,			
Jupons de granat,			
Jupons houettés, garnis,			
Jupons de linon,			
Jupons de mouſſeline,			
LINGE de toilette,			
Linge de Garde-robe,			
Linges de baignoir,			
MANTELETS de mouſſeline,			
Mouchoirs de toile blanche,			
Mouchoirs de batiſte,			
Mouchoirs des indes,			
PAIRES de poches de baſin, garnies,			
Paires de poches de toile, garnies,			
paire de bas de coton,			
Peignoirs de toile,			
Peignoirs de Mouſſeline,			
Pieces d'eſtomac,			
Pierrot & Jupon de linon,			
RIDEAUX de mouſſeline, grands,			
Rideaux de toile de coton, grands,			
Rideaux de mouſſeline, petits,			
Rideaux de linon, petits,			
Robe & Jupon de toile de coton,			
TOTAL			

ARTICLE	liv.	ſ.	d.
Robe & Jupon de mouſſeline,			
Robe & Jupon de linon,			
Robe & Jupon d'indienne,			
Rodingotte d'indienne,			
SACS à pelottes,			
Serre-têtes,			
Serviettes de toilette,			
Serviettes de garderobe,			
TABLIERS de Femme-de-chambre,			
Tabliers de coëffeur,			
Tayes d'oreillers garnies,			
Toilette garnie de mouſſeline,			
Tours de chaiſe,			
Tour de baſſin,			
Linge des Enfans.			
BANDEAUX,			
Bandes,			
Bavoirs;			
Beguin,			
Braſſieres de futaine;			
Braſſieres de flanelle,			
CALÇONS,			
Camiſoles de mouſſeline,			
Camiſoles de toile de coton,			
Camiſoles d'indienne,			
Camiſoles de futaine,			
Chauſſettes,			
Chauſſons,			
Chemiſes de jour, de garçon,			
Chemiſes de nuit, de garçon,			
Chemiſes de jour, de demoiſelle			
Chemiſes de nuit, de demoiſelle,			
Chemiſes petites,			
Chemiſes-robes de mouſſeline,			
Chemiſes-robe d'indienne,			
Collerettes de mouſſeline,			
Cols de mouſſeline,			
Couches,			
Couvres-pieds garnis;			
Culottes de draps de coton;			
Culottes de baſin,			
Culottes de toile de coton,			
DESHABILLERS de toile de coton,			
TOTAL			

ARTICLE	liv.	ſ.	d.
Deſhabillers d'indienne,			
FOURREAUX de toile de coton,			
Fourreaux de linon,			
Fourreaux d'indienne,			
GARNITURES de lit,			
Gillets de baſin,			
Gillets de toile de coton;			
JACTONS,			
Jupons de toile de coton garnis,			
Jupons de baſin garnis,			
Jupons de futaine,			
Jupons de moleton,			
LANGES piqués;			
Lange de futaine,			
Lange de laine,			
Linge de toilette,			
MANTELETS de mouſſeline,			
Manchettes de garçon,			
Matelots de toile,			
Matelots de Nankin,			
Mouchoirs de toile,			
Mouchoirs de batiſte,			
PAIRES de bas de coton;			
paires de bas de fil,			
paires de bas petits,			
Paires de bas de laine,			
paires de poches,			
Peignoirs,			
Pierrots & Jupon de linon,			
Pierrots & Jupon de mouſſeline,			
Pieces d'eſtomac,			
ROBES & Jupons de toile de coton,			
Robes & Jupons de mouſſeline,			
Robes & Jupons d'indienne,			
Robe de chambre,			
TETIERES,			
Tours de bonnet,			
Tours de chaiſes,			
VESTES de baſin,			
Veſtes de toile de coton,			
Veſtes de nankin,			
Veſtes de drap de coton.			
TOTAL			

ARTICLE	liv.	f.	d.
Linge d'Office.			
CHAUSSES à passer,			
ESSUIE-MAINS,			
NAPES damassées,			
Napes à linteaux,			
Napes à grains d'orge,			
Napes ouvrées,			
Napes d'office,			
Napes petites,			
Napes de venise,			
Napes de cuisine,			
PAQUETS de Torchons,			
SERVIETTES d'amassées,			
Serviettes à linteaux,			
Serviettes à grains d'orge,			
Serviettes ouvrées,			
Serviettes de Venise,			
TABLIERS d'office,			
Tabliers de cuisine,			
Torchons,			
Linge de la Femme de Chambre.			
BANDEAUX,			
Bonnets ronds,			
Bonnets piqués,			
CAMISOLES de toile de coton,			
Camisoles d'indienne,			
Chemises,			
Corset de toile,			
Corset de basin,			
DESHABILLÉ complet de toile de coton,			
Deshabillé complet d'indienne,			
FICHUS de mousseline,			
Fichus de linon,			
JUPONS piqués,			
Jupons houetrés,			
Jupons de toile de coton,			
LINGE de toilette,			
MOUCHOIRS blancs,			
Mouchoirs de couleur,			
PAIRES de poches,			
paires de bas de coton,			
paires de bas de fil,			
TOTAL			

ARTICLE	liv.	f.	d.
ROBE & Jupon d'indienne,			
Robe & Jupons de toile de coton,			
Robe & Jupon de mousseline,			
SERRE-TÊTES.			
Linge de la Cuisiniere.			
BONNETS ronds,			
Bonnets piqués,			
CAMISOLES d'indienne,			
Camisoles de toile de coton,			
Chemises,			
DESHABILLÉ compl. de toile de cot.			
Deshabiller complet d'indienne,			
FICHUS de mousseline,			
Fichus de linon,			
JUPONS piqués,			
Jupons de toile de coton,			
Jupons d'indienne,			
LINGE de toilette,			
MOUCHOIRS blancs,			
Mouchoirs de couleur,			
PAIRES de poches,			
paires de bas de laine,			
paires de bas de coton,			
paires de bas de fil,			
ROBE & Jupon d'indienne,			
Robe & Jupon de toile de coton,			
SERRE-TETE,			
Linge du Domestique.			
BONNETS de coton,			
Bonnets de laine,			
CALÇONS,			
Chemises,			
Cols,			
Cravattes,			
Culottes blanches,			
Culotte de Nankin,			
MOUCHOIRS,			
PAIRES de bas de coton,			
paires de bas de fil,			
paires de bas de laine,			
paires de bas de filoselle,			
paires de chaussons,			
VESTES blanches,			
Vestes de Nankin,			
TOTAL			

le DU MOIS d 178 .

donné à blanchir

SÇAVOIR à Monsieur.

Article	liv.	ſ.	d.
Bandeaux,			
Bonnets de coton,			
Bonnets de laine,			
Bretelles.			
Calçons de toile,			
Calçons de futaine,			
Camiſoles de toile,			
Camiſoles de futaine,			
Camiſoles d'indienne,			
Chauſſettes,			
Chemiſes de jour, garnies,			
Chemiſes de nuit,			
Coîffes de Bonnets,			
Cols de mouſſeline,			
Cols de baſin,			
Cravattes de mouſſeline,			
Cravattes de batiſte,			
Culottes de baſin,			
Culottes de toile de coton,			
Culottes de draps de coton,			
Culottes de Nankin,			
Essuie-mains,			
Frottoirs			
Gants de fil,			
Gillets de baſin,			
Gillets de flanelle,			
Guêtres de toile,			
Gillets de futaine,			
Gillets de toile de coton,			
Linge à barbe,			
Manchettes de mouſſeline,			
Manchettes de batiſte,			
Manchettes effilées,			
Manchettes de bottes,			
Total			

Article	liv.	ſ.	d.
Mouchoirs des indes,			
Mouchoirs de toile blanche,			
Mouchoirs de batiſte,			
Mouchoirs de couleurs,			
Napes,			
Paires de draps de maître,			
paires de draps de domeſtique,			
paires de bas de fil,			
paires de bas de coton,			
paires de bas de laine,			
paires de bas de filoſele,			
paires de chauſſons de toile,			
paires de chauſſons de tricot,			
Pantalon de moleton,			
Pantalon de toile,			
Pantalon de tricot,			
Peignoirs,			
Pieces d'eſtomac,			
Robe-de-chambre d'indienne,			
Robe-de-chambre piquée,			
Sacs à pelottes,			
Serre-têtes,			
Serviettes de toilette,			
Suſpenſoirs,			
Tablier du matin,			
Tayes d'oreillers,			
Vestes de baſin,			
Veſtes de drap de coton			
Veſtes de Mouſſeline,			
Veſtes de Nankin,			
Veſtes piquées,			
Veſtes de toile de coton,			
Total			

SÇAVOIR, à Madame

ARTICLE	liv.	s.	d.
BANDES à saigner,			
Bandeaux,			
Bastiennes,			
Blouses,			
Bonnets piqués,			
Bonnets ronds de mousseline,			
Bonnets ronds de linon,			
Bonnets ronds de dentelle			
CAMISOLES de mousseline garnies,			
Camisoles de toile de coton garnies,			
Camisoles piquées garnies,			
Camisoles houettées garnies,			
Chemises de jour,			
Chemises de nuit,			
Chemises de batiste,			
Chemises de bain,			
Chemises-robes de mousseline,			
Chemises-robe d'indienne,			
Chemise-robe, de linon,			
Coiffes de mousseline,			
Collerette,			
Corset de toile de coton garnis,			
Corsets de basin garnis,			
Corsets de toile fine garnis,			
Courtes-pointes,			
Couverture de coton,			
Couvre-pieds piqués garnis,			
Couvre-pieds de mousseline,			
Couvre-meuble,			
DRAPS de maîtres,			
Draps sans couture,			
Draps de domestique,			
Deshabillers garnis,			
ESSUIE-MAINS			
FOURREAUX de toile de coton,			
Fourreaux de mousseline,			
Fourreaux d'indienne,			
Fourreaux de linon,			
Fichus de mousseline,			
TOTAL			

ARTICLE	liv.	s.	d.
Fichus de batiste,			
Fichus doubles,			
Fichus de linon,			
Fichus frisés,			
Fraisettes de mousseline,			
Frottoirs de futaine,			
Frottoirs de flannelle,			
GARNITURES de lit de toile,			
Gaule de mousseline,			
Gaule d'indienne,			
HOUPELANDE,			
JUPONS piqués, blancs, garnis,			
Jupons de moleton,			
Jupons de futaine,			
Jupons de basin garnis,			
Jupons de granat,			
Jupons houettés, garnis,			
Jupons de linon,			
Jupons de mousseline,			
LINGE de toilette,			
Linge de Garde-robe,			
Linges de baignoir,			
MANTELETS de mousseline,			
Mouchoirs de toile blanche,			
Mouchoirs de batiste,			
Mouchoirs des indes,			
PAIRES de poches de basin, garnies,			
Paires de poches de toile, garnies,			
paire de bas de coton,			
Peignoirs de toile,			
Peignoirs de Mousseline,			
Pieces d'estomac,			
Pierrot & Jupon de linon,			
RIDEAUX de mousseline, grands,			
Rideaux de toile de coton, grands,			
Rideaux de mousseline, petits,			
Rideaux de linon, petits,			
Robe & Jupon de toile de coton,			
TOTAL			

ARTICLE	liv.	s.	d.
Robe & Jupon de mouſſeline,			
Robe & Jupon de linon,			
Robe & Jupon d'indienne,			
Rodingotte d'indienne,			
SACS à pelottes,			
Serre-têtes,			
Serviettes de toilette,			
Serviettes de garderobe,			
TABLIERS de Femme-de-chambre,			
Tabliers de coëffeur,			
Tayes d'oreillers garnies,			
Toilette garnie de mouſſeline,			
Tours de chaiſe,			
Tour de baſſin,			
Linge des Enfans.			
BANDEAUX,			
Bandes,			
Bavoirs;			
Beguin,			
Braſſieres de futaine,			
Braſſieres de flanelle,			
CALÇONS,			
Camiſoles de mouſſeline,			
Camiſoles de toile de coton,			
Camiſoles d'indienne,			
Camiſoles de futaine,			
Chauffettes,			
Chauſſons,			
Chemiſes de jour, de garçon,			
Chemiſes de nuit, de garçon,			
Chemiſes de jour, de demoiſelle			
Chemiſes de nuit, de demoiſelle,			
Chemiſes petites,			
Chemiſes-robes de mouſſeline,			
Chemiſes-robe d'indienne,			
Collerettes de mouſſeline,			
Cols de mouſſeline,			
Couches,			
Couvres-pieds garnis,			
Culottes de draps de coton,			
Culottes de baſin,			
Culottes de toile de coton,			
DESHABILLERS de toile de coton,			
TOTAL			

ARTICLE	liv.	s.	d.
Deſhabillers d'indienne,			
FOURREAUX de toile de coton,			
Fourreaux de linon,			
Fourreaux d'indienne,			
GARNITURES de lit,			
Gillets de baſin,			
Gillets de toile de coton,			
JACTONS,			
Jupons de toile de coton garnis,			
Jupons de baſin garnis,			
Jupons de futaine,			
Jupons de molleton,			
LANGES piqués,			
Lange de futaine,			
Lange de laine,			
Linge de toilette,			
MANTELETS de mouſſeline,			
Manchettes de garçon,			
Matelots de toile,			
Matelots de Nankin,			
Mouchoirs de toile,			
Mouchoirs de batiſte,			
PAIRES de bas de coton,			
paires de bas de fil,			
paires de bas petits,			
paires de bas de laine,			
paires de poches,			
Peignoirs,			
Pierrots & Jupon de linon,			
Pierrots & Jupon de mouſſeline,			
Pieces d'eſtomac,			
ROBES & Jupons de toile de coton,			
Robes & Jupons de mouſſeline,			
Robes & Jupons d'indienne,			
Robe de chambre,			
TETIERES,			
Tours de bonnet,			
Tours de chaiſes,			
VESTES de baſin,			
Veſtes de toile de coton,			
Veſtes de nankin,			
Veſtes de drap de coton.			
TOTAL			

ARTICLE | liv. | s. | d.

Linge d'Office.

CHAUSSES à passer,
ESSUIE-MAINS,
NAPES damassées,
Napes à linteaux,
Napes à grains d'orge,
Napes ouvrées,
Napes d'office,
Napes petites,
Napes de venise,
Napes de cuisine,
PAQUETS de Torchons,
SERVIETTES d'amassées,
Serviettes à linteaux,
Serviettes à grains d'orge,
Serviettes ouvrées,
Serviettes de Venise,
TABLIERS d'office,
Tabliers de cuisine,
Torchons,

Linge de la Femme de Chambre.

BANDEAUX,
Bonnets ronds,
Bonnets piqués,
CAMISOLES de toile de coton,
Camisoles d'indienne,
Chemises,
Corset de toile,
Corset de basin,
DESHABILLÉ complet de toile de coton,
Deshabillé complet d'indienne,
FICHUS de mousseline,
Fichus de linon,
JUPONS piqués,
Jupons houetrés,
Jupons de toile de coton,
LINGE de toilette,
MOUCHOIRS blancs,
Mouchoirs de couleur,
PAIRES de poches,
paires de bas de coton,
paires de bas de fil,

TOTAL

ARTICLE | liv. | s.

ROBE & Jupon d'indienne,
Robe & Jupons de toile de coton,
Robe & Jupon de mousseline,
SERRE-TÊTES.

Linge de la Cuisiniere.

BONNETS ronds,
Bonnets piqués,
CAMISOLES d'indienne,
Camisoles de toile de coton,
Chemises,
DESHABILLÉ compl. de toile de cot.
Deshabiller complet d'indienne,
FICHUS de mousseline,
Fichus de linon,
JUPONS piqués,
Jupons de toile de coton,
Jupons d'indienne,
LINGE de toilette,
MOUCHOIRS blancs,
Mouchoirs de couleur,
PAIRES de poches,
paires de bas de laine,
paires de bas de coton,
paires de bas de fil,
ROBE & Jupon d'indienne,
Robe & Jupon de toile de coton,
SERRE-TETE,

Linge du Domestique.

BONNETS de coton,
Bonnets de laine,
CALÇONS,
Chemises,
Cols,
Cravattes,
Culottes blanches,
Culotte de Nankin,
MOUCHOIRS,
PAIRES de bas de coton,
paires de bas de fil,
paires de bas de laine,
paires de bas de filoselle,
paires de chaussons,
VESTES blanches,
Vestes de Nankin,

TOTAL

(1)

le DU MOIS d 178

donné à blanchir

SÇAVOIR à Monsieur.

ARTICLE		liv.	s.	d.
	BANDEAUX,			
	Bonnets de coton,			
	Bonnets de laine,			
	Bretelles.			
	CALÇONS de toile,			
	Calçons de futaine,			
	Camisoles de toile,			
	Camisoles de futaine,			
	Camisoles d'indienne,			
	Chauffettes,			
	Chemises de jour, garnies,			
	Chemises de nuit,			
	Coiffes de Bonnets,			
	Cols de mousseline,			
	Cols de basin,			
	Cravattes de mousseline,			
	Cravattes de batiste,			
	Culottes de basin,			
	Culottes de toile de coton,			
	Culottes de draps de coton,			
	Culottes de Nankin,			
	ESSUIE-MAINS,			
	FROTTOIRS,			
	GANTS de fil,			
	Gillets de basin,			
	Gillets de flanelle,			
	Guêtres de toile,			
	Gillets de futaine,			
	Gillets de toile de coton,			
	LINGE à barbe,			
	MANCHETTES de mousseline,			
	Manchettes de batiste,			
	Manchettes effilées,			
	Manchettes de bottes,			
	TOTAL			

ARTICLE		liv.	s.	d.
	Mouchoirs des indes,			
	Mouchoirs de toile blanche,			
	Mouchoirs de batiste,			
	Mouchoirs de couleurs,			
	NAPES,			
	PAIRES de draps de maître,			
	paires de draps de domestique,			
	paires de bas de fil,			
	paires de bas de coton,			
	paires de bas de laine,			
	paires de bas de filoselle,			
	paires de chaussons de toile,			
	paires de chaussons de tricot,			
	Pantalon de moleton,			
	Pantalon de toile,			
	Pantalon de tricot,			
	Peignoirs,			
	Pieces d'estomac,			
	ROBE-de-chambre d'indienne,			
	Robe-de-chambre piquée,			
	SACS à pelottes,			
	Serre-têtes,			
	Serviettes de toilette,			
	Suspensoirs,			
	TABLIER du matin,			
	Tayes d'oreillers,			
	VESTES de basin,			
	Vestes de drap de coton			
	Vestes de Mousseline,			
	Vestes de Nankin,			
	Vestes piquées,			
	Vestes de toile de coton,			
	TOTAL			

SÇAVOIR, à Madame

ARTICLE	liv.	ſ.	d.
BANDES à ſaigner,			
Bandeaux,			
Baſtiennes,			
Blouſes,			
Bonnets piqués,			
Bonnets ronds de mouſſeline,			
Bonnets ronds de linon,			
Bonnets ronds de dentelle			
CAMISOLES de mouſſeline garnies,			
Camiſoles de toile de coton garnies,			
Camiſoles piquées garnies,			
Camiſoles houettées garnies,			
Chemiſes de jour,			
Chemiſes de nuit,			
Chemiſes de batiſte,			
Chemiſes de bain,			
Chemiſes-robes de mouſſeline,			
Chemiſes-robe d'indienne,			
Chemiſe-robe, de linon,			
Coîffes de mouſſeline,			
Collerette,			
Corſet de toile de coton garnis,			
Corſets de baſin garnis,			
Corſets de toile fine garnis,			
Courtes-pointes,			
Couverture de coton,			
Couvre-pieds piqués garnis,			
Couvre-pieds de mouſſeline,			
Couvre-meuble,			
DRAPS de maîtres,			
Draps ſans couture,			
Draps de domeſtique,			
Deshabillers garnis,			
ESSUIE-MAINS			
FOURREAUX de toile de coton,			
Fourreaux de mouſſeline,			
Fourreaux d'indienne,			
Fourreaux de linon,			
Fichus de mouſſeline,			
TOTAL			

ARTICLE	liv.	ſ.	d.
Fichus de batiſte,			
Fichus doubles,			
Fichus de linon,			
Fichus friſés,			
Fraiſettes de mouſſeline,			
Frottoirs de futaine,			
Frottoirs de flannelle,			
GARNITURES de lit de toile,			
Gaule de mouſſeline,			
Gaule d'indienne,			
HOUPELANDE,			
JUPONS piqués, blancs, garnis,			
Jupons de moleton,			
Jupons de futaine,			
Jupons de baſin garnis,			
Jupons de granat,			
Jupons houettés, garnis,			
Jupons de linon,			
Jupons de mouſſeline,			
LINGE de toilette,			
Linge de Garde-robe,			
Linges de baignoir,			
MANTELETS de mouſſeline,			
Mouchoirs de toile blanche,			
Mouchoirs de batiſte,			
Mouchoirs des indes,			
PAIRES de poches de baſin, garnies,			
Paires de poches de toile, garnies,			
paire de bas de coton,			
Peignoirs de toile,			
Peignoirs de Mouſſeline,			
Pieces d'eſtomac,			
Pierrot & Jupon de linon,			
RIDEAUX de mouſſeline, grands,			
Rideaux de toile de coton, grands,			
Rideaux de mouſſeline, petits,			
Rideaux de linon, petits,			
Robe & Jupon de toile de coton,			
TOTAL			

ARTICLE	liv.	ſ.	d.
Robe & Jupon de mouſſeline,			
Robe & Jupon de linon,			
Robe & Jupon d'indienne,			
Rodingotte d'indienne,			
SACS à pelottes,			
Serre-têtes,			
Serviettes de toilette,			
Serviettes de garderobe,			
TABLIERS de Femme-de-chambre,			
Tabliers de coëffeur,			
Tayes d'oreillers garnies,			
Toilette garnie de mouſſeline,			
Tours de chaiſe,			
Tour de baſſin,			
Linge des Enfans.			
BANDEAUX,			
Bandes,			
Bavoirs,			
Beguin,			
Braſſieres de futaine,			
Braſſieres de flanelle,			
CALÇONS,			
Camiſoles de mouſſeline,			
Camiſoles de toile de coton,			
Camiſoles d'indienne,			
Camiſoles de futaine,			
Chauſſettes,			
Chauſſons,			
Chemiſes de jour, de garçon,			
Chemiſes de nuit, de garçon,			
Chemiſes de jour, de demoiſelle			
Chemiſes de nuit, de demoiſelle,			
Chemiſes petites,			
Chemiſes-robes de mouſſeline,			
Chemiſes-robe d'indienne,			
Collerettes de mouſſeline,			
Cols de mouſſeline,			
Couches,			
Couvres-pieds garnis,			
Culottes de draps de coton,			
Culottes de baſin,			
Culottes de toile de coton,			
DESHABILLERS de toile de coton,			
TOTAL			

ARTICLE	liv.	ſ.	d.
Deshabillers d'indienne,			
FOURREAUX de toile de coton,			
Fourreaux de linon,			
Fourreaux d'indienne,			
GARNITURES de lit,			
Gillets de baſin,			
Gillets de toile de coton,			
JACTONS,			
Jupons de toile de coton garnis,			
Jupons de baſin garnis,			
Jupons de futaine,			
Jupons de moleton,			
LANGES piqués,			
Lange de futaine,			
Lange de laine,			
Linge de toilette,			
MANTELETS de mouſſeline,			
Manchettes de garçon,			
Matelots de toile,			
Matelots de Nankin,			
Mouchoirs de toile,			
Mouchoirs de batiſte,			
PAIRES de bas de coton,			
paires de bas de fil,			
paires de bas petits,			
paires de bas de laine,			
paires de poches,			
Peignoirs,			
Pierrots & Jupon de linon,			
Pierrots & Jupon de mouſſeline,			
Pieces d'eſtomac,			
ROBES & Jupons de toile de coton,			
Robes & Jupons de mouſſeline,			
Robes & Jupons d'indienne,			
Robe de chambre,			
TETIERES,			
Tours de bonnet,			
Tours de chaiſes,			
VESTES de baſin,			
Veſtes de toile de coton,			
Veſtes de nankin,			
Veſtes de drap de coton.			
TOTAL			

ARTICLE	liv.	f.	d.
Linge d'Office.			
CHAUSSES à passer,			
ESSUIE-MAINS,			
NAPES damassées,			
Napes à linteaux,			
Napes à grains d'orge,			
Napes ouvrées,			
Napes d'office,			
Napes petites,			
Napes de venise,			
Napes de cuisine,			
PAQUETS de Torchons,			
SERVIETTES d'amassées,			
Serviettes à linteaux,			
Serviettes à grains d'orge,			
Serviettes ouvrées,			
Serviettes de Venise,			
TABLIERS d'office,			
Tabliers de cuisine,			
Torchons,			
Linge de la Femme de Chambre.			
BANDEAUX,			
Bonnets ronds,			
Bonnets piqués,			
CAMISOLES de toile de coton,			
Camisoles d'indienne,			
Chemises,			
Corset de toile,			
Corset de basin,			
DESHABILLÉ complet de toile de coton,			
Deshabillé complet d'indienne,			
FICHUS de mousseline,			
Fichus de linon,			
JUPONS piqués,			
Jupons houetrés,			
Jupons de toile de coton,			
LINGE de toilette,			
MOUCHOIRS blancs,			
Mouchoirs de couleur,			
PAIRES de poches,			
paires de bas de coton,			
paires de bas de fil,			
TOTAL			

ARTICLE	liv.	f.
ROBE & Jupon d'indienne,		
Robe & Jupons de toile de coton,		
Robe & Jupon de mousseline,		
SERRE-TÊTES.		
Linge de la Cuisiniere.		
BONNETS ronds,		
Bonnets piqués,		
CAMISOLES d'indienne,		
Camisoles de toile de coton,		
Chemises,		
DESHABILLÉ compl. de toile de cot.		
Deshabiller complet d'indienne,		
FICHUS de mousseline,		
Fichus de linon,		
JUPONS piqués,		
Jupons de toile de coton,		
Jupons d'indienne,		
LINGE de toilette,		
MOUCHOIRS blancs,		
Mouchoirs de couleur,		
PAIRES de poches,		
paires de bas de laine,		
paires de bas de coton,		
paires de bas de fil,		
ROBE & Jupon d'indienne,		
Robe & Jupon de toile de coton,		
SERRE-TETE,		
Linge du Domestique.		
BONNETS de coton,		
Bonnets de laine,		
CALÇONS,		
Chemises,		
Cols,		
Cravattes,		
Culottes blanches,		
Culotte de Nankin,		
MOUCHOIRS,		
PAIRES de bas de coton,		
paires de bas de fil,		
paires de bas de laine,		
paires de bas de filoselle,		
paires de chaussons,		
VESTES blanches,		
Vestes de Nankin,		
TOTAL		

le DU MOIS d 178

donné à blanchir

SÇAVOIR à Monsieur.

Article	liv.	s.	d.
Bandeaux,			
Bonnets de coton,			
Bonnets de laine,			
Bretelles.			
Calçons de toile,			
Calçons de futaine,			
Camisoles de toile,			
Camisoles de futaine,			
Camisoles d'indienne,			
Chaussettes,			
Chemises de jour, garnies,			
Chemises de nuit,			
Coiffes de Bonnets,			
Cols de mousseline,			
Cols de basin,			
Cravattes de mousseline,			
Cravattes de batiste,			
Culottes de basin,			
Culottes de toile de coton,			
Culottes de draps de coton,			
Culottes de Nankin,			
Essuie-mains,			
Frottoirs			
Gants de fil,			
Gillets de basin,			
Gillets de flanelle,			
Guêtres de toile,			
Gillets de futaine,			
Gillets de toile de coton,			
Linge à barbe,			
Manchettes de mousseline,			
Manchettes de batiste,			
Manchettes effilées,			
Manchettes de bottes,			
Total			

Article	liv.	s.	d.
Mouchoirs des indes,			
Mouchoirs de toile blanche,			
Mouchoirs de batiste,			
Mouchoirs de couleurs,			
Napes,			
Paires de draps de maître,			
paires de draps de domestique,			
paires de bas de fil,			
paires de bas de coton,			
paires de bas de laine,			
paires de bas de filosele,			
paires de chaussons de toile,			
paires de chaussons de tricot,			
Pantalon de moleton,			
Pantalon de toile,			
Pantalon de tricot,			
Peignoirs,			
Pieces d'estomac,			
Robe-de-chambre d'indienne,			
Robe-de-chambre piquée,			
Sacs à pelottes,			
Serre-têtes,			
Serviettes de toilette,			
Suspensoirs,			
Tablier du matin,			
Tayes d'oreillers,			
Vestes de basin,			
Vestes de drap de coton			
Vestes de Mousseline,			
Vestes de Nankin,			
Vestes piquées,			
Vestes de toile de coton,			
Total			

SÇAVOIR, à Madame

ARTICLE	liv.	ſ.	d.
BANDES à ſaigner,			
Bandeaux,			
Baſtiennes,			
Blouſes,			
Bonnets piqués,			
Bonnets ronds de mouſſeline,			
Bonnets ronds de linon,			
Bonnets ronds de dentelle			
CAMISOLES de mouſſeline garnies,			
Camiſoles de toile de coton garnies,			
Camiſoles piquées garnies,			
Camiſoles houettées garnies,			
Chemiſes de jour,			
Chemiſes de nuit,			
Chemiſes de batiſte,			
Chemiſes de bain,			
Chemiſes-robes de mouſſeline,			
Chemiſes-robe d'indienne,			
Chemiſe-robe, de linon,			
Coïffes de mouſſeline,			
Collerette,			
Corſet de toile de coton garnis,			
Corſets de baſin garnis,			
Corſets de toile fine garnis,			
Courtes-pointes,			
Couverture de coton,			
Couvre-pieds piqués garnis,			
Couvre-pieds de mouſſeline,			
Couvre-meuble,			
DRAPS de maîtres,			
Draps ſans couture,			
Draps de domeſtique,			
Deshabillers garnis,			
ESSUIE-MAINS			
FOURREAUX de toile de coton,			
Fourreaux de mouſſeline,			
Fourreaux d'indienne,			
Fourreaux de linon,			
Fichus de mouſſeline,			
TOTAL			

ARTICLE	liv.	ſ.	d.
Fichus de batiſte,			
Fichus doubles,			
Fichus de linon,			
Fichus friſés,			
Fraiſettes de mouſſeline,			
Frottoirs de futaine,			
Frottoirs de flannelle,			
GARNITURES de lit de toile,			
Gaule de mouſſeline,			
Gaule d'indienne,			
HOUPELANDE,			
JUPONS piqués, blancs, garnis,			
Jupons de moleton,			
Jupons de futaine,			
Jupons de baſin garnis,			
Jupons de granat,			
Jupons houettés, garnis,			
Jupons de linon,			
Jupons de mouſſeline,			
LINGE de toilette,			
Linge de Garde-robe,			
Linges de baignoir,			
MANTELETS de mouſſeline,			
Mouchoirs de toile blanche,			
Mouchoirs de batiſte,			
Mouchoirs des indes,			
PAIRES de poches de baſin, garnies,			
Paires de poches de toile, garnies,			
paire de bas de coton,			
Peignoirs de toile,			
Peignoirs de Mouſſeline,			
Pieces d'eſtomac,			
Pierrot & Jupon de linon,			
RIDEAUX de mouſſeline, grands,			
Rideaux de toile de coton, grands,			
Rideaux de mouſſeline, petits,			
Rideaux de linon, petits,			
Robe & Jupon de toile de coton,			
TOTAL			

ARTICLE	liv.	s.	d.
Robe & Jupon de mousseline,			
Robe & Jupon de linon,			
Robe & Jupon d'indienne,			
Rodingotte d'indienne,			
SACS à pelottes,			
Serre-têtes,			
Serviettes de toilette,			
Serviettes de garderobe,			
TABLIERS de Femme-de-chambre,			
Tabliers de coëffeur,			
Tayes d'oreillers garnies,			
Toilette garnie de mousseline,			
Tours de chaise,			
Tour de bassin,			
Linge des Enfans.			
BANDEAUX,			
Bandes,			
Bavoirs;			
Beguin,			
Brassieres de futaine,			
Brassieres de flanelle,			
CALÇONS,			
Camisoles de mousseline,			
Camisoles de toile de coton,			
Camisoles d'indienne,			
Camisoles de futaine,			
Chaussettes,			
Chaussons,			
Chemises de jour, de garçon,			
Chemises de nuit, de garçon,			
Chemises de jour, de demoiselle			
Chemises de nuit, de demoiselle,			
Chemises petites,			
Chemises-robes de mousseline,			
Chemises-robe d'indienne,			
Collerettes de mousseline,			
Cols de mousseline,			
Couches,			
Couvres-pieds garnis,			
Culottes de draps de coton,			
Culottes de basin,			
Culottes de toile de coton,			
DESHABILLERS de toile de coton,			
TOTAL			

ARTICLE	liv.	s.	d.
Deshabillers d'indienne,			
FOURREAUX de toile de coton,			
Fourreaux de linon,			
Fourreaux d'indienne,			
GARNITURES de lit,			
Gillets de basin,			
Gillets de toile de coton,			
JACTONS,			
Jupons de toile de coton garnis,			
Jupons de basin garnis,			
Jupons de futaine,			
Jupons de moleton,			
LANGES piqués,			
Lange de futaine,			
Lange de laine,			
Linge de toilette,			
MANTELETS de mousseline,			
Manchettes de garçon,			
Matelots de toile,			
Matelots de Nankin,			
Mouchoirs de toile,			
Mouchoirs de batiste,			
PAIRES de bas de coton,			
paires de bas de fil,			
paires de bas petits,			
paires de bas de laine,			
paires de poches,			
Peignoirs,			
Pierrots & Jupon de linon,			
Pierrots & Jupon de mousseline,			
Pieces d'estomac,			
ROBES & Jupons de toile de coton,			
Robes & Jupons de mousseline,			
Robes & Jupons d'indienne,			
Robe de chambre,			
TETIERES,			
Tours de bonnet,			
Tours de chaises,			
VESTES de basin,			
Vestes de toile de coton,			
Vestes de nankin,			
Vestes de drap de coton.			
TOTAL			

ARTICLE | liv. | f. | d.

Linge d'Office.

CHAUSSES à passer,
ESSUIE-MAINS,
NAPES damassées,
Napes à linteaux,
Napes à grains d'orge,
Napes ouvrées,
Napes d'office,
Napes petites,
Napes de venise,
Napes de cuisine,
PAQUETS de Torchons,
SERVIETTES d'amassées,
Serviettes à linteaux,
Serviettes à grains d'orge,
Serviettes ouvrées,
Serviettes de Venise,
TABLIERS d'office,
Tabliers de cuisine,
Torchons,

Linge de la Femme de Chambre.

BANDEAUX,
Bonnets ronds,
Bonnets piqués,
CAMISOLES de toile de coton,
Camisoles d'indienne,
Chemises,
Corset de toile,
Corset de basin,
DESHABILLÉ complet de toile de coton,
Deshabillé complet d'indienne,
FICHUS de mousseline,
Fichus de linon,
JUPONS piqués,
Jupons houettés,
Jupons de toile de coton,
LINGE de toilette,
MOUCHOIRS blancs,
Mouchoirs de couleur,
PAIRES de poches,
paires de bas de coton,
paires de bas de fil,

TOTAL

ARTICLE | liv. | f.

ROBE & Jupon d'indienne,
Robe & Jupons de toile de coton,
Robe & Jupon de mousseline,
SERRE-TÊTES.

Linge de la Cuisiniere.

BONNETS ronds,
Bonnets piqués,
CAMISOLES d'indienne,
Camisoles de toile de coton,
Chemises,
DESHABILLÉ compl. de toile de cot.
Deshabiller complet d'indienne,
FICHUS de mousseline,
Fichus de linon,
JUPONS piqués,
Jupons de toile de coton,
Jupons d'indienne,
LINGE de toilette,
MOUCHOIRS blancs,
Mouchoirs de couleur,
PAIRES de poches,
paires de bas de laine,
paires de bas de coton,
paires de bas de fil,
ROBE & Jupon d'indienne,
Robe & Jupon de toile de coton,
SERRE-TETE,

Linge du Domestique.

BONNETS de coton,
Bonnets de laine,
CALÇONS,
Chemises,
Cols,
Cravattes,
Culottes blanches,
Culotte de Nankin,
MOUCHOIRS,
PAIRES de bas de coton,
paires de bas de fil,
paires de bas de laine,
paires de bas de filoselle,
paires de chaussons,
VESTES blanches,
Vestes de Nankin,

TOTAL

le DU MOIS d 178

donné à blanchir

SÇAVOIR à Monsieur.

ARTICLE	liv.	s.	d.
BANDEAUX,			
Bonnets de coton,			
Bonnets de laine,			
Bretelles.			
CALÇONS de toile,			
Calçons de futaine,			
Camisoles de toile,			
Camisoles de futaine,			
Camisoles d'indienne,			
Chaussettes,			
Chemises de jour, garnies,			
Chemises de nuit,			
Coîffes de Bonnets,			
Cols de mousseline,			
Cols de basin,			
Cravattes de mousseline,			
Cravattes de batiste,			
Culottes de basin,			
Culottes de toile de coton,			
Culottes de draps de coton,			
Culottes de Nankin,			
ESSUIE-MAINS,			
FROTTOIRS,			
GANTS de fil,			
Gillets de basin,			
Gillets de flanelle,			
Guêtres de toile,			
Gillets de futaine,			
Gillets de toile de coton,			
LINGE à barbe,			
MANCHETTES de mousseline,			
Manchettes de batiste,			
Manchettes effilées,			
Manchettes de bottes,			
TOTAL			

ARTICLE	liv.	s.	d.
Mouchoirs des indes,			
Mouchoirs de toile blanche,			
Mouchoirs de batiste,			
Mouchoirs de couleurs,			
NAPES,			
PAIRES de draps de maître,			
paires de draps de domestique,			
paires de bas de fil,			
paires de bas de coton,			
paires de bas de laine,			
paires de bas de filosele,			
paires de chaussons de toile,			
paires de chaussons de tricot,			
Pantalon de moleton,			
Pantalon de toile,			
Pantalon de tricot,			
Peignoirs,			
Pieces d'estomac,			
ROBE-de-chambre d'indienne,			
Robe-de-chambre piquée,			
SACS à pelottes,			
Serre-têtes,			
Serviettes de toilette,			
Suspensoirs,			
TABLIER du matin,			
Tayes d'oreillers,			
VESTES de basin,			
Vestes de drap de coton			
Vestes de Mousseline,			
Vestes de Nankin,			
Vestes piquées,			
Vestes de toile de coton,			
TOTAL			

SÇAVOIR, à Madame

Article	liv.	s.	d.
Bandes à saigner,			
Bandeaux,			
Bastiennes,			
Blouses,			
Bonnets piqués,			
Bonnets ronds de mousseline,			
Bonnets ronds de linon,			
Bonnets ronds de dentelle			
Camisoles de mousseline garnies,			
Camisoles de toile de coton garnies,			
Camisoles piquées garnies,			
Camisoles houettées garnies,			
Chemises de jour,			
Chemises de nuit,			
Chemises de batiste,			
Chemises de bain,			
Chemises-robes de mousseline,			
Chemises-robe d'indienne,			
Chemise-robe, de linon,			
Coïffes de mousseline,			
Collerette,			
Corset de toile de coton garnis,			
Corsets de basin garnis,			
Corsets de toile fine garnis,			
Courtes-pointes,			
Couverture de coton,			
Couvre-pieds piqués garnis,			
Couvre-pieds de mousseline,			
Couvre-meuble,			
Draps de maîtres,			
Draps sans couture,			
Draps de domestique,			
Deshabillers garnis,			
Essuie-mains			
Fourreaux de toile de coton,			
Fourreaux de mousseline,			
Fourreaux d'indienne,			
Fourreaux de linon,			
Fichus de mousseline,			
Total			

Article	liv.	s.
Fichus de batiste,		
Fichus doubles,		
Fichus de linon,		
Fichus frisés,		
Fraisettes de mousseline,		
Frottoirs de futaine,		
Frottoirs de flannelle,		
Garnitures de lit de toile,		
Gaule de mousseline,		
Gaule d'indienne,		
Houpelande,		
Jupons piqués, blancs, garnis,		
Jupons de moleton,		
Jupons de futaine,		
Jupons de basin garnis,		
Jupons de granat,		
Jupons houettés, garnis,		
Jupons de linon,		
Jupons de mousseline,		
Linge de toilette,		
Linge de Garde-robe,		
Linges de baignoir,		
Mantelets de mousseline,		
Mouchoirs de toile blanche,		
Mouchoirs de batiste,		
Mouchoirs des indes,		
Paires de poches de basin, garnies,		
Paires de poches de toile, garnies,		
paire de bas de coton,		
Peignoirs de toile,		
Peignoirs de Mousseline,		
Pieces d'estomac,		
Pierrot & Jupon de linon,		
Rideaux de mousseline, grands,		
Rideaux de toile de coton, grands,		
Rideaux de mousseline, petits,		
Rideaux de linon, petits,		
Robe & Jupon de toile de coton,		
Total		

ARTICLE	liv.	s.	d.
Robe & Jupon de mousseline,			
Robe & Jupon de linon,			
Robe & Jupon d'indienne,			
Rodingotte d'indienne,			
SACS à pelottes,			
Serre-têtes,			
Serviettes de toilette,			
Serviettes de garderobe,			
TABLIERS de Femme-de-chambre,			
Tabliers de coëffeur,			
Tayes d'oreillers garnies,			
Toilette garnie de mousseline,			
Tours de chaise,			
Tour de bassin,			
Linge des Enfans.			
BANDEAUX,			
Bandes,			
Bavoirs,			
Beguin,			
Brassieres de futaine,			
Brassieres de flanelle,			
CALÇONS,			
Camisoles de mousseline,			
Camisoles de toile de coton,			
Camisoles d'indienne,			
Camisoles de futaine,			
Chaussettes,			
Chaussons,			
Chemises de jour, de garçon,			
Chemises de nuit, de garçon,			
Chemises de jour, de demoiselle			
Chemises de nuit, de demoiselle,			
Chemises petites,			
Chemises-robes de mousseline,			
Chemises-robe d'indienne,			
Collerettes de mousseline,			
Cols de mousseline,			
Couches,			
Couvres-pieds garnis,			
Culottes de draps de coton,			
Culottes de basin,			
Culottes de toile de coton,			
DESHABILLERS de toile de coton,			
TOTAL			

ARTICLE	liv.	s.	d.
Deshabillers d'indienne,			
FOURREAUX de toile de coton,			
Fourreaux de linon,			
Fourreaux d'indienne,			
GARNITURES de lit,			
Gillets de basin,			
Gillets de toile de coton,			
JACTONS,			
Jupons de toile de coton garnis,			
Jupons de basin garnis,			
Jupons de futaine,			
Jupons de moleton,			
LANGES piqués,			
Lange de futaine,			
Lange de laine,			
Linge de toilette,			
MANTELETS de mousseline,			
Manchettes de garçon,			
Matelots de toile,			
Matelots de Nankin,			
Mouchoirs de toile,			
Mouchoirs de batiste,			
PAIRES de bas de coton,			
paires de bas de fil,			
paires de bas petits,			
paires de bas de laine,			
paires de poches,			
Peignoirs,			
Pierrots & Jupon de linon,			
Pierrots & Jupon de mousseline,			
Pieces d'estomac,			
ROBES & Jupons de toile de coton,			
Robes & Jupons de mousseline,			
Robes & Jupons d'indienne,			
Robe de chambre,			
TETIERES,			
Tours de bonnet,			
Tours de chaises,			
VESTES de basin,			
Vestes de toile de coton,			
Vestes de nankin,			
Vestes de drap de coton.			
TOTAL			

ARTICLE	liv.	s.	d.
Linge d'Office.			
CHAUSSES à passer,			
ESSUIE-MAINS,			
NAPES damassées,			
Napes à linteaux,			
Napes à grains d'orge,			
Napes ouvrées,			
Napes d'office,			
Napes petites,			
Napes de venise,			
Napes de cuisine,			
PAQUETS de Torchons,			
SERVIETTES d'amassées,			
Serviettes à linteaux,			
Serviettes à grains d'orge,			
Serviettes ouvrées,			
Serviettes de Venise,			
TABLIERS d'office,			
Tabliers de cuisine,			
Torchons,			
Linge de la Femme de Chambre.			
BANDEAUX,			
Bonnets ronds,			
Bonnets piqués,			
CAMISOLES de toile de coton,			
Camisoles d'indienne,			
Chemises,			
Corset de toile,			
Corset de basin,			
DESHABILLÉ complet de toile de coton,			
Deshabillé complet d'indienne,			
FICHUS de mousseline,			
Fichus de linon,			
JUPONS piqués,			
Jupons houetrés,			
Jupons de toile de coton,			
LINGE de toilette,			
MOUCHOIRS blancs,			
Mouchoirs de couleur,			
PAIRES de poches,			
paires de bas de coton,			
paires de bas de fil,			
TOTAL			

ARTICLE	liv.	s.	d.
ROBE & Jupon d'indienne,			
Robe & Jupons de toile de coton,			
Robe & Jupon de mousseline,			
SERRE-TÊTES.			
Linge de la Cuisinière.			
BONNETS ronds,			
Bonnets piqués,			
CAMISOLES d'indienne,			
Camisoles de toile de coton,			
Chemises,			
DESHABILLÉ compl. de toile de cot.			
Deshabiller complet d'indienne,			
FICHUS de mousseline,			
Fichus de linon,			
JUPONS piqués,			
Jupons de toile de coton,			
Jupons d'indienne,			
LINGE de toilette,			
MOUCHOIRS blancs,			
Mouchoirs de couleur,			
PAIRES de poches,			
paires de bas de laine,			
paires de bas de coton,			
paires de bas de fil,			
ROBE & Jupon d'indienne,			
Robe & Jupon de toile de coton,			
SERRE-TETE,			
Linge du Domestique.			
BONNETS de coton,			
Bonnets de laine,			
CALÇONS,			
Chemises,			
Cols,			
Cravattes,			
Culottes blanches,			
Culotte de Nankin,			
MOUCHOIRS,			
PAIRES de bas de coton,			
paires de bas de fil,			
paires de bas de laine,			
paires de bas de filoselle,			
paires de chaussons,			
VESTES blanches,			
Vestes de Nankin,			
TOTAL			

le DU MOIS d 178

donné à blanchir

SÇAVOIR à Monsieur.

ARTICLE	liv.	f.	d.	ARTICLE	liv.	f.	d.
BANDEAUX,				Mouchoirs des indes,			
Bonnets de coton,				Mouchoirs de toile blanche,			
Bonnets de laine,				Mouchoirs de batiste,			
Bretelles,				Mouchoirs de couleurs,			
CALÇONS de toile,				NAPES,			
Calçons de futaine,				PAIRES de draps de maître,			
Camisoles de toile,				paires de draps de domestique,			
Camisoles de futaine,				paires de bas de fil,			
Camisoles d'indienne,				paires de bas de coton,			
Chauffettes,				paires de bas de laine,			
Chemises de jour, garnies,				paires de bas de filosele,			
Chemises de nuit,				paires de chauffons de toile,			
Coiffes de Bonnets,				paires de chauffons de tricot,			
Cols de mousseline,				Pantalon de moleton,			
Cols de basin,				Pantalon de toile,			
Cravattes de mousseline,				Pantalon de tricot,			
Cravattes de batiste,				Peignoirs,			
Culottes de basin,				Pieces d'estomac,			
Culottes de toile de coton,				ROBE-de-chambre d'indienne,			
Culottes de draps de coton,				Robe-de-chambre piquée,			
Culottes de Nankin,				SACS à pelottes,			
ESSUIE-MAINS,				Serre-têtes,			
FROTTOIRS				Serviettes de toilette,			
GANTS de fil,				Suspensoirs,			
Gillets de basin,				TABLIER du matin,			
Gillets de flanelle,				Tayes d'oreillers,			
Guêtres de toile,				VESTES de basin,			
Gillets de futaine,				Vestes de drap de coton			
Gillets de toile de coton,				Vestes de Mousseline,			
LINGE à barbe,				Vestes de Nankin,			
MANCHETTES de mousseline,				Vestes piquées,			
Manchettes de batiste,				Vestes de toile de coton,			
Manchettes effilées,							
Manchettes de bottes,							
TOTAL				TOTAL			

SÇAVOIR, à Madame

ARTICLE	liv.	s.	d.
BANDES à saigner,			
Bandeaux,			
Bastiennes,			
Blouses,			
Bonnets piqués,			
Bonnets ronds de mousseline,			
Bonnets ronds de linon,			
Bonnets ronds de dentelle			
CAMISOLES de mousseline garnies,			
Camisoles de toile de coton garnies,			
Camisoles piquées garnies,			
Camisoles houettées garnies,			
Chemises de jour,			
Chemises de nuit,			
Chemises de batiste,			
Chemises de bain,			
Chemises-robes de mousseline,			
Chemises-robe d'indienne,			
Chemise-robe, de linon,			
Coiffes de mousseline,			
Collerette,			
Corset de toile de coton garnis,			
Corsets de basin garnis,			
Corsets de toile fine garnis,			
Courtes-pointes,			
Couverture de coton,			
Couvre-pieds piqués garnis,			
Couvre-pieds de mousseline,			
Couvre-meuble,			
DRAPS de maîtres,			
Draps sans couture,			
Draps de domestique,			
Deshabillers garnis,			
ESSUIE-MAINS			
FOURREAUX de toile de coton,			
Fourreaux de mousseline,			
Fourreaux d'indienne,			
Fourreaux de linon;			
Fichus de mousseline,			
TOTAL			

ARTICLE	liv.	s.	d.
Fichus de batiste,			
Fichus doubles,			
Fichus de linon,			
Fichus frisés,			
Fraisettes de mousseline,			
Frottoirs de futaine,			
Frottoirs de flannelle,			
GARNITURES de lit de toile,			
Gaule de mousseline,			
Gaule d'indienne,			
HOUPELANDE,			
JUPONS piqués, blancs, garnis,			
Jupons de moleton,			
Jupons de futaine,			
Jupons de basin garnis,			
Jupons de granat,			
Jupons houettés, garnis,			
Jupons de linon,			
Jupons de mousseline,			
LINGE de toilette,			
Linge de Garde-robe,			
Linges de baignoir,			
MANTELETS de mousseline,			
Mouchoirs de toile blanche,			
Mouchoirs de batiste,			
Mouchoirs des indes,			
PAIRES de poches de basin, garnies,			
Paires de poches de toile, garnies,			
paire de bas de coton,			
Peignoirs de toile,			
Peignoirs de Mousseline,			
Pieces d'estomac,			
Pierrot & Jupon de linon,			
RIDEAUX de mousseline, grands,			
Rideaux de toile de coton, grands,			
Rideaux de mousseline, petits,			
Rideaux de linon, petits,			
Robe & Jupon de toile de coton,			
TOTAL			

ARTICLE	liv.	s.	d.
Robe & Jupon de mousseline,			
Robe & Jupon de linon,			
Robe & Jupon d'indienne,			
Rodingotte d'indienne,			
SACS à pelottes,			
Serre-têtes,			
Serviettes de toilette,			
Serviettes de garderobe,			
TABLIERS de Femme-de-chambre,			
Tabliers de coëffeur,			
Tayes d'oreillers garnies,			
Toilette garnie de mousseline,			
Tours de chaise,			
Tour de bassin,			
Linge des Enfans.			
BANDEAUX,			
Bandes,			
Bavoirs,			
Beguin,			
Brassieres de futaine,			
Brassieres de flanelle,			
CALÇONS,			
Camisoles de mousseline,			
Camisoles de toile de coton,			
Camisoles d'indienne,			
Camisoles de futaine,			
Chaussettes,			
Chaussons,			
Chemises de jour, de garçon,			
Chemises de nuit, de garçon,			
Chemises de jour, de demoiselle			
Chemises de nuit, de demoiselle,			
Chemises petites,			
Chemises-robes de mousseline,			
Chemises-robe d'indienne,			
Collerettes de mousseline,			
Cols de mousseline,			
Couches,			
Couvres-pieds garnis,			
Culottes de draps de coton,			
Culottes de basin,			
Culottes de toile de coton,			
DESHABILLERS de toile de coton,			
TOTAL			

ARTICLE	liv.	s.	d.
Deshabillers d'indienne,			
FOURREAUX de toile de coton,			
Fourreaux de linon,			
Fourreaux d'indienne,			
GARNITURES de lit,			
Gillets de basin,			
Gillets de toile de coton,			
JACTONS,			
Jupons de toile de coton garnis,			
Jupons de basin garnis,			
Jupons de futaine,			
Jupons de moleton,			
LANGES piqués,			
Lange de futaine,			
Lange de laine,			
Linge de toilette,			
MANTELETS de mousseline,			
Manchettes de garçon,			
Matelots de toile,			
Matelots de Nankin,			
Mouchoirs de toile,			
Mouchoirs de batiste,			
PAIRES de bas de coton,			
paires de bas de fil,			
paires de bas petits,			
paires de bas de laine,			
paires de poches,			
Peignoirs,			
Pierrots & Jupon de linon,			
Pierrots & Jupon de mousseline,			
Pieces d'estomac,			
ROBES & Jupons de toile de coton,			
Robes & Jupons de mousseline,			
Robes & Jupons d'indienne,			
Robe de chambre,			
TETIERES,			
Tours de bonnet,			
Tours de chaises,			
VESTES de basin,			
Vestes de toile de coton,			
Vestes de nankin,			
Vestes de drap de coton.			
TOTAL			

ARTICLE	liv.	s.	d.
Linge d'Office.			
CHAUSSES à passer,			
ESSUIE-MAINS,			
NAPES damassées,			
Napes à linteaux,			
Napes à grains d'orge,			
Napes ouvrées,			
Napes d'office,			
Napes petites,			
Napes de venise,			
Napes de cuisine,			
PAQUETS de Torchons,			
SERVIETTES d'amassées,			
Serviettes à linteaux,			
Serviettes à grains d'orge,			
Serviettes ouvrées,			
Serviettes de Venise]			
TABLIERS d'office,			
Tabliers de cuisine,			
Torchons,			
Linge de la Femme de Chambre.			
BANDEAUX,			
Bonnets ronds,			
Bonnets piqués,			
CAMISOLES de toile de coton,			
Camisoles d'indienne,			
Chemises,			
Corset de toile,			
Corset de basin,			
DESHABILLÉ complet de toile de coton,			
Deshabillé complet d'indienne,			
FICHUS de mousseline,			
Fichus de linon,			
JUPONS piqués,			
Jupons houettés,			
Jupons de toile de coton,			
LINGE de toilette,			
MOUCHOIRS blancs,			
Mouchoirs de couleur,			
PAIRES de poches,			
paires de bas de coton,			
paires de bas de fil,			
TOTAL			

ARTICLE	liv.	s.
ROBE & Jupon d'indienne,		
Robe & Jupons de toile de coton,		
Robe & Jupon de mousseline,		
SERRE-TÊTES.		
Linge de la Cuisiniere.		
BONNETS ronds,		
Bonnets piqués,		
CAMISOLES d'indienne,		
Camisoles de toile de coton,		
Chemises,		
DESHABILLÉ compl. de toile de cot.		
Deshabiller complet d'indienne,		
FICHUS de mousseline,		
Fichus de linon,		
JUPONS piqués,		
Jupons de toile de coton,		
Jupons d'indienne,		
LINGE de toilette,		
MOUCHOIRS blancs,		
Mouchoirs de couleur,		
PAIRES de poches,		
paires de bas de laine,		
paires de bas de coton,		
paires de bas de fil,		
ROBE & Jupon d'indienne,		
Robe & Jupon de toile de coton,		
SERRE-TETE,		
Linge du Domestique.		
BONNETS de coton,		
Bonnets de laine,		
CALÇONS,		
Chemises,		
Cols,		
Cravattes,		
Culottes blanches,		
Culotte de Nankin,		
MOUCHOIRS,		
PAIRES de bas de coton,		
paires de bas de fil,		
paires de bas de laine,		
paires de bas de filoselle,		
paires de chaussons,		
VESTES blanches,		
Vestes de Nankin,		
TOTAL		

le DU MOIS d

donné à blanchir

SÇAVOIR à Monsieur,

ARTICLE	liv.	s.	d.
BANDEAUX,			
Bonnets de coton,			
Bonnets de laine,			
Brètelles.			
CALÇONS de toile,			
Calçons de futaine,			
Camisoles de toile,			
Camisoles de futaine,			
Camisoles d'indienne,			
Chaussettes,			
Chemises de jour, garnies,			
Chemises de nuit,			
Coîffes de Bonnets,			
Cols de mousseline,			
Cols de basin,			
Cravattes de mousseline,			
Cravattes de batiste,			
Culottes de basin,			
Culottes de toile de coton,			
Culottes de draps de coton,			
Culottes de Nankin,			
ESSUIE-MAINS,			
FROTTOIRS,			
GANTS de fil,			
Gillets de basin,			
Gillets de flanelle,			
Guêtres de toile,			
Gillets de futaine,			
Gillets de toile de coton,			
LINGE à barbe,			
MANCHETTES de mousseline,			
Manchettes de batiste,			
Manchettes effilées,			
Manchettes de bottes,			
TOTAL			

ARTICLE	liv.	s.	d.
Mouchoirs des indes,			
Mouchoirs de toile blanche,			
Mouchoirs de batiste,			
Mouchoirs de couleurs,			
NAPES,			
PAIRES de draps de maître,			
paires de draps de domestique,			
paires de bas de fil,			
paires de bas de coton,			
paires de bas de laine,			
paires de bas de filosele,			
paires de chaussons de toile,			
paires de chaussons de tricot,			
Pantalon de moleton,			
Pantalon de toile,			
Pantalon de tricot,			
Peignoirs,			
Pieces d'estomac,			
ROBE-de-chambre d'indienne,			
Robe-de-chambre piquée,			
SACS à pelottes,			
Serre-têtes,			
Serviettes de toilette,			
Suspensoirs,			
TABLIER du matin,			
Tayes d'oreillers,			
VESTES de basin,			
Vestes de drap de coton			
Vestes de Mousseline,			
Vestes de Nankin,			
Vestes piquées,			
Vestes de toile de coton,			
TOTAL			

SÇAVOIR, à Madame

ARTICLE	liv.	s.	d.
BANDES à saigner,			
Bandeaux,			
Bastiennes,			
Blouses,			
Bonnets piqués,			
Bonnets ronds de mousseline,			
Bonnets ronds de linon,			
Bonnets ronds de dentelle			
CAMISOLES de mousseline garnies,			
Camisoles de toile de coton garnies,			
Camisoles piquées garnies,			
Camisoles houettées garnies,			
Chemises de jour,			
Chemises de nuit,			
Chemises de batiste,			
Chemises de bain,			
Chemises-robes de mousseline,			
Chemises-robe d'indienne,			
Chemise-robe, de linon,			
Coiffes de mousseline,			
Collerette,			
Corset de toile de coton garnis,			
Corsets de basin garnis,			
Corsets de toile fine garnis,			
Courtes-pointes,			
Couverture de coton,			
Couvre-pieds piqués garnis,			
Couvre-pieds de mousseline,			
Couvre-meuble,			
DRAPS de maîtres,			
Draps sans couture,			
Draps de domestique,			
Deshabillers garnis,			
ESSUIE-MAINS			
FOURREAUX de toile de coton,			
Fourreaux de mousseline,			
Fourreaux d'indienne,			
Fourreaux de linon,			
Fichus de mousseline,			
TOTAL			

ARTICLE	liv.	s.	d.
Fichus de batiste,			
Fichus doubles,			
Fichus de linon,			
Fichus frisés,			
Fraisettes de mousseline,			
Frottoirs de futaine,			
Frottoirs de flannelle,			
GARNITURES de lit de toile,			
Gaule de mousseline,			
Gaule d'indienne,			
HOUPELANDE,			
JUPONS piqués, blancs, garnis,			
Jupons de moleton,			
Jupons de futaine,			
Jupons de basin garnis,			
Jupons de granat,			
Jupons houettés, garnis,			
Jupons de linon,			
Jupons de mousseline,			
LINGE de toilette,			
Linge de Garde-robe,			
Linges de baignoir,			
MANTELETS de mousseline,			
Mouchoirs de toile blanche,			
Mouchoirs de batiste,			
Mouchoirs des indes,			
PAIRES de poches de basin, garnies,			
Paires de poches de toile, garnies,			
paire de bas de coton,			
Peignoirs de toile,			
Peignoirs de Mousseline,			
Pieces d'estomac,			
Pierrot & Jupon de linon,			
RIDEAUX de mousseline, grands,			
Rideaux de toile de coton, grands,			
Rideaux de mousseline, petits,			
Rideaux de linon, petits,			
Robe & Jupon de toile de coton,			
TOTAL			

ARTICLE	liv.	f.	d.
Robe & Jupon de mouffeline,			
Robe & Jupon de linon,			
Robe & Jupon d'indienne,			
Rodingotte d'indienne,			
SACS à pelottes,			
Serre-têtes,			
Serviettes de toilette,			
Serviettes de garderobe,			
TABLIERS de Femme-de-chambre,			
Tabliers de coëffeur,			
Tayes d'oreillers garnies,			
Toilette garnie de mouffeline,			
Tours de chaife,			
Tour de baffin,			
Linge des Enfans.			
BANDEAUX,			
Bandes,			
Bavoirs;			
Beguin,			
Braffieres de futaine;			
Braffieres de flanelle,			
CALÇONS,			
Camifoles de mouffeline,			
Camifoles de toile de coton,			
Camifoles d'indienne,			
Camifoles de futaine,			
Chauffettes,			
Chauffons,			
Chemifes de jour, de garçon,			
Chemifes de nuit, de garçon,			
Chemifes de jour, de demoifelle			
Chemifes de nuit, de demoifelle,			
Chemifes petites,			
Chemifes-robes de mouffeline,			
Chemifes-robe d'indienne,			
Collerettes de mouffeline,			
Cols de mouffeline,			
Couches,			
Couvres-pieds garnis;			
Culottes de draps de coton;			
Culottes de bafin,			
Culottes de toile de coton,			
DESHABILLERS de toile de coton,			
TOTAL			

ARTICLE	liv.	f.	d.
Deshabillers d'indienne,			
FOURREAUX de toile de coton,			
Fourreaux de linon,			
Fourreaux d'indienne,			
GARNITURES de lit,			
Gillets de bafin,			
Gillets de toile de coton;			
JACTONS,			
Jupons de toile de coton garnis,			
Jupons de bafin garnis,			
Jupons de futaine,			
Jupons de moleton,			
LANGES piqués;			
Lange de futaine,			
Lange de laine,			
Linge de toilette,			
MANTELETS de mouffeline,			
Manchettes de garçon,			
Matelots de toile,			
Matelots de Nankin,			
Mouchoirs de toile,			
Mouchoirs de batifte,			
PAIRES de bas de coton;			
paires de bas de fil,			
paires de bas petits,			
paires de bas de laine,			
paires de poches,			
Peignoirs,			
Pierrots & Jupon de linon,			
Pierrots & Jupon de mouffeline,			
Pieces d'eftomac,			
ROBES & Jupons de toile de coton,			
Robes & Jupons de mouffeline,			
Robes & Jupons d'indienne,			
Robe de chambre,			
TETIERES,			
Tours de bonnet,			
Tours de chaifes,			
VESTES de bafin,			
Veftes de toile de coton,			
Veftes de nankin,			
Veftes de drap de coton.			
TOTAL			

ARTICLE	liv.	f.	d.
Linge d'Office.			
CHAUSSES à passer,			
ESSUIE-MAINS,			
NAPES damassées,			
Napes à linteaux,			
Napes à grains d'orge,			
Napes ouvrées,			
Napes d'office,			
Napes petites,			
Napes de venise,			
Napes de cuisine,			
PAQUETS de Torchons,			
SERVIETTES d'amassées,			
Serviettes à linteaux,			
Serviettes à grains d'orge,			
Serviettes ouvrées,			
Serviettes de Venise,			
TABLIERS d'office,			
Tabliers de cuisine,			
Torchons,			
Linge de la Femme de Chambre.			
BANDEAUX,			
Bonnets ronds,			
Bonnets piqués,			
CAMISOLES de toile de coton,			
Camisoles d'indienne,			
Chemises,			
Corset de toile,			
Corset de basin,			
DESHABILLÉ complet de toile de coton,			
Deshabillé complet d'indienne,			
FICHUS de mousseline,			
Fichus de linon,			
JUPONS piqués,			
Jupons houctrés,			
Jupons de toile de coton,			
LINGE de toilette,			
MOUCHOIRS blancs,			
Mouchoirs de couleur,			
PAIRES de poches,			
paires de bas de coton,			
paires de bas de fil,			
TOTAL			

ARTICLE	liv.	f.	d.
ROBE & Jupon d'indienne,			
Robe & Jupons de toile de coton,			
Robe & Jupon de mousseline,			
SERRE-TÊTES.			
Linge de la Cuisiniere.			
BONNETS ronds,			
Bonnets piqués,			
CAMISOLES d'indienne,			
Camisoles de toile de coton,			
Chemises,			
DESHABILLÉ compl. de toile de cot.			
Deshabiller complet d'indienne,			
FICHUS de mousseline,			
Fichus de linon,			
JUPONS piqués,			
Jupons de toile de coton,			
Jupons d'indienne,			
LINGE de toilette,			
MOUCHOIRS blancs,			
Mouchoirs de couleur,			
PAIRES de poches,			
paires de bas de laine,			
paires de bas de coton,			
paires de bas de fil,			
ROBE & Jupon d'indienne,			
Robe & Jupon de toile de coton,			
SERRE-TETE,			
Linge du Domestique.			
BONNETS de coton,			
Bonnets de laine,			
CALÇONS,			
Chemises,			
Cols,			
Cravattes,			
Culottes blanches,			
Culotte de Nankin,			
MOUCHOIRS,			
PAIRES de bas de coton,			
paires de bas de fil,			
paires de bas de laine,			
paires de bas de filoselle,			
paires de chaussons,			
VESTES blanches,			
Vestes de Nankin,			
TOTAL			

le DU MOIS d 178

donné à blanchir

SÇAVOIR à Monsieur.

ARTICLE	liv.	s.	d.
BANDEAUX,			
Bonnets de coton,			
Bonnets de laine,			
Bretelles.			
CALÇONS de toile,			
Calçons de futaine,			
Camisoles de toile,			
Camisoles de futaine,			
Camisoles d'indienne,			
Chaussettes,			
Chemises de jour, garnies,			
Chemises de nuit,			
Coïffes de Bonnets,			
Cols de mousseline,			
Cols de basin,			
Cravattes de mousseline,			
Cravattes de batiste,			
Culottes de basin,			
Culottes de toile de coton,			
Culottes de draps de coton,			
Culottes de Nankin,			
ESSUIE-MAINS,			
FROTTOIRS			
GANTS de fil,			
Gillets de basin,			
Gillets de flanelle,			
Guêtres de toile,			
Gillets de futaine,			
Gillets de toile de coton,			
LINGE à barbe,			
MANCHETTES de mousseline,			
Manchettes de batiste,			
Manchettes effilées,			
Manchettes de bottes,			
TOTAL			

ARTICLE	liv.	s.	d.
Mouchoirs des indes,			
Mouchoirs de toile blanche,			
Mouchoirs de batiste,			
Mouchoirs de couleurs,			
NAPES,			
PAIRES de draps de maître,			
paires de draps de domestique,			
paires de bas de fil,			
paires de bas de coton,			
paires de bas de laine,			
paires de bas de filosele,			
paires de chaussons de toile,			
paires de chaussons de tricot,			
Pantalon de moleton,			
Pantalon de toile,			
Pantalon de tricot,			
Peignoirs,			
Pieces d'estomac,			
ROBE-de-chambre d'indienne,			
Robe-de-chambre piquée,			
SACS à pelottes,			
Serre-têtes,			
Serviettes de toilette,			
Suspensoirs,			
TABLIER du matin,			
Tayes d'oreillers,			
VESTES de basin,			
Vestes de drap de coton			
Vestes de Mousseline,			
Vestes de Nankin,			
Vestes piquées,			
Vestes de toile de coton,			
TOTAL			

SÇAVOIR, à Madame

ARTICLE	liv.	s.	d.
BANDES à saigner,			
Bandeaux,			
Bastiennes,			
Blouses,			
Bonnets piqués,			
Bonnets ronds de mousseline,			
Bonnets ronds de linon,			
Bonnets ronds de dentelle			
CAMISOLES de mousseline garnies,			
Camisoles de toile de coton garnies,			
Camisoles piquées garnies,			
Camisoles houettées garnies,			
Chemises de jour,			
Chemises de nuit,			
Chemises de batiste,			
Chemises de bain,			
Chemises-robes de mousseline,			
Chemises-robe d'indienne,			
Chemise-robe, de linon,			
Coiffes de mousseline,			
Collerette,			
Corset de toile de coton garnis,			
Corsets de basin garnis,			
Corsets de toile fine garnis,			
Courtes-pointes,			
Couverture de coton,			
Couvre-pieds piqués garnis,			
Couvre-pieds de mousseline,			
Couvre-meuble,			
DRAPS de maîtres,			
Draps sans couture,			
Draps de domestique,			
Deshabillers garnis,			
ESSUIE-MAINS,			
FOURREAUX de toile de coton,			
Fourreaux de mousseline,			
Fourreaux d'indienne,			
Fourreaux de linon,			
Fichus de mousseline,			
TOTAL			

ARTICLE	liv.	s.	d.
Fichus de batiste,			
Fichus doubles,			
Fichus de linon,			
Fichus frisés,			
Fraisettes de mousseline,			
Frottoirs de futaine,			
Frottoirs de flannelle,			
GARNITURES de lit de toile,			
Gaule de mousseline,			
Gaule d'indienne,			
HOUPELANDE,			
JUPONS piqués, blancs, garnis,			
Jupons de moleton,			
Jupons de futaine,			
Jupons de basin garnis,			
Jupons de granat,			
Jupons houettés, garnis,			
Jupons de linon,			
Jupons de mousseline,			
LINGE de toilette,			
Linge de Garde-robe,			
Linges de baignoir,			
MANTELETS de mousseline,			
Mouchoirs de toile blanche,			
Mouchoirs de batiste,			
Mouchoirs des indes,			
PAIRES de poches de basin, garnies,			
Paires de poches de toile, garnies,			
paire de bas de coton,			
Peignoirs de toile,			
Peignoirs de Mousseline,			
Pieces d'estomac,			
Pierrot & Jupon de linon,			
RIDEAUX de mousseline, grands,			
Rideaux de toile de coton, grands,			
Rideaux de mousseline, petits,			
Rideaux de linon, petits,			
Robe & Jupon de toile de coton,			
TOTAL			

ARTICLE	liv.	s.	d.
Robe & Jupon de mousseline,			
Robe & Jupon de linon,			
Robe & Jupon d'indienne,			
Rodingotte d'indienne,			
SACS à pelottes,			
Serre-têtes,			
Serviettes de toilette,			
Serviettes de garderobe,			
TABLIERS de Femme-de-chambre,			
Tabliers de coëffeur,			
Tayes d'oreillers garnies,			
Toilette garnie de mousseline,			
Tours de chaise,			
Tour de bassin,			
Linge des Enfans.			
BANDEAUX,			
Bandes,			
Bavoirs,			
Beguin,			
Brassieres de futaine,			
Brassieres de flanelle,			
CALÇONS,			
Camisoles de mousseline,			
Camisoles de toile de coton,			
Camisoles d'indienne,			
Camisoles de futaine,			
Chaussettes,			
Chaussons,			
Chemises de jour, de garçon,			
Chemises de nuit, de garçon,			
Chemises de jour, de demoiselle			
Chemises de nuit, de demoiselle,			
Chemises petites,			
Chemises-robes de mousseline,			
Chemises-robe d'indienne,			
Collerettes de mousseline,			
Cols de mousseline,			
Couches,			
Couvres-pieds garnis,			
Culottes de draps de coton,			
Culottes de basin,			
Culottes de toile de coton,			
DESHABILLERS de toile de coton,			
TOTAL			

ARTICLE	liv.	s.	d.
Deshabillers d'indienne,			
FOURREAUX de toile de coton,			
Fourreaux de linon,			
Fourreaux d'indienne,			
GARNITURES de lit,			
Gillets de basin,			
Gillets de toile de coton,			
JACTONS,			
Jupons de toile de coton garnis,			
Jupons de basin garnis,			
Jupons de futaine,			
Jupons de moleton,			
LANGES piqués,			
Lange de futaine,			
Lange de laine,			
Linge de toilette,			
MANTELETS de mousseline,			
Manchettes de garçon,			
Matelots de toile,			
Matelots de Nankin,			
Mouchoirs de toile,			
Mouchoirs de batiste,			
PAIRES de bas de coton,			
paires de bas de fil,			
paires de bas petits,			
paires de bas de laine,			
paires de poches,			
Peignoirs,			
Pierrots & Jupon de linon,			
Pierrots & Jupon de mousseline,			
Pieces d'estomac,			
ROBES & Jupons de toile de coton,			
Robes & Jupons de mousseline,			
Robes & Jupons d'indienne,			
Robe de chambre,			
TETIERES,			
Tours de bonnet,			
Tours de chaises,			
VESTES de basin,			
Vestes de toile de coton,			
Vestes de nankin,			
Vestes de drap de coton.			
TOTAL			

ARTICLE	liv.	f.	d.
Linge d'Office.			
CHAUSSES à passer,			
ESSUIE-MAINS,			
NAPES damassées,			
Napes à linteaux,			
Napes à grains d'orge,			
Napes ouvrées,			
Napes d'office,			
Napes petites,			
Napes de venise,			
Napes de cuisine,			
PAQUETS de Torchons,			
SERVIETTES d'amassées,			
Serviettes à linteaux,			
Serviettes à grains d'orge,			
Serviettes ouvrées,			
Serviettes de Venise,			
TABLIERS d'office,			
Tabliers de cuisine,			
Torchons,			
Linge de la Femme de Chambre.			
BANDEAUX,			
Bonnets ronds,			
Bonnets piqués,			
CAMISOLES de toile de coton,			
Camisoles d'indienne,			
Chemises,			
Corset de toile,			
Corset de basin,			
DESHABILLÉ complet de toile de coton,			
Deshabillé complet d'indienne,			
FICHUS de mousseline,			
Fichus de linon,			
JUPONS piqués,			
Jupons houetrés,			
Jupons de toile de coton,			
LINGE de toilette,			
MOUCHOIRS blancs,			
Mouchoirs de couleur,			
PAIRES de poches,			
paires de bas de coton,			
paires de bas de fil,			
TOTAL			

ARTICLE	liv.	f.
ROBE & Jupon d'indienne,		
Robe & Jupons de toile de coton,		
Robe & Jupon de mousseline,		
SERRE-TÊTES.		
Linge de la Cuisiniere.		
BONNETS ronds,		
Bonnets piqués,		
CAMISOLES d'indienne,		
Camisoles de toile de coton,		
Chemises,		
DESHABILLÉ compl. de toile de cot.		
Deshabiller complet d'indienne,		
FICHUS de mousseline,		
Fichus de linon,		
JUPONS piqués,		
Jupons de toile de coton,		
Jupons d'indienne,		
LINGE de toilette,		
MOUCHOIRS blancs,		
Mouchoirs de couleur,		
PAIRES de poches,		
paires de bas de laine,		
paires de bas de coton,		
paires de bas de fil,		
ROBE & Jupon d'indienne,		
Robe & Jupon de toile de coton,		
SERRE-TETE,		
Linge du Domestique.		
BONNETS de coton,		
Bonnets de laine,		
CALÇONS,		
Chemises,		
Cols,		
Cravattes,		
Culottes blanches,		
Culotte de Nankin,		
MOUCHOIRS,		
PAIRES de bas de coton,		
paires de bas de fil,		
paires de bas de laine,		
paires de bas de filoselle,		
paires de chaussons,		
VESTES blanches,		
Vestes de Nankin,		
TOTAL		

le DU MOIS d 178

donné à blanchir

SÇAVOIR à Monsieur.

ARTICLE	liv.	s.	d.
BANDEAUX,			
Bonnets de coton,			
Bonnets de laine,			
Bretelles.			
CALÇONS de toile,			
Calçons de futaine,			
Camisoles de toile,			
Camisoles de futaine,			
Camisoles d'indienne,			
Chaussettes,			
Chemises de jour, garnies,			
Chemises de nuit,			
Coiffes de Bonnets,			
Cols de mousseline,			
Cols de basin,			
Cravattes de mousseline,			
Cravattes de batiste,			
Culottes de basin,			
Culottes de toile de coton,			
Culottes de draps de coton,			
Culottes de Nankin,			
ESSUIE-MAINS,			
FROTTOIRS,			
GANTS de fil,			
Gillets de basin,			
Gillets de flanelle,			
Guêtres de toile,			
Gillets de futaine,			
Gillets de toile de coton,			
LINGE à barbe,			
MANCHETTES de mousseline,			
Manchettes de batiste,			
Manchettes effilées,			
Manchettes de bottes,			
TOTAL			

ARTICLE	liv.	s.	d.
Mouchoirs des indes,			
Mouchoirs de toile blanche,			
Mouchoirs de batiste,			
Mouchoirs de couleurs,			
NAPES,			
PAIRES de draps de maître,			
paires de draps de domestique,			
paires de bas de fil,			
paires de bas de coton,			
paires de bas de laine,			
paires de bas de filosele,			
paires de chaussons de toile,			
paires de chaussons de tricot,			
Pantalon de moleton,			
Pantalon de toile,			
Pantalon de tricot,			
Peignoirs,			
Pieces d'estomac,			
ROBE-de-chambre d'indienne,			
Robe-de-chambre piquée,			
SACS à pelottes,			
Serre-têtes,			
Serviettes de toilette,			
Suspensoirs,			
TABLIER du matin,			
Tayes d'oreillers,			
VESTES de basin,			
Vestes de drap de coton			
Vestes de Mousseline,			
Vestes de Nankin,			
Vestes piquées,			
Vestes de toile de coton,			
TOTAL			

SÇAVOIR, à Madame

ARTICLE	liv.	ſ.	d.
BANDES à ſaigner,			
Bandeaux,			
Baſtiennes,			
Blouſes,			
Bonnets piqués,			
Bonnets ronds de mouſſeline,			
Bonnets ronds de linon,			
Bonnets ronds de dentelle			
CAMISOLES de mouſſeline garnies,			
Camiſoles de toile de coton garnies,			
Camiſoles piquées garnies,			
Camiſoles houettées garnies,			
Chemiſes de jour,			
Chemiſes de nuit,			
Chemiſes de batiſte,			
Chemiſes de bain,			
Chemiſes-robes de mouſſeline,			
Chemiſes-robe d'indienne,			
Chemiſe-robe, de linon,			
Coïffes de mouſſeline,			
Collerette,			
Corſet de toile de coton garnis,			
Corſets de baſin garnis,			
Corſets de toile fine garnis,			
Courtes-pointes,			
Couverture de coton,			
Couvre-pieds piqués garnis,			
Couvre-pieds de mouſſeline,			
Couvre-meuble,			
DRAPS de maîtres,			
Draps ſans couture,			
Draps de domeſtique,			
Deshabillers garnis,			
ESSUIE-MAINS			
FOURREAUX de toile de coton,			
Fourreaux de mouſſeline,			
Fourreaux d'indienne,			
Fourreaux de linon,			
Fichus de mouſſeline,			
TOTAL			

ARTICLE	liv.	ſ.	d.
Fichus de batiſte,			
Fichus doubles,			
Fichus de linon,			
Fichus friſés,			
Fraiſettes de mouſſeline,			
Frottoirs de futaine,			
Frottoirs de flannelle,			
GARNITURES de lit de toile,			
Gaule de mouſſeline,			
Gaule d'indienne,			
HOUPELANDE,			
JUPONS piqués, blancs, garnis,			
Jupons de moleton,			
Jupons de futaine,			
Jupons de baſin garnis,			
Jupons de granat,			
Jupons houettés, garnis,			
Jupons de linon,			
Jupons de mouſſeline,			
LINGE de toilette,			
Linge de Garde-robe,			
Linges de baignoir,			
MANTELETS de mouſſeline,			
Mouchoirs de toile blanche,			
Mouchoirs de batiſte,			
Mouchoirs des indes,			
PAIRES de poches de baſin, garnies,			
Paires de poches de toile, garnies,			
paire de bas de coton,			
Peignoirs de toile,			
Peignoirs de Mouſſeline,			
Pieces d'eſtomac,			
Pierrot & Jupon de linon,			
RIDEAUX de mouſſeline, grands,			
Rideaux de toile de coton, grands,			
Rideaux de mouſſeline, petits,			
Rideaux de linon, petits,			
Robe & Jupon de toile de coton,			
TOTAL			

ARTICLE	liv.	ſ.	d.
Robe & Jupon de mouſſeline,			
Robe & Jupon de linon,			
Robe & Jupon d'indienne,			
Rodingotte d'indienne,			
SACS à pelottes,			
Serre-têtes,			
Serviettes de toilette,			
Serviettes de garderobe,			
TABLIERS de Femme-de-chambre,			
Tabliers de coëffeur,			
Tayes d'oreillers garnies,			
Toilette garnie de mouſſeline,			
Tours de chaiſe,			
Tour de baſſin,			
Linge des Enfans.			
BANDEAUX,			
Bandes,			
Bavoirs;			
Beguin,			
Braſſieres de futaine,			
Braſſieres de flanelle,			
CALÇONS,			
Camiſoles de mouſſeline,			
Camiſoles de toile de coton,			
Camiſoles d'indienne,			
Camiſoles de futaine,			
Chauſſettes,			
Chauſſons,			
Chemiſes de jour, de garçon,			
Chemiſes de nuit, de garçon,			
Chemiſes de jour, de demoiſelle			
Chemiſes de nuit, de demoiſelle,			
Chemiſes petites,			
Chemiſes-robes de mouſſeline,			
Chemiſes-robe d'indienne,			
Collerettes de mouſſeline,			
Cols de mouſſeline,			
Couches,			
Couvres-pieds garnis,			
Culottes de draps de coton,			
Culottes de baſin,			
Culottes de toile de coton,			
DESHABILLERS de toile de coton,			
TOTAL			

ARTICLE	liv.	ſ.	d.
Deſhabillers d'indienne,			
FOURREAUX de toile de coton,			
Fourreaux de linon,			
Fourreaux d'indienne,			
GARNITURES de lit,			
Gillets de baſin,			
Gillets de toile de coton,			
JACTONS,			
Jupons de toile de coton garnis,			
Jupons de baſin garnis,			
Jupons de futaine,			
Jupons de moleton,			
LANGES piqués,			
Lange de futaine,			
Lange de laine,			
Linge de toilette,			
MANTELETS de mouſſeline,			
Manchettes de garçon,			
Matelots de toile,			
Matelots de Nankin,			
Mouchoirs de toile,			
Mouchoirs de batiſte,			
PAIRES de bas de coton,			
paires de bas de fil,			
paires de bas petits,			
paires de bas de laine,			
paires de poches,			
Peignoirs,			
Pierrots & Jupon de linon,			
Pierrots & Jupon de mouſſeline,			
Pieces d'eſtomac,			
ROBES & Jupons de toile de coton,			
Robes & Jupons de mouſſeline,			
Robes & Jupons d'indienne,			
Robe de chambre,			
TETIERES,			
Tours de bonnet,			
Tours de chaiſes,			
VESTES de baſin,			
Veſtes de toile de coton,			
Veſtes de nankin,			
Veſtes de drap de coton.			
TOTAL			

ARTICLE	liv.	f.	d.
Linge d'Office.			
CHAUSSES à passer,			
ESSUIE-MAINS,			
NAPES damassées,			
Napes à linteaux,			
Napes à grains d'orge,			
Napes ouvrées,			
Napes d'office,			
Napes petites,			
Napes de venise,			
Napes de cuisine,			
PAQUETS de Torchons,			
SERVIETTES d'amassées,			
Serviettes à linteaux,			
Serviettes à grains d'orge,			
Serviettes ouvrées,			
Serviettes de Venise]			
TABLIERS d'office,			
Tabliers de cuisine,			
Torchons,			
Linge de la Femme de Chambre.			
BANDEAUX,			
Bonnets ronds,			
Bonnets piqués,			
CAMISOLES de toile de coton,			
Camisoles d'indienne,			
Chemises,			
Corset de toile,			
Corset de basin,			
DESHABILLÉ complet de toile de coton,			
Deshabillé complet d'indienne,			
FICHUS de mousseline,			
Fichus de linon,			
JUPONS piqués,			
Jupons houetrés,			
Jupons de toile de coton,			
LINGE de toilette,			
MOUCHOIRS blancs,			
Mouchoirs de couleur,			
PAIRES de poches,			
paires de bas de coton,			
paires de bas de fil,			
TOTAL			

ARTICLE	liv.	f.
ROBE & Jupon d'indienne,		
Robe & Jupons de toile de coton,		
Robe & Jupon de mousseline,		
SERRE-TÊTES.		
Linge de la Cuisiniere.		
BONNETS ronds,		
Bonnets piqués,		
CAMISOLES d'indienne,		
Camisoles de toile de coton,		
Chemises,		
DESHABILLÉ compl. de toile de cot.		
Deshabiller complet d'indienne,		
FICHUS de mousseline,		
Fichus de linon,		
JUPONS piqués,		
Jupons de toile de coton,		
Jupons d'indienne,		
LINGE de toilette,		
MOUCHOIRS blancs,		
Mouchoirs de couleur,		
PAIRES de poches,		
paires de bas de laine,		
paires de bas de coton,		
paires de bas de fil,		
ROBE & Jupon d'indienne,		
Robe & Jupon de toile de coton,		
SERRE-TETE,		
Linge du Domestique.		
BONNETS de coton,		
Bonnets de laine,		
CALÇONS,		
Chemises,		
Cols,		
Cravattes,		
Culottes blanches,		
Culotte de Nankin,		
MOUCHOIRS,		
PAIRES de bas de coton,		
paires de bas de fil,		
paires de bas de laine,		
paires de bas de filoselle,		
paires de chaussons,		
VESTES blanches,		
Vestes de Nankin,		
TOTAL		

le DU MOIS d 178

donné à blanchir

SÇAVOIR à Monsieur.

ARTICLE	liv.	s.	d.
BANDEAUX,			
Bonnets de coton,			
Bonnets de laine,			
Bretelles.			
CALÇONS de toile,			
Calçons de futaine,			
Camisoles de toile,			
Camisoles de futaine,			
Camisoles d'indienne,			
Chauffettes,			
Chemises de jour, garnies,			
Chemises de nuit,			
Coïffes de Bonnets,			
Cols de mousseline,			
Cols de basin,			
Cravattes de mousseline,			
Cravattes de batiste,			
Culottes de basin,			
Culottes de toile de coton,			
Culottes de draps de coton,			
Culottes de Nankin,			
ESSUIE-MAINS,			
FROTTOIRS			
GANTS de fil,			
Gillets de basin,			
Gillets de flanelle,			
Guêtres de toile,			
Gillets de futaine,			
Gillets de toile de coton,			
LINGE à barbe,			
MANCHETTES de mousseline,			
Manchettes de batiste,			
Manchettes effilées,			
Manchettes de bottes,			
TOTAL			

ARTICLE	liv.	s.	d.
Mouchoirs des indes,			
Mouchoirs de toile blanche,			
Mouchoirs de batiste,			
Mouchoirs de couleurs,			
NAPES,			
PAIRES de draps de maître,			
paires de draps de domestique,			
paires de bas de fil,			
paires de bas de coton,			
paires de bas de laine,			
paires de bas de filosele,			
paires de chaussons de toile,			
paires de chaussons de tricot,			
Pantalon de moleton,			
Pantalon de toile,			
Pantalon de tricot,			
Peignoirs,			
Pieces d'estomac,			
ROBE-de-chambre d'indienne,			
Robe-de-chambre piquée,			
SACS à pelottes,			
Serre-têtes,			
Serviettes de toilette,			
Suspensoirs,			
TABLIER du matin,			
Tayes d'oreillers,			
VESTES de basin,			
Vestes de drap de coton			
Vestes de Mousseline,			
Vestes de Nankin,			
Vestes piquées,			
Vestes de toile de coton,			
TOTAL			

SÇAVOIR, à Madame

ARTICLE	liv.	ſ.	d.
BANDES à ſaigner,			
Bandeaux,			
Baſtiennes,			
Blouſes,			
Bonnets piqués,			
Bonnets ronds de mouſſeline,			
Bonnets ronds de linon,			
Bonnets ronds de dentelle			
CAMISOLES de mouſſeline garnies,			
Camiſoles de toile de coton garnies,			
Camiſoles piquées garnies,			
Camiſoles houettées garnies,			
Chemiſes de jour,			
Chemiſes de nuit,			
Chemiſes de batiſte,			
Chemiſes de bain,			
Chemiſes-robes de mouſſeline,			
Chemiſes-robe d'indienne,			
Chemiſe-robe, de linon,			
Coïffes de mouſſeline,			
Collerette,			
Corſet de toile de coton garnis,			
Corſets de baſin garnis,			
Corſets de toile fine garnis,			
Courtes-pointes,			
Couverture de coton,			
Couvre-pieds piqués garnis,			
Couvre-pieds de mouſſeline,			
Couvre-meuble,			
DRAPS de maîtres,			
Draps ſans couture,			
Draps de domeſtique,			
Deshabillers garnis,			
ESSUIE-MAINS			
FOURREAUX de toile de coton,			
Fourreaux de mouſſeline,			
Fourreaux d'indienne,			
Fourreaux de linon,			
Fichus de mouſſeline,			
TOTAL			

ARTICLE	liv.	ſ.
Fichus de batiſte,		
Fichus doubles,		
Fichus de linon,		
Fichus friſés,		
Fraiſettes de mouſſeline,		
Frottoirs de futaine,		
Frottoirs de flannelle,		
GARNITURES de lit de toile,		
Gaule de mouſſeline,		
Gaule d'indienne,		
HOUPELANDE,		
JUPONS piqués, blancs, garnis,		
Jupons de moleton,		
Jupons de futaine,		
Jupons de baſin garnis,		
Jupons de granat,		
Jupons houettés, garnis,		
Jupons de linon,		
Jupons de mouſſeline,		
LINGE de toilette,		
Linge de Garde-robe,		
Linges de baignoir,		
MANTELETS de mouſſeline,		
Mouchoirs de toile blanche,		
Mouchoirs de batiſte,		
Mouchoirs des indes,		
PAIRES de poches de baſin, garnies,		
Paires de poches de toile, garnies,		
paire de bas de coton,		
Peignoirs de toile,		
Peignoirs de Mouſſeline,		
Pieces d'eſtomac,		
Pierrot & Jupon de linon,		
RIDEAUX de mouſſeline, grands,		
Rideaux de toile de coton, grands,		
Rideaux de mouſſeline, petits,		
Rideaux de linon, petits,		
Robe & Jupon de toile de coton,		
TOTAL		

ARTICLE	liv.	f.	d.
Robe & Jupon de mouffeline,			
Robe & Jupon de linon,			
Robe & Jupon d'indienne,			
Rodingotte d'indienne,			
SACS à pelottes,			
Serre-têtes,			
Serviettes de toilette,			
Serviettes de garderobe,			
TABLIERS de Femme-de-chambre,			
Tabliers de coëffeur,			
Tayes d'oreillers garnies,			
Toilette garnie de mouffeline,			
Tours de chaife,			
Tour de baffin,			
Linge des Enfans.			
BANDEAUX,			
Bandes,			
Bavoirs;			
Beguin,			
Braffieres de futaine,			
Braffieres de flanelle,			
CALÇONS,			
Camifoles de mouffeline,			
Camifoles de toile de coton,			
Camifoles d'indienne,			
Camifoles de futaine,			
Chauffettes,			
Chauffons,			
Chemifes de jour, de garçon,			
Chemifes de nuit, de garçon,			
Chemifes de jour, de demoifelle			
Chemifes de nuit, de demoifelle,			
Chemifes petites,			
Chemifes-robes de mouffeline,			
Chemifes-robe d'indienne,			
Collerettes de mouffeline,			
Cols de mouffeline,			
Couches,			
Couvres-pieds garnis,			
Culottes de draps de coton,			
Culottes de bafin,			
Culottes de toile de coton,			
DESHABILLERS de toile de coton,			
TOTAL			

ARTICLE	liv.	f.	d.
Deshabillers d'indienne,			
FOURREAUX de toile de coton,			
Fourreaux de linon,			
Fourreaux d'indienne,			
GARNITURES de lit,			
Gillets de bafin,			
Gillets de toile de coton,			
JACTONS,			
Jupons de toile de coton garnis,			
Jupons de bafin garnis,			
Jupons de futaine,			
Jupons de moleton,			
LANGES piqués,			
Lange de futaine,			
Lange de laine,			
Linge de toilette,			
MANTELETS de mouffeline,			
Manchettes de garçon,			
Matelots de toile,			
Matelots de Nankin,			
Mouchoirs de toile,			
Mouchoirs de batifte,			
PAIRES de bas de coton,			
paires de bas de fil,			
paires de bas petits,			
paires de bas de laine,			
paires de poches,			
Peignoirs,			
Pierrots & Jupon de linon,			
Pierrots & Jupon de mouffeline,			
Pieces d'eftomac,			
ROBES & Jupons de toile de coton,			
Robes & Jupons de mouffeline,			
Robes & Jupons d'indienne,			
Robe de chambre,			
TETIERES,			
Tours de bonnet,			
Tours de chaifes,			
VESTES de bafin,			
Veftes de toile de coton,			
Veftes de nankin,			
Veftes de drap de coton.			
TOTAL			

ARTICLE	liv.	ſ.	d.

Linge d'Office.

CHAUSSES à paſſer,
ESSUIE-MAINS,
NAPES damaſſées,
Napes à linteaux,
Napes à grains d'orge,
Napes ouvrées,
Napes d'office,
Napes petites,
Napes de veniſe,
Napes de cuiſine,
PAQUETS de Torchons,
SERVIETTES d'amaſſées,
Serviettes à linteaux,
Serviettes à grains d'orge,
Serviettes ouvrées,
Serviettes de Veniſe,
TABLIERS d'office,
Tabliers de cuiſine,
Torchons,

Linge de la Femme de Chambre.

BANDEAUX,
Bonnets ronds,
Bonnets piqués,
CAMISOLES de toile de coton,
Camiſoles d'indienne,
Chemiſes,
Corſet de toile,
Corſet de baſin,
DESHABILLÉ complet de toile de coton,
Deshabillé complet d'indienne,
FICHUS de mouſſeline,
Fichus de linon,
JUPONS piqués,
Jupons houettés,
Jupons de toile de coton,
LINGE de toilette,
MOUCHOIRS blancs,
Mouchoirs de couleur,
PAIRES de poches,
paires de bas de coton,
paires de bas de fil,

TOTAL

ARTICLE	liv.	ſ.

ROBE & Jupon d'indienne,
Robe & Jupons de toile de coton,
Robe & Jupon de mouſſeline,
SERRE-TÊTES.

Linge de la Cuiſiniere.

BONNETS ronds,
Bonnets piqués,
CAMISOLES d'indienne,
Camiſoles de toile de coton,
Chemiſes,
DESHABILLÉ compl. de toile de cot.
Deshabiller complet d'indienne,
FICHUS de mouſſeline,
Fichus de linon,
JUPONS piqués,
Jupons de toile de coton,
Jupons d'indienne,
LINGE de toilette,
MOUCHOIRS blancs,
Mouchoirs de couleur,
PAIRES de poches,
paires de bas de laine,
paires de bas de coton,
paires de bas de fil,
ROBE & Jupon d'indienne,
Robe & Jupon de toile de coton,
SERRE-TETE,

Linge du Domeſtique.

BONNETS de coton,
Bonnets de laine,
CALÇONS,
Chemiſes,
Cols,
Cravattes,
Culottes blanches,
Culotte de Nankin,
MOUCHOIRS,
PAIRES de bas de coton,
paires de bas de fil,
paires de bas de laine,
paires de bas de filoſelle,
paires de chauſſons,
VESTES blanches,
Veſtes de Nankin,

TOTAL

(1)

le DU MOIS d 178

donné à blanchir

SÇAVOIR à Monsieur.

ARTICLE	liv.	s.	d.
BANDEAUX,			
Bonnets de coton,			
Bonnets de laine,			
Bretelles.			
CALÇONS de toile,			
Calçons de futaine,			
Camisoles de toile,			
Camisoles de futaine,			
Camisoles d'indienne,			
Chaussettes,			
Chemises de jour, garnies,			
Chemises de nuit,			
Coiffes de Bonnets,			
Cols de mousseline,			
Cols de basin,			
Cravattes de mousseline,			
Cravattes de batiste,			
Culottes de basin,			
Culottes de toile de coton,			
Culottes de draps de coton,			
Culottes de Nankin,			
ESSUIE-MAINS,			
FROTTOIRS,			
GANTS de fil,			
Gillets de basin,			
Gillets de flanelle,			
Guêtres de toile,			
Gillets de futaine,			
Gillets de toile de coton,			
LINGE à barbe,			
MANCHETTES de mousseline,			
Manchettes de batiste,			
Manchettes effilées,			
Manchettes de bottes,			
TOTAL			

ARTICLE	liv.	s.	d.
Mouchoirs des indes,			
Mouchoirs de toile blanche,			
Mouchoirs de batiste,			
Mouchoirs de couleurs,			
NAPES,			
PAIRES de draps de maître,			
paires de draps de domestique,			
paires de bas de fil,			
paires de bas de coton,			
paires de bas de laine,			
paires de bas de filosele,			
paires de chaussons de toile,			
paires de chaussons de tricot,			
Pantalon de moleton,			
Pantalon de toile,			
Pantalon de tricot,			
Peignoirs,			
Pieces d'estomac,			
ROBE-de-chambre d'indienne,			
Robe-de-chambre piquée,			
SACS à pelottes,			
Serre-têtes,			
Serviettes de toilette,			
Suspensoirs,			
TABLIER du matin,			
Tayes d'oreillers,			
VESTES de basin,			
Vestes de drap de coton			
Vestes de Mousseline,			
Vestes de Nankin,			
Vestes piquées,			
Vestes de toile de coton,			
TOTAL			

SÇAVOIR, à Madame

Article	liv.	s.	d.
Bandes à saigner,			
Bandeaux,			
Bastiennes,			
Blouses,			
Bonnets piqués,			
Bonnets ronds de mousseline,			
Bonnets ronds de linon,			
Bonnets ronds de dentelle			
Camisoles de mousseline garnies,			
Camisoles de toile de coton garnies,			
Camisoles piquées garnies,			
Camisoles houettées garnies,			
Chemises de jour,			
Chemises de nuit,			
Chemises de batiste,			
Chemises de bain,			
Chemises-robes de mousseline,			
Chemises-robe d'indienne,			
Chemise-robe, de linon,			
Coiffes de mousseline,			
Collerette,			
Corset de toile de coton garnis,			
Corsets de basin garnis,			
Corsets de toile fine garnis,			
Courtes-pointes,			
Couverture de coton,			
Couvre-pieds piqués garnis,			
Couvre-pieds de mousseline,			
Couvre-meuble,			
Draps de maîtres,			
Draps sans couture,			
Draps de domestique,			
Deshabillers garnis,			
Essuie-mains			
Fourreaux de toile de coton,			
Fourreaux de mousseline,			
Fourreaux d'indienne,			
Fourreaux de linon,			
Fichus de mousseline,			
Total			

Article	liv.	s.	d.
Fichus de batiste,			
Fichus doubles,			
Fichus de linon,			
Fichus frisés,			
Fraisettes de mousseline,			
Frottoirs de futaine,			
Frottoirs de flannelle,			
Garnitures de lit de toile,			
Gaule de mousseline,			
Gaule d'indienne,			
Houpelande,			
Jupons piqués, blancs, garnis,			
Jupons de moleton,			
Jupons de futaine,			
Jupons de basin garnis,			
Jupons de granat,			
Jupons houettés, garnis,			
Jupons de linon,			
Jupons de mousseline,			
Linge de toilette,			
Linge de Garde-robe,			
Linges de baignoir,			
Mantelets de mousseline,			
Mouchoirs de toile blanche,			
Mouchoirs de batiste,			
Mouchoirs des indes,			
Paires de poches de basin, garnies,			
Paires de poches de toile, garnies,			
paire de bas de coton,			
Peignoirs de toile,			
Peignoirs de Mousseline,			
Pieces d'estomac,			
Pierrot & Jupon de linon,			
Rideaux de mousseline, grands,			
Rideaux de toile de coton, grands,			
Rideaux de mousseline, petits,			
Rideaux de linon, petits,			
Robe & Jupon de toile de coton,			
Total			

ARTICLE	liv.	s.	d.
Robe & Jupon de mousseline,			
Robe & Jupon de linon,			
Robe & Jupon d'indienne,			
Rodingotte d'indienne,			
SACS à pelottes,			
Serre-têtes,			
Serviettes de toilette,			
Serviettes de garderobe,			
TABLIERS de Femme-de-chambre,			
Tabliers de coëffeur,			
Tayes d'oreillers garnies,			
Toilette garnie de mousseline,			
Tours de chaise,			
Tour de bassin,			
Linge des Enfans.			
BANDEAUX,			
Bandes,			
Bavoirs;			
Beguin,			
Brassieres de futaine;			
Brassieres de flanelle,			
CALÇONS,			
Camisoles de mousseline,			
Camisoles de toile de coton,			
Camisoles d'indienne,			
Camisoles de futaine,			
Chaussettes,			
Chaussons,			
Chemises de jour, de garçon,			
Chemises de nuit, de garçon,			
Chemises de jour, de demoiselle			
Chemises de nuit, de demoiselle,			
Chemises petites,			
Chemises-robes de mousseline,			
Chemises-robe d'indienne,			
Collerettes de mousseline,			
Cols de mousseline,			
Couches,			
Couvres-pieds garnis;			
Culottes de draps de coton,			
Culottes de basin,			
Culottes de toile de coton,			
DESHABILLERS de toile de coton,			
TOTAL			

ARTICLE	liv.	s.	d.
Deshabillers d'indienne,			
FOURREAUX de toile de coton,			
Fourreaux de linon,			
Fourreaux d'indienne,			
GARNITURES de lit,			
Gillets de basin,			
Gillets de toile de coton;			
JACTONS,			
Jupons de toile de coton garnis,			
Jupons de basin garnis,			
Jupons de futaine,			
Jupons de moleton,			
LANGES piqués;			
Lange de futaine,			
Lange de laine,			
Linge de toilette,			
MANTELETS de mousseline,			
Manchettes de garçon;			
Matelots de toile,			
Matelots de Nankin,			
Mouchoirs de toile,			
Mouchoirs de batiste,			
PAIRES de bas de coton;			
paires de bas de fil,			
paires de bas petits,			
paires de bas de laine,			
paires de poches,			
Peignoirs,			
Pierrots & Jupon de linon,			
Pierrots & Jupon de mousseline,			
Pieces d'estomac,			
ROBES & Jupons de toile de coton,			
Robes & Jupons de mousseline,			
Robes & Jupons d'indienne,			
Robe de chambre,			
TETIERES,			
Tours de bonnet,			
Tours de chaises,			
VESTES de basin,			
Vestes de toile de coton,			
Vestes de nankin,			
Vestes de drap de coton.			
TOTAL			

ARTICLE	liv.	s.	d.
Linge d'Office.			
CHAUSSES à passer,			
ESSUIE-MAINS,			
NAPES damassées,			
Napes à linteaux,			
Napes à grains d'orge,			
Napes ouvrées,			
Napes d'office,			
Napes petites,			
Napes de venise,			
Napes de cuisine,			
PAQUETS de Torchons,			
SERVIETTES d'amassées,			
Serviettes à linteaux,			
Serviettes à grains d'orge,			
Serviettes ouvrées,			
Serviettes de Venise,			
TABLIERS d'office,			
Tabliers de cuisine,			
Torchons,			
Linge de la Femme de Chambre.			
BANDEAUX,			
Bonnets ronds,			
Bonnets piqués,			
CAMISOLES de toile de coton,			
Camisoles d'indienne,			
Chemises,			
Corset de toile,			
Corset de basin,			
DESHABILLÉ complet de toile de coton,			
Deshabillé complet d'indienne,			
FICHUS de mousseline,			
Fichus de linon,			
JUPONS piqués,			
Jupons houettés,			
Jupons de toile de coton,			
LINGE de toilette,			
MOUCHOIRS blancs,			
Mouchoirs de couleur,			
PAIRES de poches,			
paires de bas de coton,			
paires de bas de fil,			
TOTAL			

ARTICLE	liv.	s.
ROBE & Jupon d'indienne,		
Robe & Jupons de toile de coton,		
Robe & Jupon de mousseline,		
SERRE-TÊTES.		
Linge de la Cuisiniere.		
BONNETS ronds,		
Bonnets piqués,		
CAMISOLES d'indienne,		
Camisoles de toile de coton,		
Chemises,		
DESHABILLÉ compl. de toile de cot.		
Deshabiller complet d'indienne,		
FICHUS de mousseline,		
Fichus de linon,		
JUPONS piqués,		
Jupons de toile de coton,		
Jupons d'indienne,		
LINGE de toilette,		
MOUCHOIRS blancs,		
Mouchoirs de couleur,		
PAIRES de poches,		
paires de bas de laine,		
paires de bas de coton,		
paires de bas de fil,		
ROBE & Jupon d'indienne,		
Robe & Jupon de toile de coton,		
SERRE-TETE,		
Linge du Domestique.		
BONNETS de coton,		
Bonnets de laine,		
CALÇONS,		
Chemises,		
Cols,		
Cravattes,		
Culottes blanches,		
Culotte de Nankin,		
MOUCHOIRS,		
PAIRES de bas de coton,		
paires de bas de fil,		
paires de bas de laine,		
paires de bas de filoselle,		
paires de chaussons,		
VESTES blanches,		
Vestes de Nankin,		
TOTAL		

le DU MOIS d 178

donné à blanchir

SÇAVOIR à Monsieur.

ARTICLE	liv.	s.	d.
BANDEAUX,			
Bonnets de coton,			
Bonnets de laine,			
Bretelles.			
CALÇONS de toile,			
Calçons de futaine,			
Camisoles de toile,			
Camisoles de futaine,			
Camisoles d'indienne,			
Chaussettes,			
Chemises de jour, garnies,			
Chemises de nuit,			
Coîffes de Bonnets,			
Cols de mousseline,			
Cols de basin,			
Cravattes de mousseline,			
Cravattes de batiste,			
Culottes de basin,			
Culottes de toile de coton,			
Culottes de draps de coton,			
Culottes de Nankin,			
ESSUIE-MAINS,			
FROTTOIRS			
GANTS de fil,			
Gillets de basin,			
Gillets de flanelle,			
Guêtres de toile,			
Gillets de futaine,			
Gillets de toile de coton,			
LINGE à barbe,			
MANCHETTES de mousseline,			
Manchettes de batiste,			
Manchettes effilées,			
Manchettes de bottes,			
TOTAL			

ARTICLE	liv.	s.	d.
Mouchoirs des indes,			
Mouchoirs de toile blanche,			
Mouchoirs de batiste,			
Mouchoirs de couleurs,			
NAPES,			
PAIRES de draps de maître,			
paires de draps de domestique,			
paires de bas de fil,			
paires de bas de coton,			
paires de bas de laine,			
paires de bas de filosele,			
paires de chaussons de toile,			
paires de chaussons de tricot,			
Pantalon de moleton,			
Pantalon de toile,			
Pantalon de tricot,			
Peignoirs,			
Pieces d'estomac,			
ROBE-de-chambre d'indienne,			
Robe-de-chambre piquée,			
SACS à pelottes,			
Serre-têtes,			
Serviettes de toilette,			
Suspensoirs,			
TABLIER du matin,			
Tayes d'oreillers,			
VESTES de basin,			
Vestes de drap de coton			
Vestes de Mousseline,			
Vestes de Nankin,			
Vestes piquées,			
Vestes de toile de coton,			
TOTAL			

SÇAVOIR, à Madame

ARTICLE	liv.	s.	d.
BANDES à saigner,			
Bandeaux,			
Bastiennes,			
Blouses,			
Bonnets piqués,			
Bonnets ronds de mousseline,			
Bonnets ronds de linon,			
Bonnets ronds de dentelle			
CAMISOLES de mousseline garnies,			
Camisoles de toile de coton garnies,			
Camisoles piquées garnies,			
Camisoles houettées garnies,			
Chemises de jour,			
Chemises de nuit,			
Chemises de batiste,			
Chemises de bain,			
Chemises-robes de mousseline,			
Chemises-robe d'indienne,			
Chemise-robe, de linon,			
Coiffes de mousseline,			
Collerette,			
Corset de toile de coton garnis,			
Corsets de basin garnis,			
Corsets de toile fine garnis,			
Courtes-pointes,			
Couverture de coton,			
Couvre-pieds piqués garnis,			
Couvre-pieds de mousseline,			
Couvre-meuble,			
DRAPS de maîtres,			
Draps sans couture,			
Draps de domestique,			
Deshabillets garnis,			
ESSUIE-MAINS			
FOURREAUX de toile de coton,			
Fourreaux de mousseline,			
Fourreaux d'indienne,			
Fourreaux de linon,			
Fichus de mousseline,			
TOTAL			

ARTICLE	liv.	s.	d.
Fichus de batiste,			
Fichus doubles,			
Fichus de linon,			
Fichus frisés,			
Fraisettes de mousseline,			
Frottoirs de futaine,			
Frottoirs de flannelle,			
GARNITURES de lit de toile,			
Gaule de mousseline,			
Gaule d'indienne,			
HOUPELANDE,			
JUPONS piqués, blancs, garnis,			
Jupons de moleton,			
Jupons de futaine,			
Jupons de basin garnis,			
Jupons de granat,			
Jupons houettés, garnis,			
Jupons de linon,			
Jupons de mousseline,			
LINGE de toilette,			
Linge de Garde-robe,			
Linges de baignoir,			
MANTELETS de mousseline,			
Mouchoirs de toile blanche,			
Mouchoirs de batiste,			
Mouchoirs des indes,			
PAIRES de poches de basin, garnies,			
Paires de poches de toile, garnies,			
paire de bas de coton,			
Peignoirs de toile,			
Peignoirs de Mousseline,			
Pieces d'estomac,			
Pierrot & Jupon de linon,			
RIDEAUX de mousseline, grands,			
Rideaux de toile de coton, grands,			
Rideaux de mousseline, petits,			
Rideaux de linon, petits,			
Robe & Jupon de toile de coton,			
TOTAL			

ARTICLE	liv.	f.	d.
Robe & Jupon de mouffeline,			
Robe & Jupon de linon,			
Robe & Jupon d'indienne,			
Rodingotte d'indienne,			
SACS à pelottes,			
Serre-têtes,			
Serviettes de toilette,			
Serviettes de garderobe,			
TABLIERS de Femme-de-chambre,			
Tabliers de coëffeur,			
Tayes d'oreillers garnies,			
Toilette garnie de mouffeline,			
Tours de chaife,			
Tour de baffin,			
Linge des Enfans.			
BANDEAUX,			
Bandes,			
Bavoirs,			
Beguin,			
Braffieres de futaine,			
Braffieres de flanelle,			
CALÇONS,			
Camifoles de mouffeline,			
Camifoles de toile de coton,			
Camifoles d'indienne,			
Camifoles de futaine,			
Chauffettes,			
Chauffons,			
Chemifes de jour, de garçon,			
Chemifes de nuit, de garçon,			
Chemifes de jour, de demoifelle			
Chemifes de nuit, de demoifelle,			
Chemifes petites,			
Chemifes-robes de mouffeline,			
Chemifes-robe d'indienne,			
Collerettes de mouffeline,			
Cols de mouffeline,			
Couches,			
Couvres-pieds garnis,			
Culottes de draps de coton,			
Culottes de bafin,			
Culottes de toile de coton,			
DESHABILLERS de toile de coton,			
TOTAL			

ARTICLE	liv.	f.	d.
Defhabillers d'indienne,			
FOURREAUX de toile de coton,			
Fourreaux de linon,			
Fourreaux d'indienne,			
GARNITURES de lit,			
Gillets de bafin,			
Gillets de toile de coton,			
JACTONS,			
Jupons de toile de coton garnis,			
Jupons de bafin garnis,			
Jupons de futaine,			
Jupons de molcton,			
LANGES piqués,			
Lange de futaine,			
Lange de laine,			
Linge de toilette,			
MANTELETS de mouffeline,			
Manchettes de garçon,			
Matelots de toile,			
Matelots de Nankin,			
Mouchoirs de toile,			
Mouchoirs de batifte,			
PAIRES de bas de coton,			
paires de bas de fil,			
paires de bas petits,			
paires de bas de laine,			
paires de poches,			
Peignoirs,			
Pierrots & Jupon de linon,			
Pierrots & Jupon de mouffeline,			
Pieces d'eftomac,			
ROBES & Jupons de toile de coton,			
Robes & Jupons de mouffeline,			
Robes & Jupons d'indienne,			
Robe de chambre,			
TÉTIERES,			
Tours de bonnet,			
Tours de chaifes,			
VESTES de bafin,			
Veftes de toile de coton,			
Veftes de nankin,			
Veftes de drap de coton.			
TOTAL			

ARTICLE	liv.	f.	d.
Linge d'Office.			
CHAUSSES à passer,			
ESSUIE-MAINS,			
NAPES damassées,			
Napes à linteaux,			
Napes à grains d'orge,			
Napes ouvrées,			
Napes d'office,			
Napes petites,			
Napes de venise,			
Napes de cuisine,			
PAQUETS de Torchons,			
SERVIETTES d'amassées,			
Serviettes à linteaux,			
Serviettes à grains d'orge,			
Serviettes ouvrées,			
Serviettes de Venise,			
TABLIERS d'office,			
Tabliers de cuisine,			
Torchons,			
Linge de la Femme de Chambre.			
BANDEAUX,			
Bonnets ronds,			
Bonnets piqués,			
CAMISOLES de toile de coton,			
Camisoles d'indienne,			
Chemises,			
Corset de toile,			
Corset de basin,			
DESHABILLÉ complet de toile de coton,			
Deshabillé complet d'indienne,			
FICHUS de mousseline,			
Fichus de linon,			
JUPONS piqués,			
Jupons houettés,			
Jupons de toile de coton,			
LINGE de toilette,			
MOUCHOIRS blancs,			
Mouchoirs de couleur,			
PAIRES de poches,			
paires de bas de coton,			
paires de bas de fil,			
TOTAL			

ARTICLE	liv.	f.
ROBE & Jupon d'indienne,		
Robe & Jupons de toile de coton,		
Robe & Jupon de mousseline,		
SERRE-TÊTES.		
Linge de la Cuisiniere.		
BONNETS ronds,		
Bonnets piqués,		
CAMISOLES d'indienne,		
Camisoles de toile de coton,		
Chemises,		
DESHABILLÉ compl. de toile de cot.		
Deshabiller complet d'indienne,		
FICHUS de mousseline,		
Fichus de linon,		
JUPONS piqués,		
Jupons de toile de coton,		
Jupons d'indienne,		
LINGE de toilette,		
MOUCHOIRS blancs,		
Mouchoirs de couleur,		
PAIRES de poches,		
paires de bas de laine,		
paires de bas de coton,		
paires de bas de fil,		
ROBE & Jupon d'indienne,		
Robe & Jupon de toile de coton,		
SERRE-TETE,		
Linge du Domestique.		
BONNETS de coton,		
Bonnets de laine,		
CALÇONS,		
Chemises,		
Cols,		
Cravattes,		
Culottes blanches,		
Culotte de Nankin,		
MOUCHOIRS,		
PAIRES de bas de coton,		
paires de bas de fil,		
paires de bas de laine,		
paires de bas de filoselle,		
paires de chaussons,		
VESTES blanches,		
Vestes de Nankin,		
TOTAL		

le DU MOIS d 178

donné à blanchir

SÇAVOIR à Monſieur.

ARTICLE	liv.	ſ.	d.	ARTICLE	liv.	ſ.	d.
BANDEAUX,				Mouchoirs des indes,			
Bonnets de coton,				Mouchoirs de toile blanche,			
Bonnets de laine,				Mouchoirs de batiſte,			
Bretelles.				Mouchoirs de couleurs,			
CALÇONS de toile,				NAPES,			
Calçons de futaine,				PAIRES de draps de maître,			
Camiſoles de toile,				paires de draps de domeſtique,			
Camiſoles de futaine,				paires de bas de fil,			
Camiſoles d'indienne,				paires de bas de coton,			
Chauſſettes,				paires de bas de laine,			
Chemiſes de jour, garnies,				paires de bas de filoſele,			
Chemiſes de nuit,				paires de chauſſons de toile,			
Coiffes de Bonnets,				paires de chauſſons de tricot,			
Cols de mouſſeline,				Pantalon de moleton,			
Cols de baſin,				Pantalon de toile,			
Cravattes de mouſſeline,				Pantalon de tricot,			
Cravattes de batiſte,				Peignoirs,			
Culottes de baſin,				Pieces d'eſtomac,			
Culottes de toile de coton,				ROBE-de-chambre d'indienne,			
Culottes de draps de coton,				Robe-de-chambre piquée,			
Culottes de Nankin,				SACS à pelottes,			
ESSUIE-MAINS,				Serre-têtes,			
FROTTOIRS,				Serviettes de toilette,			
GANTS de fil,				Suſpenſoirs,			
Gillets de baſin,				TABLIER du matin,			
Gillets de flanelle,				Tayes d'oreillers,			
Guêtres de toile,				VESTES de baſin,			
Gillets de futaine,				Veſtes de drap de coton			
Gillets de toile de coton,				Veſtes de Mouſſeline,			
LINGE à barbe,				Veſtes de Nankin,			
MANCHETTES de mouſſeline,				Veſtes piquées,			
Manchettes de batiſte,				Veſtes de toile de coton,			
Manchettes effilées,							
Manchettes de bottes,							
TOTAL				TOTAL			

SÇAVOIR, à Madame

ARTICLE	liv.	s.	d.
BANDES à saigner,			
Bandeaux,			
Bastiennes,			
Blouses,			
Bonnets piqués,			
Bonnets ronds de mousseline,			
Bonnets ronds de linon,			
Bonnets ronds de dentelle			
CAMISOLES de mousseline garnies,			
Camisoles de toile de coton garnies,			
Camisoles piquées garnies,			
Camisoles houettées garnies,			
Chemises de jour,			
Chemises de nuit,			
Chemises de batiste,			
Chemises de bain,			
Chemises-robes de mousseline,			
Chemises-robe d'indienne,			
Chemise-robe, de linon,			
Coïffes de mousseline,			
Collerette,			
Corset de toile de coton garnis,			
Corsets de basin garnis,			
Corsets de toile fine garnis,			
Courtes-pointes,			
Couverture de coton,			
Couvre-pieds piqués garnis,			
Couvre-pieds de mousseline,			
Couvre-meuble,			
DRAPS de maîtres,			
Draps sans couture,			
Draps de domestique,			
Deshabillers garnis,			
ESSUIE-MAINS			
FOURREAUX de toile de coton,			
Fourreaux de mousseline,			
Fourreaux d'indienne,			
Fourreaux de linon,			
Fichus de mousseline,			
TOTAL			

ARTICLE	liv.	s.
Fichus de batiste,		
Fichus doubles,		
Fichus de linon,		
Fichus frisés,		
Fraisettes de mousseline,		
Frottoirs de futaine,		
Frottoirs de flannelle,		
GARNITURES de lit de toile,		
Gaule de mousseline,		
Gaule d'indienne,		
HOUPELANDE,		
JUPONS piqués, blancs, garnis,		
Jupons de moleton,		
Jupons de futaine,		
Jupons de basin garnis,		
Jupons de granat,		
Jupons houettés, garnis,		
Jupons de linon,		
Jupons de mousseline,		
LINGE de toilette,		
Linge de Garde-robe,		
Linges de baignoir,		
MANTELETS de mousseline,		
Mouchoirs de toile blanche,		
Mouchoirs de batiste,		
Mouchoirs des indes,		
PAIRES de poches de basin, garnies,		
Paires de poches de toile, garnies,		
paire de bas de coton,		
Peignoirs de toile,		
Peignoirs de Mousseline,		
Pieces d'estomac,		
Pierrot & Jupon de linon,		
RIDEAUX de mousseline, grands,		
Rideaux de toile de coton, grands,		
Rideaux de mousseline, petits,		
Rideaux de linon, petits,		
Robe & Jupon de toile de coton,		
TOTAL		

ARTICLE	liv.	s.	d.
Robe & Jupon de mousseline,			
Robe & Jupon de linon,			
Robe & Jupon d'indienne,			
Rodingotte d'indienne,			
SACS à pelottes,			
Serre-têtes,			
Serviettes de toilette,			
Serviettes de garderobe,			
TABLIERS de Femme-de-chambre,			
Tabliers de coëffeur,			
Tayes d'oreillers garnies,			
Toilette garnie de mousseline,			
Tours de chaise,			
Tour de bassin,			
Linge des Enfans.			
BANDEAUX,			
Bandes,			
Bavoirs;			
Beguin,			
Brassieres de futaine,			
Brassieres de flanelle,			
CALÇONS,			
Camisoles de mousseline,			
Camisoles de toile de coton,			
Camisoles d'indienne,			
Camisoles de futaine,			
Chaussettes,			
Chaussons,			
Chemises de jour, de garçon,			
Chemises de nuit, de garçon,			
Chemises de jour, de demoiselle			
Chemises de nuit, de demoiselle,			
Chemises petites,			
Chemises-robes de mousseline,			
Chemises-robe d'indienne,			
Collerettes de mousseline,			
Cols de mousseline,			
Couches,			
Couvres-pieds garnis,			
Culottes de draps de coton,			
Culottes de basin,			
Culottes de toile de coton,			
DESHABILLERS de toile de coton,			
TOTAL			

ARTICLE	liv.	s.	d.
Deshabillers d'indienne,			
FOURREAUX de toile de coton,			
Fourreaux de linon,			
Fourreaux d'indienne,			
GARNITURES de lit,			
Gillets de basin,			
Gillets de toile de coton,			
JACTONS,			
Jupons de toile de coton garnis,			
Jupons de basin garnis,			
Jupons de futaine,			
Jupons de moleton,			
LANGES piqués,			
Lange de futaine,			
Lange de laine,			
Linge de toilette,			
MANTELETS de mousseline,			
Manchettes de garçon,			
Matelots de toile,			
Matelots de Nankin,			
Mouchoirs de toile,			
Mouchoirs de batiste,			
PAIRES de bas de coton,			
paires de bas de fil,			
paires de bas petits,			
paires de bas de laine,			
paires de poches,			
Peignoirs,			
Pierrots & Jupon de linon,			
Pierrots & Jupon de mousseline,			
Pieces d'estomac,			
ROBES & Jupons de toile de coton,			
Robes & Jupons de mousseline,			
Robes & Jupons d'indienne,			
Robe de chambre,			
TETIERES,			
Tours de bonnet,			
Tours de chaises,			
VESTES de basin,			
Vestes de toile de coton,			
Vestes de nankin,			
Vestes de drap de coton.			
TOTAL			

ARTICLE	liv.	ſ.	d.
Linge d'Office.			
CHAUSSES à paſſer,			
ESSUIE-MAINS,			
NAPES damaſſées,			
Napes à linteaux,			
Napes à grains d'orge,			
Napes ouvrées,			
Napes d'office,			
Napes petites,			
Napes de veniſe,			
Napes de cuiſine,			
PAQUETS de Torchons,			
SERVIETTES d'amaſſées,			
Serviettes à linteaux,			
Serviettes à grains d'orge,			
Serviettes ouvrées,			
Serviettes de Veniſe,			
TABLIERS d'office,			
Tabliers de cuiſine,			
Torchons,			
Linge de la Femme de Chambre.			
BANDEAUX,			
Bonnets ronds,			
Bonnets piqués,			
CAMISOLES de toile de coton,			
Camiſoles d'indienne,			
Chemiſes,			
Corſet de toile,			
Corſet de baſin,			
DESHABILLÉ complet de toile de coton,			
Deshabillé complet d'indienne,			
FICHUS de mouſſeline,			
Fichus de linon,			
JUPONS piqués,			
Jupons houetrés,			
Jupons de toile de coton,			
LINGE de toilette,			
MOUCHOIRS blancs,			
Mouchoirs de couleur,			
PAIRES de poches,			
paires de bas de coton,			
paires de bas de fil,			
TOTAL			

ARTICLE	liv.	ſ.	d.
ROBE & Jupon d'indienne,			
Robe & Jupons de toile de coton,			
Robe & Jupon de mouſſeline,			
SERRE-TÊTES.			
Linge de la Cuiſinière.			
BONNETS ronds,			
Bonnets piqués,			
CAMISOLES d'indienne,			
Camiſoles de toile de coton,			
Chemiſes,			
DESHABILLÉ compl. de toile de cot.			
Deshabiller complet d'indienne,			
FICHUS de mouſſeline,			
Fichus de linon,			
JUPONS piqués,			
Jupons de toile de coton,			
Jupons d'indienne,			
LINGE de toilette,			
MOUCHOIRS blancs,			
Mouchoirs de couleur,			
PAIRES de poches,			
paires de bas de laine,			
paires de bas de coton,			
paires de bas de fil,			
ROBE & Jupon d'indienne,			
Robe & Jupon de toile de coton,			
SERRE-TETE,			
Linge du Domeſtique.			
BONNETS de coton,			
Bonnets de laine,			
CALÇONS,			
Chemiſes,			
Cols,			
Cravattes,			
Culottes blanches,			
Culotte de Nankin,			
MOUCHOIRS,			
PAIRES de bas de coton,			
paires de bas de fil,			
paires de bas de laine,			
paires de bas de filoſelle,			
paires de chauſſons,			
VESTES blanches,			
Veſtes de Nankin,			
TOTAL			

le DU MOIS d 178

donné à blanchir

SÇAVOIR à Monsieur.

ARTICLE	liv.	s.	d.
BANDEAUX,			
Bonnets de coton,			
Bonnets de laine,			
Bretelles.			
CALÇONS de toile,			
Calçons de futaine,			
Camisoles de toile,			
Camisoles de futaine,			
Camisoles d'indienne,			
Chauffettes,			
Chemises de jour, garnies,			
Chemises de nuit,			
Coîffes de Bonnets,			
Cols de mousseline,			
Cols de basin,			
Cravattes de mousseline,			
Cravattes de batiste,			
Culottes de basin,			
Culottes de toile de coton,			
Culottes de draps de coton,			
Culottes de Nankin,			
ESSUIE-MAINS,			
FROTTOIRS			
GANTS de fil,			
Gillets de basin,			
Gillets de flanelle,			
Guêtres de toile,			
Gillets de futaine,			
Gillets de toile de coton,			
LINGE à barbe,			
MANCHETTES de mousseline,			
Manchettes de batiste,			
Manchettes effilées,			
Manchettes de bottes,			
TOTAL			

ARTICLE	liv.	s.	d.
Mouchoirs des indes,			
Mouchoirs de toile blanche,			
Mouchoirs de batiste,			
Mouchoirs de couleurs,			
NAPES,			
PAIRES de draps de maître,			
paires de draps de domestique,			
paires de bas de fil,			
paires de bas de coton,			
paires de bas de laine,			
paires de bas de filoselle,			
paires de chaussons de toile,			
paires de chaussons de tricot,			
Pantalon de moleton,			
Pantalon de toile,			
Pantalon de tricot,			
Peignoirs,			
Pieces d'estomac,			
ROBE-de-chambre d'indienne,			
Robe-de-chambre piquée,			
SACS à pelottes,			
Serre-têtes,			
Serviettes de toilette,			
Suspensoirs,			
TABLIER du matin,			
Tayes d'oreillers,			
VESTES de basin,			
Vestes de drap de coton			
Vestes de Mousseline,			
Vestes de Nankin,			
Vestes piquées,			
Vestes de toile de coton,			
TOTAL			

SÇAVOIR, à Madame

Article	liv.	s.	d.
Bandes à saigner,			
Bandeaux,			
Bastiennes,			
Blouses,			
Bonnets piqués,			
Bonnets ronds de mousseline,			
Bonnets ronds de linon,			
Bonnets ronds de dentelle			
Camisoles de mousseline garnies,			
Camisoles de toile de coton garnies,			
Camisoles piquées garnies,			
Camisoles houettées garnies,			
Chemises de jour,			
Chemises de nuit,			
Chemises de batiste,			
Chemises de bain,			
Chemises-robes de mousseline,			
Chemises-robe d'indienne,			
Chemise-robe, de linon,			
Coîffes de mousseline,			
Collerette,			
Corset de toile de coton garnis,			
Corsets de basin garnis,			
Corsets de toile fine garnis,			
Courtes-pointes,			
Couverture de coton,			
Couvre-pieds piqués garnis,			
Couvre-pieds de mousseline,			
Couvre-meuble,			
Draps de maîtres,			
Draps sans couture,			
Draps de domestique,			
Deshabillers garnis,			
Essuie-mains			
Fourreaux de toile de coton,			
Fourreaux de mousseline,			
Fourreaux d'indienne,			
Fourreaux de linon,			
Fichus de mousseline,			
Total			

Article	liv.	s.	d.
Fichus de batiste,			
Fichus doubles,			
Fichus de linon,			
Fichus frisés,			
Fraisettes de mousseline,			
Frottoirs de futaine,			
Frottoirs de flannelle,			
Garnitures de lit de toile,			
Gaule de mousseline,			
Gaule d'indienne,			
Houpelande,			
Jupons piqués, blancs, garnis,			
Jupons de moleton,			
Jupons de futaine,			
Jupons de basin garnis,			
Jupons de granat,			
Jupons houettés, garnis,			
Jupons de linon,			
Jupons de mousseline,			
Linge de toilette,			
Linge de Garde-robe,			
Linges de baignoir,			
Mantelets de mousseline,			
Mouchoirs de toile blanche,			
Mouchoirs de batiste,			
Mouchoirs des indes,			
Paires de poches de basin, garnies,			
Paires de poches de toile, garnies,			
paire de bas de coton,			
Peignoirs de toile,			
Peignoirs de Mousseline,			
Pièces d'estomac,			
Pierrot & Jupon de linon,			
Rideaux de mousseline, grands,			
Rideaux de toile de coton, grands,			
Rideaux de mousseline, petits,			
Rideaux de linon, petits,			
Robe & Jupon de toile de coton,			
Total			

ARTICLE	liv.	f.	d.
Robe & Jupon de mousseline,			
Robe & Jupon de linon,			
Robe & Jupon d'indienne,			
Rodingotte d'indienne,			
SACS à pelottes,			
Serre-têtes,			
Serviettes de toilette,			
Serviettes de garderobe,			
TABLIERS de Femme-de-chambre,			
Tabliers de coëffeur,			
Tayes d'oreillers garnies,			
Toilette garnie de mousseline,			
Tours de chaise,			
Tour de bassin,			
Linge des Enfans.			
BANDEAUX,			
Bandes,			
Bavoirs;			
Beguin,			
Brassieres de futaine,			
Brassieres de flanelle,			
CALÇONS,			
Camisoles de mousseline,			
Camisoles de toile de coton,			
Camisoles d'indienne,			
Camisoles de futaine,			
Chaussettes,			
Chaussons,			
Chemises de jour, de garçon,			
Chemises de nuit, de garçon,			
Chemises de jour, de demoiselle			
Chemises de nuit, de demoiselle,			
Chemises petites,			
Chemises-robes de mousseline,			
Chemises-robe d'indienne,			
Collerettes de mousseline,			
Cols de mousseline,			
Couches,			
Couvres-pieds garnis,			
Culottes de draps de coton,			
Culottes de basin,			
Culottes de toile de coton,			
DESHABILLERS de toile de coton,			
TOTAL			

ARTICLE	liv.	f.	d.
Deshabillers d'indienne,			
FOURREAUX de toile de coton,			
Fourreaux de linon,			
Fourreaux d'indienne,			
GARNITURES de lit,			
Gillets de basin,			
Gillets de toile de coton,			
JACTONS,			
Jupons de toile de coton garnis,			
Jupons de basin garnis,			
Jupons de futaine,			
Jupons de moleton,			
LANGES piqués,			
Lange de futaine,			
Lange de laine,			
Linge de toilette,			
MANTELETS de mousseline,			
Manchettes de garçon,			
Matelots de toile,			
Matelots de Nankin,			
Mouchoirs de toile,			
Mouchoirs de batiste,			
PAIRES de bas de coton,			
paires de bas de fil,			
paires de bas petits,			
paires de bas de laine,			
paires de poches,			
Peignoirs,			
Pierrots & Jupon de linon,			
Pierrots & Jupon de mousseline,			
Pieces d'estomac,			
ROBES & Jupons de toile de coton,			
Robes & Jupons de mousseline,			
Robes & Jupons d'indienne,			
Robe de chambre,			
TETIERES,			
Tours de bonnet,			
Tours de chaises,			
VESTES de basin,			
Vestes de toile de coton,			
Vestes de nankin,			
Vestes de drap de coton.			
TOTAL			

ARTICLE	liv.	f.	d.
Linge d'Office.			
CHAUSSES à passer,			
ESSUIE-MAINS,			
NAPES damassées,			
Napes à linteaux,			
Napes à grains d'orge,			
Napes ouvrées,			
Napes d'office,			
Napes petites,			
Napes de venise,			
Napes de cuisine,			
PAQUETS de Torchons,			
SERVIETTES d'amassées,			
Serviettes à linteaux,			
Serviettes à grains d'orge,			
Serviettes ouvrées,			
Serviettes de Venise,			
TABLIERS d'office,			
Tabliers de cuisine,			
Torchons,			
Linge de la Femme de Chambre.			
BANDEAUX,			
Bonnets ronds,			
Bonnets piqués,			
CAMISOLES de toile de coton,			
Camisoles d'indienne,			
Chemises,			
Corset de toile,			
Corset de basin,			
DESHABILLÉ complet de toile de coton,			
Deshabillé complet d'indienne,			
FICHUS de mousseline,			
Fichus de linon,			
JUPONS piqués,			
Jupons houettés,			
Jupons de toile de coton,			
LINGE de toilette,			
MOUCHOIRS blancs,			
Mouchoirs de couleur,			
PAIRES de poches,			
paires de bas de coton,			
paires de bas de fil,			
TOTAL			

ARTICLE	liv.	f.
ROBE & Jupon d'indienne,		
Robe & Jupons de toile de coton,		
Robe & Jupon de mousseline,		
SERRE-TÊTES.		
Linge de la Cuisiniere.		
BONNETS ronds,		
Bonnets piqués,		
CAMISOLES d'indienne,		
Camisoles de toile de coton,		
Chemises,		
DESHABILLÉ compl. de toile de cot.		
Deshabiller complet d'indienne,		
FICHUS de mousseline,		
Fichus de linon,		
JUPONS piqués,		
Jupons de toile de coton,		
Jupons d'indienne,		
LINGE de toilette,		
MOUCHOIRS blancs,		
Mouchoirs de couleur,		
PAIRES de poches,		
paires de bas de laine,		
paires de bas de coton,		
paires de bas de fil,		
ROBE & Jupon d'indienne,		
Robe & Jupon de toile de coton,		
SERRE-TETE,		
Linge du Domestique.		
BONNETS de coton,		
Bonnets de laine,		
CALÇONS,		
Chemises,		
Cols,		
Cravattes,		
Culottes blanches,		
Culotte de Nankin,		
MOUCHOIRS,		
PAIRES de bas de coton,		
paires de bas de fil,		
paires de bas de laine,		
paires de bas de filoselle,		
paires de chaussons,		
VESTES blanches,		
Vestes de Nankin,		
TOTAL		

le DU MOIS d 178

donné à blanchir

SÇAVOIR à Monsieur.

ARTICLE	liv.	s.	d.
BANDEAUX,			
Bonnets de coton,			
Bonnets de laine,			
Bretelles.			
CALÇONS de toile,			
Calçons de futaine,			
Camisoles de toile,			
Camisoles de futaine,			
Camisoles d'indienne,			
Chaussettes,			
Chemises de jour, garnies,			
Chemises de nuit,			
Coîffes de Bonnets,			
Cols de mousseline,			
Cols de basin,			
Cravattes de mousseline,			
Cravattes de batiste,			
Culottes de basin,			
Culottes de toile de coton,			
Culottes de draps de coton,			
Culottes de Nankin,			
ESSUIE-MAINS,			
FROTTOIRS,			
GANTS de fil,			
Gillets de basin,			
Gillets de flanelle,			
Guêtres de toile,			
Gillets de futaine,			
Gillets de toile de coton,			
LINGE à barbe,			
MANCHETTES de mousseline,			
Manchettes de batiste,			
Manchettes effilées,			
Manchettes de bottes,			
TOTAL			

ARTICLE	liv.	s.	d.
Mouchoirs des indes,			
Mouchoirs de toile blanche,			
Mouchoirs de batiste,			
Mouchoirs de couleurs,			
NAPES,			
PAIRES de draps de maître,			
paires de draps de domestique,			
paires de bas de fil,			
paires de bas de coton,			
paires de bas de laine,			
paires de bas de filosele,			
paires de chaussons de toile,			
paires de chaussons de tricot,			
Pantalon de moleton,			
Pantalon de toile,			
Pantalon de tricot,			
Peignoirs,			
Pieces d'estomac,			
ROBE-de-chambre d'indienne,			
Robe-de-chambre piquée,			
SACS à pelottes,			
Serre-têtes,			
Serviettes de toilette,			
Suspensoirs,			
TABLIER du matin,			
Tayes d'oreillers,			
VESTES de basin,			
Vestes de drap de coton			
Vestes de Mousseline,			
Vestes de Nankin,			
Vestes piquées,			
Vestes de toile de coton,			
TOTAL			

SÇAVOIR, à Madame

ARTICLE	liv.	f.	d.
BANDES à saigner,			
Bandeaux,			
Bastiennes,			
Blouses,			
Bonnets piqués,			
Bonnets ronds de mousseline,			
Bonnets ronds de linon,			
Bonnets ronds de dentelle			
CAMISOLES de mousseline garnies,			
Camisoles de toile de coton garnies,			
Camisoles piquées garnies,			
Camisoles houettées garnies,			
Chemises de jour,			
Chemises de nuit,			
Chemises de batiste,			
Chemises de bain,			
Chemises-robes de mousseline,			
Chemises-robe d'indienne,			
Chemise-robe, de linon,			
Coîffes de mousseline,			
Collerette,			
Corset de toile de coton garnis,			
Corsets de basin garnis,			
Corsets de toile fine garnis,			
Courtes-pointes,			
Couverture de coton,			
Couvre-pieds piqués garnis,			
Couvre-pieds de mousseline,			
Couvre-meuble,			
DRAPS de maîtres,			
Draps sans couture,			
Draps de domestique,			
Deshabillers garnis,			
ESSUIE-MAINS			
FOURREAUX de toile de coton,			
Fourreaux de mousseline,			
Fourreaux d'indienne,			
Fourreaux de linon,			
Fichus de mousseline,			
TOTAL			

ARTICLE	liv.	f.	d.
Fichus de batiste,			
Fichus doubles,			
Fichus de linon,			
Fichus frisés,			
Fraisettes de mousseline,			
Frottoirs de futaine,			
Frottoirs de flannelle,			
GARNITURES de lit de toile,			
Gaule de mousseline,			
Gaule d'indienne,			
HOUPELANDE,			
JUPONS piqués, blancs, garnis,			
Jupons de moleton,			
Jupons de futaine,			
Jupons de basin garnis,			
Jupons de granat,			
Jupons houettés, garnis,			
Jupons de linon,			
Jupons de mousseline,			
LINGE de toilette,			
Linge de Garde-robe,			
Linges de baignoir,			
MANTELETS de mousseline,			
Mouchoirs de toile blanche,			
Mouchoirs de batiste,			
Mouchoirs des indes,			
PAIRES de poches de basin, garnies,			
Paires de poches de toile, garnies,			
paire de bas de coton,			
Peignoirs de toile,			
Peignoirs de Mousseline,			
Pieces d'estomac,			
Pierrot & Jupon de linon,			
RIDEAUX de mousseline, grands,			
Rideaux de toile de coton, grands,			
Rideaux de mousseline, petits,			
Rideaux de linon, petits,			
Robe & Jupon de toile de coton,			
TOTAL			

ARTICLE	liv.	s.	d.
Robe & Jupon de mousseline,			
Robe & Jupon de linon,			
Robe & Jupon d'indienne,			
Rodingotte d'indienne,			
SACS à pelottes,			
Serre-têtes,			
Serviettes de toilette,			
Serviettes de garderobe,			
TABLIERS de Femme-de-chambre,			
Tabliers de coëffeur,			
Tayes d'oreillers garnies,			
Toilette garnie de mousseline,			
Tours de chaise,			
Tour de bassin,			
Linge des Enfans.			
BANDEAUX,			
Bandes,			
Bavoirs;			
Beguin,			
Brassieres de futaine;			
Brassieres de flanelle,			
CALÇONS,			
Camisoles de mousseline,			
Camisoles de toile de coton,			
Camisoles d'indienne,			
Camisoles de futaine,			
Chaussettes,			
Chaussons,			
Chemises de jour, de garçon,			
Chemises de nuit, de garçon,			
Chemises de jour, de demoiselle			
Chemises de nuit, de demoiselle,			
Chemises petites,			
Chemises-robes de mousseline,			
Chemises-robe d'indienne,			
Collerettes de mousseline,			
Cols de mousseline,			
Couches,			
Couvres-pieds garnis;			
Culottes de draps de coton;			
Culottes de basin,			
Culottes de toile de coton,			
DESHABILLERS de toile de coton,			
TOTAL			

ARTICLE	liv.	s.	d.
Deshabillers d'indienne;			
FOURREAUX de toile de coton,			
Fourreaux de linon,			
Fourreaux d'indienne,			
GARNITURES de lit,			
Gillets de basin,			
Gillets de toile de coton;			
JACTONS,			
Jupons de toile de coton garnis,			
Jupons de basin garnis,			
Jupons de futaine,			
Jupons de moleton,			
LANGES piqués;			
Lange de futaine,			
Lange de laine,			
Linge de toilette,			
MANTELETS de mousseline,			
Manchettes de garçon;			
Matelots de toile,			
Matelots de Nankin,			
Mouchoirs de toile,			
Mouchoirs de batiste,			
PAIRES de bas de coton,			
paires de bas de fil,			
paires de bas petits,			
paires de bas de laine,			
paires de poches,			
Peignoirs,			
Pierrots & Jupon de linon,			
Pierrots & Jupon de mousseline,			
Pieces d'estomac,			
ROBES & Jupons de toile de coton,			
Robes & Jupons de mousseline,			
Robes & Jupons d'indienne,			
Robe de chambre,			
TETIERES,			
Tours de bonnet,			
Tours de chaises,			
VESTES de basin,			
Vestes de toile de coton,			
Vestes de nankin,			
Vestes de drap de coton.			
TOTAL			

ARTICLE	liv.	s.	d.
Linge d'Office.			
CHAUSSES à passer,			
ESSUIE-MAINS,			
NAPES damassées,			
Napes à linteaux,			
Napes à grains d'orge,			
Napes ouvrées,			
Napes d'office,			
Napes petites,			
Napes de venise,			
Napes de cuisine,			
PAQUETS de Torchons,			
SERVIETTES d'amassées,			
Serviettes à linteaux,			
Serviettes à grains d'orge,			
Serviettes ouvrées,			
Serviettes de Venise,			
TABLIERS d'office,			
Tabliers de cuisine,			
Torchons,			
Linge de la Femme de Chambre.			
BANDEAUX,			
Bonnets ronds,			
Bonnets piqués,			
CAMISOLES de toile de coton,			
Camisoles d'indienne,			
Chemises,			
Corset de toile,			
Corset de basin,			
DESHABILLÉ complet de toile de coton,			
Déshabillé complet d'indienne,			
FICHUS de mousseline,			
Fichus de linon,			
JUPONS piqués,			
Jupons houetrés,			
Jupons de toile de coton,			
LINGE de toilette,			
MOUCHOIRS blancs,			
Mouchoirs de couleur,			
PAIRES de poches,			
paires de bas de coton,			
paires de bas de fil,			
TOTAL			

ARTICLE	liv.	s.
ROBE & Jupon d'indienne,		
Robe & Jupons de toile de coton,		
Robe & Jupon de mousseline,		
SERRE-TÊTES.		
Linge de la Cuisinière.		
BONNETS ronds,		
Bonnets piqués,		
CAMISOLES d'indienne,		
Camisoles de toile de coton,		
Chemises,		
DESHABILLÉ compl. de toile de cot.		
Deshabiller complet d'indienne,		
FICHUS de mousseline,		
Fichus de linon,		
JUPONS piqués,		
Jupons de toile de coton,		
Jupons d'indienne,		
LINGE de toilette,		
MOUCHOIRS blancs,		
Mouchoirs de couleur,		
PAIRES de poches,		
paires de bas de laine,		
paires de bas de coton,		
paires de bas de fil,		
ROBE & Jupon d'indienne,		
Robe & Jupon de toile de coton,		
SERRE-TETE,		
Linge du Domestique.		
BONNETS de coton,		
Bonnets de laine,		
CALÇONS,		
Chemises,		
Cols,		
Cravattes,		
Culottes blanches,		
Culotte de Nankin,		
MOUCHOIRS,		
PAIRES de bas de coton,		
paires de bas de fil,		
paires de bas de laine,		
paires de bas de filoselle,		
paires de chaussons,		
VESTES blanches,		
Vestes de Nankin,		
TOTAL		

le DU MOIS d 178

donné à blanchir

SÇAVOIR à Monsieur.

ARTICLE	liv.	s.	d.
BANDEAUX,			
Bonnets de coton,			
Bonnets de laine,			
Bretelles.			
CALÇONS de toile,			
Calçons de futaine,			
Camisoles de toile,			
Camisoles de futaine,			
Camisoles d'indienne,			
Chaussettes,			
Chemises de jour, garnies,			
Chemises de nuit,			
Coîffes de Bonnets,			
Cols de mousseline,			
Cols de basin,			
Cravattes de mousseline,			
Cravattes de batiste,			
Culottes de basin,			
Culottes de toile de coton,			
Culottes de draps de coton,			
Culottes de Nankin,			
ESSUIE-MAINS,			
FROTTOIRS			
GANTS de fil,			
Gillets de basin,			
Gillets de flanelle,			
Guêtres de toile,			
Gillets de futaine,			
Gillets de toile de coton,			
LINGE à barbe,			
MANCHETTES de mousseline,			
Manchettes de batiste,			
Manchettes effilées,			
Manchettes de bottes,			
TOTAL			

ARTICLE	liv.	s.	d.
Mouchoirs des indes,			
Mouchoirs de toile blanche,			
Mouchoirs de batiste,			
Mouchoirs de couleurs,			
NAPES,			
PAIRES de draps de maître,			
paires de draps de domestique,			
paires de bas de fil,			
paires de bas de coton,			
paires de bas de laine,			
paires de bas de filosele,			
paires de chaussons de toile,			
paires de chaussons de tricot,			
Pantalon de moleton,			
Pantalon de toile,			
Pantalon de tricot,			
Peignoirs,			
Pieces d'estomac,			
ROBE-de-chambre d'indienne,			
Robe-de-chambre piquée,			
SACS à pelottes,			
Serre-têtes,			
Serviettes de toilette,			
Suspensoirs,			
TABLIER du matin,			
Tayes d'oreillers,			
VESTES de basin,			
Vestes de drap de coton			
Vestes de Mousseline,			
Vestes de Nankin,			
Vestes piquées,			
Vestes de toile de coton,			
TOTAL			

SÇAVOIR, à Madame

ARTICLE	liv.	f.	d.
BANDES à faigner,			
Bandeaux,			
Baftiennes,			
Blouſes,			
Bonnets piqués,			
Bonnets ronds de mouſſeline,			
Bonnets ronds de linon,			
Bonnets ronds de dentelle			
CAMISOLES de mouſſeline garnies,			
Camiſoles de toile de coton garnies,			
Camiſoles piquées garnies,			
Camiſoles houettées garnies,			
Chemiſes de jour,			
Chemiſes de nuit,			
Chemiſes de batiſte,			
Chemiſes de bain,			
Chemiſes-robes de mouſſeline,			
Chemiſes-robe d'indienne,			
Chemiſe-robe, de linon,			
Coiffes de mouſſeline,			
Collerette,			
Corſet de toile de coton garnis,			
Corſets de baſin garnis,			
Corſets de toile fine garnis,			
Courtes-pointes,			
Couverture de coton,			
Couvre-pieds piqués garnis,			
Couvre-pieds de mouſſeline,			
Couvre-meuble,			
DRAPS de maîtres,			
Draps ſans couture,			
Draps de domeſtique,			
Deshabillers garnis,			
ESSUIE-MAINS			
FOURREAUX de toile de coton,			
Fourreaux de mouſſeline,			
Fourreaux d'indienne,			
Fourreaux de linon,			
Fichus de mouſſeline,			
TOTAL			

ARTICLE	liv.	f.	d.
Fichus de batiſte,			
Fichus doubles,			
Fichus de linon,			
Fichus friſés,			
Fraiſettes de mouſſeline,			
Frottoirs de futaine,			
Frottoirs de flannelle,			
GARNITURES de lit de toile,			
Gaule de mouſſeline,			
Gaule d'indienne,			
HOUPELANDE,			
JUPONS piqués, blancs, garnis,			
Jupons de moleton,			
Jupons de futaine,			
Jupons de baſin garnis,			
Jupons de granat,			
Jupons houettés, garnis,			
Jupons de linon,			
Jupons de mouſſeline,			
LINGE de toilette,			
Linge de Garde-robe,			
Linges de baignoir,			
MANTELETS de mouſſeline,			
Mouchoirs de toile blanche,			
Mouchoirs de batiſte,			
Mouchoirs des indes,			
PAIRES de poches de baſin, garnies,			
Paires de poches de toile, garnies,			
paire de bas de coton,			
Peignoirs de toile,			
Peignoirs de Mouſſeline,			
Pieces d'eſtomac,			
Pierrot & Jupon de linon,			
RIDEAUX de mouſſeline, grands,			
Rideaux de toile de coton, grands,			
Rideaux de mouſſeline, petits,			
Rideaux de linon, petits,			
Robe & Jupon de toile de coton,			
TOTAL			

ARTICLE	liv.	ſ.	d.
Robe & Jupon de mouſſeline,			
Robe & Jupon de linon,			
Robe & Jupon d'indienne,			
Rodingotte d'indienne,			
SACS à pelottes,			
Serre-têtes,			
Serviettes de toilette,			
Serviettes de garderobe,			
TABLIERS de Femme-de-chambre,			
Tabliers de coëffeur,			
Tayes d'oreillers garnies,			
Toilette garnie de mouſſeline,			
Tours de chaiſe,			
Tour de baſſin,			
Linge des Enfans.			
BANDEAUX,			
Bandes,			
Bavoirs;			
Beguin,			
Braſſieres de futaine,			
Braſſieres de flanelle,			
CALÇONS,			
Camiſoles de mouſſeline,			
Camiſoles de toile de coton,			
Camiſoles d'indienne,			
Camiſoles de futaine,			
Chauſſettes,			
Chauſſons,			
Chemiſes de jour, de garçon,			
Chemiſes de nuit, de garçon,			
Chemiſes de jour, de demoiſelle			
Chemiſes de nuit, de demoiſelle,			
Chemiſes petites,			
Chemiſes-robes de mouſſeline,			
Chemiſes-robe d'indienne,			
Collerettes de mouſſeline,			
Cols de mouſſeline,			
Couches,			
Couvres-pieds garnis,			
Culottes de draps de coton,			
Culottes de baſin,			
Culottes de toile de coton,			
DESHABILLERS de toile de coton,			
TOTAL			

ARTICLE	liv.	ſ.	d.
Deſhabillers d'indienne,			
FOURREAUX de toile de coton,			
Fourreaux de linon,			
Fourreaux d'indienne,			
GARNITURES de lit,			
Gillets de baſin,			
Gillets de toile de coton,			
JACTONS,			
Jupons de toile de coton garnis,			
Jupons de baſin garnis,			
Jupons de futaine,			
Jupons de molcton,			
LANGES piqués,			
Lange de futaine,			
Lange de laine,			
Linge de toilette,			
MANTELETS de mouſſeline,			
Manchettes de garçon,			
Matelots de toile,			
Matelots de Nankin,			
Mouchoirs de toile,			
Mouchoirs de batiſte,			
PAIRES de bas de coton,			
paires de bas de fil,			
paires de bas petits,			
paires de bas de laine,			
paires de poches,			
Peignoirs,			
Pierrots & Jupon de linon,			
Pierrots & Jupon de mouſſeline,			
Pieces d'eſtomac,			
ROBES & Jupons de toile de coton,			
Robes & Jupons de mouſſeline,			
Robes & Jupons d'indienne,			
Robe de chambre,			
TETIERES,			
Tours de bonnet,			
Tours de chaiſes,			
VESTES de baſin,			
Veſtes de toile de coton,			
Veſtes de nankin,			
Veſtes de drap de coton.			
TOTAL			

ARTICLE	liv.	f.	d.
Linge d'Office.			
CHAUSSES à passer,			
ESSUIE-MAINS,			
NAPES damassées,			
Napes à linteaux,			
Napes à grains d'orge,			
Napes ouvrées,			
Napes d'office,			
Napes petites,			
Napes de venise,			
Napes de cuisine,			
PAQUETS de Torchons,			
SERVIETTES d'amassées,			
Serviettes à linteaux,			
Serviettes à grains d'orge,			
Serviettes ouvrées,			
Serviettes de Venise]			
TABLIERS d'office,			
Tabliers de cuisine,			
Torchons,			
Linge de la Femme de Chambre.			
BANDEAUX,			
Bonnets ronds,			
Bonnets piqués,			
CAMISOLES de toile de coton,			
Camisoles d'indienne,			
Chemises,			
Corset de toile,			
Corset de basin,			
DESHABILLÉ complet de toile de coton,			
Deshabillé complet d'indienne,			
FICHUS de mousseline,			
Fichus de linon,			
JUPONS piqués,			
Jupons houetrés,			
Jupons de toile de coton,			
LINGE de toilette,			
MOUCHOIRS blancs,			
Mouchoirs de couleur,			
PAIRES de poches,			
paires de bas de coton,			
paires de bas de fil,			
TOTAL			

ARTICLE	liv.	f.
ROBE & Jupon d'indienne,		
Robe & Jupons de toile de coton,		
Robe & Jupon de mousseline,		
SERRE-TÊTES.		
Linge de la Cuisiniere.		
BONNETS ronds,		
Bonnets piqués,		
CAMISOLES d'indienne,		
Camisoles de toile de coton,		
Chemises,		
DESHABILLÉ compl. de toile de cot.		
Deshabiller complet d'indienne,		
FICHUS de mousseline,		
Fichus de linon,		
JUPONS piqués,		
Jupons de toile de coton,		
Jupons d'indienne,		
LINGE de toilette,		
MOUCHOIRS blancs,		
Mouchoirs de couleur,		
PAIRES de poches,		
paires de bas de laine,		
paires de bas de coton,		
paires de bas de fil,		
ROBE & Jupon d'indienne,		
Robe & Jupon de toile de coton,		
SERRE-TETE,		
Linge du Domestique.		
BONNETS de coton,		
Bonnets de laine,		
CALÇONS,		
Chemises,		
Cols,		
Cravattes,		
Culottes blanches,		
Culotte de Nankin,		
MOUCHOIRS,		
PAIRES de bas de coton,		
paires de bas de fil,		
paires de bas de laine,		
paires de bas de filoselle,		
paires de chaussons,		
VESTES blanches,		
Vestes de Nankin,		
TOTAL		

(1)

le DU MOIS d 178

donné à blanchir

SÇAVOIR à Monsieur.

ARTICLE	liv.	s.	d.
BANDEAUX,			
Bonnets de coton,			
Bonnets de laine,			
Bretelles.			
CALÇONS de toile,			
Calçons de futaine,			
Camisoles de toile,			
Camisoles de futaine,			
Camisoles d'indienne,			
Chaussettes,			
Chemises de jour, garnies,			
Chemises de nuit,			
Coiffes de Bonnets,			
Cols de mousseline,			
Cols de basin,			
Cravattes de mousseline,			
Cravattes de batiste,			
Culottes de basin,			
Culottes de toile de coton,			
Culottes de draps de coton,			
Culottes de Nankin,			
ESSUIE-MAINS,			
FROTTOIRS,			
GANTS de fil,			
Gillets de basin,			
Gillets de flanelle,			
Guêtres de toile,			
Gillets de futaine,			
Gillets de toile de coton,			
LINGE à barbe,			
MANCHETTES de mousseline,			
Manchettes de batiste,			
Manchettes effilées,			
Manchettes de bottes,			
TOTAL			

ARTICLE	liv.	s.	d.
Mouchoirs des indes,			
Mouchoirs de toile blanche,			
Mouchoirs de batiste,			
Mouchoirs de couleurs,			
NAPES,			
PAIRES de draps de maître,			
paires de draps de domestique,			
paires de bas de fil,			
paires de bas de coton,			
paires de bas de laine,			
paires de bas de filosele,			
paires de chaussons de toile,			
paires de chaussons de tricot,			
Pantalon de moleton,			
Pantalon de toile,			
Pantalon de tricot,			
Peignoirs,			
Pieces d'estomac,			
ROBE-de-chambre d'indienne,			
Robe-de-chambre piquée,			
SACS à pelottes,			
Serre-têtes,			
Serviettes de toilette,			
Suspensoirs,			
TABLIER du matin,			
Tayes d'oreillers,			
VESTES de basin,			
Vestes de drap de coton			
Vestes de Mousseline,			
Vestes de Nankin,			
Vestes piquées,			
Vestes de toile de coton,			
TOTAL			

SÇAVOIR, à Madame

ARTICLE	liv.	s.	d.
BANDES à saigner,			
Bandeaux,			
Bastiennes,			
Blouses,			
Bonnets piqués,			
Bonnets ronds de mousseline,			
Bonnets ronds de linon,			
Bonnets ronds de dentelle			
CAMISOLES de mousseline garnies,			
Camisoles de toile de coton garnies,			
Camisoles piquées garnies,			
Camisoles houettées garnies,			
Chemises de jour,			
Chemises de nuit,			
Chemises de batiste,			
Chemises de bain,			
Chemises-robes de mousseline,			
Chemises-robe d'indienne,			
Chemise-robe, de linon,			
Coiffes de mousseline,			
Collerette,			
Corset de toile de coton garnis,			
Corsets de basin garnis,			
Corsets de toile fine garnis,			
Courtes-pointes,			
Couverture de coton,			
Couvre-pieds piqués garnis,			
Couvre-pieds de mousseline,			
Couvre-meuble,			
DRAPS de maîtres,			
Draps sans couture,			
Draps de domestique,			
Deshabillers garnis,			
ESSUIE-MAINS			
FOURREAUX de toile de coton,			
Fourreaux de mousseline,			
Fourreaux d'indienne,			
Fourreaux de linon,			
Fichus de mousseline,			
TOTAL			

ARTICLE	liv.	s.	d.
Fichus de batiste,			
Fichus doubles,			
Fichus de linon,			
Fichus frisés,			
Fraisettes de mousseline,			
Frottoirs de futaine,			
Frottoirs de flannelle,			
GARNITURES de lit de toile,			
Gaule de mousseline,			
Gaule d'indienne,			
HOUPELANDE,			
JUPONS piqués, blancs, garnis,			
Jupons de moleton,			
Jupons de futaine,			
Jupons de basin garnis,			
Jupons de granat,			
Jupons houettés, garnis,			
Jupons de linon,			
Jupons de mousseline,			
LINGE de toilette,			
Linge de Garde-robe,			
Linges de baignoir,			
MANTELETS de mousseline,			
Mouchoirs de toile blanche,			
Mouchoirs de batiste,			
Mouchoirs des indes,			
PAIRES de poches de basin, garnies,			
Paires de poches de toile, garnies,			
paire de bas de coton,			
Peignoirs de toile,			
Peignoirs de Mousseline,			
Pieces d'estomac,			
Pierrot & Jupon de linon,			
RIDEAUX de mousseline, grands,			
Rideaux de toile de coton, grands,			
Rideaux de mousseline, petits,			
Rideaux de linon, petits,			
Robe & Jupon de toile de coton,			
TOTAL			

ARTICLE	liv.	f.	d.
Robe & Jupon de mouſſeline,			
Robe & Jupon de linon,			
Robe & Jupon d'indienne,			
Rodingotte d'indienne,			
SACS à pelottes,			
Serre-têtes,			
Serviettes de toilette,			
Serviettes de garderobe,			
TABLIERS de Femme-de-chambre,			
Tabliers de coëffeur,			
Tayes d'oreillers garnies,			
Toilette garnie de mouſſeline,			
Tours de chaiſe,			
Tour de baſſin,			
Linge des Enfans.			
BANDEAUX,			
Bandes,			
Bavoirs;			
Beguin,			
Braſſieres de futaine,			
Braſſieres de flanelle,			
CALÇONS,			
Camiſoles de mouſſeline,			
Camiſoles de toile de coton,			
Camiſoles d'indienne,			
Camiſoles de futaine,			
Chauſſettes,			
Chauſſons,			
Chemiſes de jour, de garçon,			
Chemiſes de nuit, de garçon,			
Chemiſes de jour, de demoiſelle			
Chemiſes de nuit, de demoiſelle,			
Chemiſes petites,			
Chemiſes-robes de mouſſeline,			
Chemiſes-robe d'indienne,			
Collerettes de mouſſeline,			
Cols de mouſſeline,			
Couches,			
Couvres-pieds garnis,			
Culottes de draps de coton,			
Culottes de baſin,			
Culottes de toile de coton,			
DESHABILLERS de toile de coton,			
TOTAL			

ARTICLE	liv.	f.	d.
Deſhabillers d'indienne,			
FOURREAUX de toile de coton,			
Fourreaux de linon,			
Fourreaux d'indienne,			
GARNITURES de lit,			
Gillets de baſin,			
Gillets de toile de coton,			
JACTONS,			
Jupons de toile de coton garnis,			
Jupons de baſin garnis,			
Jupons de futaine,			
Jupons de moleton,			
LANGES piqués,			
Lange de futaine,			
Lange de laine,			
Linge de toilette,			
MANTELETS de mouſſeline,			
Manchettes de garçon,			
Matelots de toile,			
Matelots de Nankin,			
Mouchoirs de toile,			
Mouchoirs de batiſte,			
PAIRES de bas de coton,			
paires de bas de fil,			
paires de bas petits,			
paires de bas de laine,			
paires de poches,			
Peignoirs,			
Pierrots & Jupon de linon,			
Pierrots & Jupon de mouſſeline,			
Pieces d'eſtomac,			
ROBES & Jupons de toile de coton,			
Robes & Jupons de mouſſeline,			
Robes & Jupons d'indienne,			
Robe de chambre,			
TETIERES,			
Tours de bonnet,			
Tours de chaiſes,			
VESTES de baſin,			
Veſtes de toile de coton,			
Veſtes de nankin,			
Veſtes de drap de coton.			
TOTAL			

ARTICLE	liv.	s.	d.
Linge d'Office.			
CHAUSSES à passer,			
ESSUIE-MAINS,			
NAPES damassées,			
Napes à linteaux,			
Napes à grains d'orge,			
Napes ouvrées,			
Napes d'office,			
Napes petites,			
Napes de venise,			
Napes de cuisine,			
PAQUETS de Torchons,			
SERVIETTES d'amassées,			
Serviettes à linteaux,			
Serviettes à grains d'orge,			
Serviettes ouvrées,			
Serviettes de Venise,			
TABLIERS d'office,			
Tabliers de cuisine,			
Torchons,			
Linge de la Femme de Chambre.			
BANDEAUX,			
Bonnets ronds,			
Bonnets piqués,			
CAMISOLES de toile de coton,			
Camisoles d'indienne,			
Chemises,			
Corset de toile,			
Corset de basin,			
DESHABILLÉ complet de toile de coton,			
Deshabillé complet d'indienne,			
FICHUS de mousseline,			
Fichus de linon,			
JUPONS piqués,			
Jupons houettés,			
Jupons de toile de coton,			
LINGE de toilette,			
MOUCHOIRS blancs,			
Mouchoirs de couleur,			
PAIRES de poches,			
paires de bas de coton,			
paires de bas de fil,			
TOTAL			

ARTICLE	liv.	s.
ROBE & Jupon d'indienne,		
Robe & Jupons de toile de coton,		
Robe & Jupon de mousseline,		
SERRE-TÊTES.		
Linge de la Cuisiniere.		
BONNETS ronds,		
Bonnets piqués,		
CAMISOLES d'indienne,		
Camisoles de toile de coton,		
Chemises,		
DESHABILLÉ compl. de toile de cot.		
Deshabiller complet d'indienne,		
FICHUS de mousseline,		
Fichus de linon,		
JUPONS piqués,		
Jupons de toile de coton,		
Jupons d'indienne,		
LINGE de toilette,		
MOUCHOIRS blancs,		
Mouchoirs de couleur,		
PAIRES de poches,		
paires de bas de laine,		
paires de bas de coton,		
paires de bas de fil,		
ROBE & Jupon d'indienne,		
Robe & Jupon de toile de coton,		
SERRE-TETE,		
Linge du Domestique.		
BONNETS de coton,		
Bonnets de laine,		
CALÇONS,		
Chemises,		
Cols,		
Cravattes,		
Culottes blanches,		
Culotte de Nankin,		
MOUCHOIRS,		
PAIRES de bas de coton,		
paires de bas de fil,		
paires de bas de laine,		
paires de bas de filoselle,		
paires de chaussons,		
VESTES blanches,		
Vestes de Nankin,		
TOTAL		

le DU MOIS d 178

donné à blanchir

SÇAVOIR à Monsieur.

ARTICLE	liv.	s.	d.
BANDEAUX,			
Bonnets de coton,			
Bonnets de laine,			
Bretelles.			
CALÇONS de toile,			
Calçons de futaine,			
Camisoles de toile,			
Camisoles de futaine,			
Camisoles d'indienne,			
Chauffettes,			
Chemises de jour, garnies,			
Chemises de nuit,			
Coîffes de Bonnets,			
Cols de mousseline,			
Cols de basin,			
Cravattes de mousseline,			
Cravattes de batiste,			
Culottes de basin,			
Culottes de toile de coton,			
Culottes de draps de coton,			
Culottes de Nankin,			
ESSUIE-MAINS,			
FROTTOIRS			
GANTS de fil,			
Gillets de basin,			
Gillets de flanelle,			
Guêtres de toile,			
Gillets de futaine,			
Gillets de toile de coton,			
LINGE à barbe,			
MANCHETTES de mousseline,			
Manchettes de batiste,			
Manchettes effilées,			
Manchettes de bottes,			
TOTAL			

ARTICLE	liv.	s.	d.
Mouchoirs des indes,			
Mouchoirs de toile blanche,			
Mouchoirs de batiste,			
Mouchoirs de couleurs,			
NAPES,			
PAIRES de draps de maître,			
paires de draps de domestique,			
paires de bas de fil,			
paires de bas de coton,			
paires de bas de laine,			
paires de bas de filosele,			
paires de chaussons de toile,			
paires de chaussons de tricot,			
Pantalon de moleton,			
Pantalon de toile,			
Pantalon de tricot,			
Peignoirs,			
Pieces d'estomac,			
ROBE-de-chambre d'indienne,			
Robe-de-chambre piquée,			
SACS à pelottes,			
Serre-têtes,			
Serviettes de toilette,			
Suspensoirs,			
TABLIER du matin,			
Tayes d'oreillers,			
VESTES de basin,			
Vestes de drap de coton			
Vestes de Mousseline,			
Vestes de Nankin,			
Vestes piquées,			
Vestes de toile de coton,			
TOTAL			

SÇAVOIR, à Madame

ARTICLE	liv.	s.	d.
BANDES à saigner,			
Bandeaux,			
Bastiennes,			
Blouses,			
Bonnets piqués,			
Bonnets ronds de mousseline,			
Bonnets ronds de linon,			
Bonnets ronds de dentelle			
CAMISOLES de mousseline garnies,			
Camisoles de toile de coton garnies,			
Camisoles piquées garnies,			
Camisoles houettées garnies,			
Chemises de jour,			
Chemises de nuit,			
Chemises de batiste,			
Chemises de bain,			
Chemises-robes de mousseline,			
Chemises-robe d'indienne,			
Chemise-robe, de linon,			
Coîffes de mousseline,			
Collerette,			
Corset de toile de coton garnis,			
Corsets de basin garnis,			
Corsets de toile fine garnis,			
Courtes-pointes,			
Couverture de coton,			
Couvre-pieds piqués garnis,			
Couvre-pieds de mousseline,			
Couvre-meuble,			
DRAPS de maîtres,			
Draps sans couture,			
Draps de domestique,			
Deshabillers garnis,			
ESSUIE-MAINS.			
FOURREAUX de toile de coton,			
Fourreaux de mousseline,			
Fourreaux d'indienne,			
Fourreaux de linon,			
Fichus de mousseline,			
TOTAL			

ARTICLE	liv.	s.	d.
Fichus de batiste,			
Fichus doubles,			
Fichus de linon,			
Fichus frisés,			
Fraisettes de mousseline,			
Frottoirs de futaine,			
Frottoirs de flannelle,			
GARNITURES de lit de toile,			
Gaule de mousseline,			
Gaule d'indienne,			
HOUPELANDE,			
JUPONS piqués, blancs, garnis,			
Jupons de moleton,			
Jupons de futaine,			
Jupons de basin garnis,			
Jupons de granat,			
Jupons houettés, garnis,			
Jupons de linon,			
Jupons de mousseline,			
LINGE de toilette,			
Linge de Garde-robe,			
Linges de baignoir,			
MANTELETS de mousseline,			
Mouchoirs de toile blanche,			
Mouchoirs de batiste,			
Mouchoirs des indes,			
PAIRES de poches de basin, garnies,			
Paires de poches de toile, garnies,			
paire de bas de coton,			
Peignoirs de toile,			
Peignoirs de Mousseline,			
Pieces d'estomac,			
Pierrot & Jupon de linon,			
RIDEAUX de mousseline, grands,			
Rideaux de toile de coton, grands,			
Rideaux de mousseline, petits,			
Rideaux de linon, petits,			
Robe & Jupon de toile de coton,			
TOTAL			

ARTICLE	liv.	s.	d.
Robe & Jupon de mousseline,			
Robe & Jupon de linon,			
Robe & Jupon d'indienne,			
Rodingotte d'indienne,			
SACS à pelottes,			
Serre-têtes,			
Serviettes de toilette,			
Serviettes de garderobe,			
TABLIERS de Femme-de-chambre,			
Tabliers de coëffeur,			
Tayes d'oreillers garnies,			
Toilette garnie de mousseline,			
Tours de chaise,			
Tour de bassin,			
Linge des Enfans.			
BANDEAUX,			
Bandes,			
Bavoirs;			
Beguin,			
Brassieres de futaine,			
Brassieres de flanelle,			
CALÇONS,			
Camisoles de mousseline,			
Camisoles de toile de coton,			
Camisoles d'indienne,			
Camisoles de futaine,			
Chaussettes,			
Chaussons,			
Chemises de jour, de garçon,			
Chemises de nuit, de garçon,			
Chemises de jour, de demoiselle			
Chemises de nuit, de demoiselle,			
Chemises petites,			
Chemises-robes de mousseline,			
Chemises-robe d'indienne,			
Collerettes de mousseline,			
Cols de mousseline,			
Couches,			
Couvres-pieds garnis,			
Culottes de draps de coton,			
Culottes de basin,			
Culottes de toile de coton,			
DESHABILLERS de toile de coton,			
TOTAL			

ARTICLE	liv.	s.	d.
Deshabillers d'indienne,			
FOURREAUX de toile de coton,			
Fourreaux de linon,			
Fourreaux d'indienne,			
GARNITURES de lit,			
Gillets de basin,			
Gillets de toile de coton,			
JACTONS,			
Jupons de toile de coton garnis,			
Jupons de basin garnis,			
Jupons de futaine,			
Jupons de moleton,			
LANGES piqués,			
Lange de futaine,			
Lange de laine,			
Linge de toilette,			
MANTELETS de mousseline,			
Manchettes de garçon,			
Matelots de toile,			
Matelots de Nankin,			
Mouchoirs de toile,			
Mouchoirs de batiste,			
PAIRES de bas de coton,			
paires de bas de fil,			
paires de bas petits,			
paires de bas de laine,			
paires de poches,			
Peignoirs,			
Pierrots & Jupon de linon,			
Pierrots & Jupon de mousseline,			
Pieces d'estomac,			
ROBES & Jupons de toile de coton,			
Robes & Jupons de mousseline,			
Robes & Jupons d'indienne,			
Robe de chambre,			
TETIERES,			
Tours de bonnet,			
Tours de chaises;			
VESTES de basin,			
Vestes de toile de coton,			
Vestes de nankin,			
Vestes de drap de coton.			
TOTAL			

ARTICLE	liv.	ſ.	d.
Linge d'Office.			
CHAUSSES à paſſer,			
ESSUIE-MAINS,			
NAPES damaſſées,			
Napes à linteaux,			
Napes à grains d'orge,			
Napes ouvrées,			
Napes d'office,			
Napes petites,			
Napes de veniſe,			
Napes de cuiſine,			
PAQUETS de Torchons,			
SERVIETTES d'amaſſées,			
Serviettes à linteaux,			
Serviettes à grains d'orge,			
Serviettes ouvrées,			
Serviettes de Veniſe			
TABLIERS d'office,			
Tabliers de cuiſine,			
Torchons,			
Linge de la Femme de Chambre.			
BANDEAUX,			
Bonnets ronds,			
Bonnets piqués,			
CAMISOLES de toile de coton,			
Camiſoles d'indienne,			
Chemiſes,			
Corſet de toile,			
Corſet de baſin,			
DESHABILLÉ complet de toile de coton,			
Deshabillé complet d'indienne,			
FICHUS de mouſſeline,			
Fichus de linon,			
JUPONS piqués,			
Jupons houetrés,			
Jupons de toile de coton,			
LINGE de toilette,			
MOUCHOIRS blancs,			
Mouchoirs de couleur,			
PAIRES de poches,			
paires de bas de coton,			
paires de bas de fil,			
TOTAL			

ARTICLE	liv.	ſ.	d.
ROBE & Jupon d'indienne,			
Robe & Jupons de toile de coton,			
Robe & Jupon de mouſſeline,			
SERRE-TÊTES.			
Linge de la Cuiſinière.			
BONNETS ronds,			
Bonnets piqués,			
CAMISOLES d'indienne,			
Camiſoles de toile de coton,			
Chemiſes,			
DESHABILLÉ compl. de toile de cot.			
Deshabiller complet d'indienne,			
FICHUS de mouſſeline,			
Fichus de linon,			
JUPONS piqués,			
Jupons de toile de coton,			
Jupons d'indienne,			
LINGE de toilette,			
MOUCHOIRS blancs,			
Mouchoirs de couleur,			
PAIRES de poches,			
paires de bas de laine,			
paires de bas de coton,			
paires de bas de fil,			
ROBE & Jupon d'indienne,			
Robe & Jupon de toile de coton,			
SERRE-TETE,			
Linge du Domeſtique.			
BONNETS de coton,			
Bonnets de laine,			
CALÇONS,			
Chemiſes,			
Cols,			
Cravattes,			
Culottes blanches,			
Culotte de Nankin,			
MOUCHOIRS,			
PAIRES de bas de coton,			
paires de bas de fil,			
paires de bas de laine,			
paires de bas de filoſelle,			
paires de chauſſons,			
VESTES blanches,			
Veſtes de Nankin,			
TOTAL			

le DU MOIS d 178

donné à blanchir

SÇAVOIR à Monsieur.

ARTICLE	liv.	ſ.	d.
BANDEAUX,			
Bonnets de coton,			
Bonnets de laine,			
Bretelles.			
CALÇONS de toile,			
Calçons de futaine,			
Camiſoles de toile,			
Camiſoles de futaine,			
Camiſoles d'indienne,			
Chauſſettes,			
Chemiſes de jour, garnies,			
Chemiſes de nuit,			
Coîffes de Bonnets,			
Cols de mouſſeline,			
Cols de baſin,			
Cravattes de mouſſeline,			
Cravattes de batiſte,			
Culottes de baſin,			
Culottes de toile de coton,			
Culottes de draps de coton,			
Culottes de Nankin,			
ESSUIE-MAINS,			
FROTTOIRS,			
GANTS de fil,			
Gillets de baſin,			
Gillets de flanelle,			
Guêtres de toile,			
Gillets de futaine,			
Gillets de toile de coton,			
LINGE à barbe,			
MANCHETTES de mouſſeline,			
Manchettes de batiſte,			
Manchettes effilées,			
Manchettes de bottes,			
TOTAL			

ARTICLE	liv.	ſ.	d.
Mouchoirs des indes,			
Mouchoirs de toile blanche,			
Mouchoirs de batiſte,			
Mouchoirs de couleurs,			
NAPES,			
PAIRES de draps de maître,			
paires de draps de domeſtique,			
paires de bas de fil,			
paires de bas de coton,			
paires de bas de laine,			
paires de bas de filoſele,			
paires de chauſſons de toile,			
paires de chauſſons de tricot,			
Pantalon de moleton,			
Pantalon de toile,			
Pantalon de tricot,			
Peignoirs,			
Pieces d'eſtomac,			
ROBE-de-chambre d'indienne,			
Robe-de-chambre piquée,			
SACS à pelottes,			
Serre-têtes,			
Serviettes de toilette,			
Suſpenſoirs,			
TABLIER du matin,			
Tayes d'oreillers,			
VESTES de baſin,			
Veſtes de drap de coton			
Veſtes de Mouſſeline,			
Veſtes de Nankin,			
Veſtes piquées,			
Veſtes de toile de coton,			
TOTAL			

SÇAVOIR, à Madame

ARTICLE	liv.	s.	d.	ARTICLE	liv.	s.	d.
BANDES à ſaigner,				Fichus de batiſte,			
Bandeaux,				Fichus doubles,			
Baſtiennes,				Fichus de linon,			
Blouſes,				Fichus friſés,			
Bonnets piqués,				Fraiſettes de mouſſeline,			
Bonnets ronds de mouſſeline,				Frottoirs de futaine,			
Bonnets ronds de linon,				Frottoirs de flannelle,			
Bonnets ronds de dentelle				GARNITURES de lit de toile,			
CAMISOLES de mouſſeline garnies,				Gaule de mouſſeline,			
Camiſoles de toile de coton garnies,				Gaule d'indienne,			
Camiſoles piquées garnies,				HOUPELANDE,			
Camiſoles houettées garnies,				JUPONS piqués, blancs, garnis,			
Chemiſes de jour,				Jupons de moleton,			
Chemiſes de nuit,				Jupons de futaine,			
Chemiſes de batiſte,				Jupons de baſin garnis,			
Chemiſes de bain,				Jupons de granat,			
Chemiſes-robes de mouſſeline,				Jupons houettés, garnis,			
Chemiſes-robe d'indienne;				Jupons de linon,			
Chemiſe-robe, de linon;				Jupons de mouſſeline,			
Coîffes de mouſſeline,				LINGE de toilette,			
Collerette,				Linge de Garde-robe,			
Corſet de toile de coton garnis,				Linges de baignoir,			
Corſets de baſin garnis,				MANTELETS de mouſſeline,			
Corſets de toile fine garnis,				Mouchoirs de toile blanche,			
Courtes-pointes,				Mouchoirs de batiſte,			
Couverture de coton,				Mouchoirs des indes,			
Couvre-pieds piqués garnis,				PAIRES de poches de baſin, garnies,			
Couvre-pieds de mouſſeline,				Paires de poches de toile, garnies,			
Couvre-meuble,				paire de bas de coton,			
DRAPS de maîtres,				Peignoirs de toile,			
Draps ſans couture,				Peignoirs de Mouſſeline,			
Draps de domeſtique,				Pieces d'eſtomac,			
Deshabillers garnis,				Pierrot & Jupon de linon,			
ESSUIE-MAINS				RIDEAUX de mouſſeline, grands,			
FOURREAUX de toile de coton,				Rideaux de toile de coton, grands,			
Fourreaux de mouſſeline,				Rideaux de mouſſeline, petits,			
Fourreaux d'indienne,				Rideaux de linon, petits,			
Fourreaux de linon,				Robe & Jupon de toile de coton,			
Fichus de mouſſeline,							
TOTAL				TOTAL			

ARTICLE	liv.	f.	d.
Robe & Jupon de mouffeline,			
Robe & Jupon de linon,			
Robe & Jupon d'indienne,			
Rodingotte d'indienne,			
SACS à pelottes,			
Serre-têtes,			
Serviettes de toilette,			
Serviettes de garderobe,			
TABLIERS de Femme-de-chambre,			
Tabliers de coëffeur,			
Tayes d'oreillers garnies,			
Toilette garnie de mouffeline,			
Tours de chaife,			
Tour de baffin,			
Linge des Enfans.			
BANDEAUX,			
Bandes,			
Bavoirs,			
Beguin,			
Braffieres de futaine,			
Braffieres de flanelle,			
CALÇONS,			
Camifoles de mouffeline,			
Camifoles de toile de coton,			
Camifoles d'indienne,			
Camifoles de futaine,			
Chauffettes,			
Chauffons,			
Chemifes de jour, de garçon,			
Chemifes de nuit, de garçon,			
Chemifes de jour, de demoifelle			
Chemifes de nuit, de demoifelle,			
Chemifes petites,			
Chemifes-robes de mouffeline,			
Chemifes-robe d'indienne,			
Collerettes de mouffeline,			
Cols de mouffeline,			
Couches,			
Couvres-pieds garnis,			
Culottes de draps de coton,			
Culottes de bafin,			
Culottes de toile de coton,			
DESHABILLERS de toile de coton,			
TOTAL			

ARTICLE	liv.	f.	d.
Defhabillers d'indienne,			
FOURREAUX de toile de coton,			
Fourreaux de linon,			
Fourreaux d'indienne,			
GARNITURES de lit,			
Gillets de bafin,			
Gillets de toile de coton,			
JACTONS,			
Jupons de toile de coton garnis,			
Jupons de bafin garnis,			
Jupons de futaine,			
Jupons de moleton,			
LANGES piqués,			
Lange de futaine,			
Lange de laine,			
Linge de toilette,			
MANTELETS de mouffeline,			
Manchettes de garçon,			
Matelots de toile,			
Matelots de Nankin,			
Mouchoirs de toile,			
Mouchoirs de batifte,			
PAIRES de bas de coton,			
paires de bas de fil,			
paires de bas petits,			
paires de bas de laine,			
paires de poches,			
Peignoirs,			
Pierrots & Jupon de linon,			
Pierrots & Jupon de mouffeline,			
Pieces d'eftomac,			
ROBES & Jupons de toile de coton,			
Robes & Jupons de mouffeline,			
Robes & Jupons d'indienne,			
Robe de chambre,			
TETIERES,			
Tours de bonnet,			
Tours de chaifes,			
VESTES de bafin,			
Veftes de toile de coton,			
Veftes de nankin,			
Veftes de drap de coton.			
TOTAL			

ARTICLE	liv.	s.	d.
Linge d'Office.			
CHAUSSES à passer,			
ESSUIE-MAINS,			
NAPES damassées,			
Napes à linteaux,			
Napes à grains d'orge,			
Napes ouvrées,			
Napes d'office,			
Napes petites,			
Napes de venise,			
Napes de cuisine,			
PAQUETS de Torchons,			
SERVIETTES d'amassées,			
Serviettes à linteaux,			
Serviettes à grains d'orge,			
Serviettes ouvrées,			
Serviettes de Venise,			
TABLIERS d'office,			
Tabliers de cuisine,			
Torchons,			
Linge de la Femme de Chambre.			
BANDEAUX,			
Bonnets ronds,			
Bonnets piqués,			
CAMISOLES de toile de coton,			
Camisoles d'indienne,			
Chemises,			
Corset de toile,			
Corset de basin,			
DESHABILLÉ complet de toile de coton,			
Deshabillé complet d'indienne,			
FICHUS de mousseline,			
Fichus de linon,			
JUPONS piqués,			
Jupons houettés,			
Jupons de toile de coton,			
LINGE de toilette,			
MOUCHOIRS blancs,			
Mouchoirs de couleur,			
PAIRES de poches,			
paires de bas de coton,			
paires de bas de fil,			
TOTAL			

ARTICLE	liv.	s.	d.
ROBE & Jupon d'indienne,			
Robe & Jupons de toile de coton,			
Robe & Jupon de mousseline,			
SERRE-TÊTES.			
Linge de la Cuisiniere.			
BONNETS ronds,			
Bonnets piqués,			
CAMISOLES d'indienne,			
Camisoles de toile de coton,			
Chemises,			
DESHABILLÉ compl. de toile de cot.			
Deshabiller complet d'indienne,			
FICHUS de mousseline,			
Fichus de linon,			
JUPONS piqués,			
Jupons de toile de coton,			
Jupons d'indienne,			
LINGE de toilette,			
MOUCHOIRS blancs,			
Mouchoirs de couleur,			
PAIRES de poches,			
paires de bas de laine,			
paires de bas de coton,			
paires de bas de fil,			
ROBE & Jupon d'indienne,			
Robe & Jupon de toile de coton,			
SERRE-TETE,			
Linge du Domestique.			
BONNETS de coton,			
Bonnets de laine,			
CALÇONS,			
Chemises,			
Cols,			
Cravattes,			
Culottes blanches,			
Culotte de Nankin,			
MOUCHOIRS,			
PAIRES de bas de coton,			
paires de bas de fil,			
paires de bas de laine,			
paires de bas de filoselle,			
paires de chaussons,			
VESTES blanches,			
Vestes de Nankin,			
TOTAL			

(1)

le DU MOIS d 178

donné à blanchir

SÇAVOIR à Monſieur.

ARTICLE	liv.	ſ.	d.
BANDEAUX,			
Bonnets de coton,			
Bonnets de laine,			
Bretelles.			
CALÇONS de toile,			
Calçons de futaine,			
Camiſoles de toile,			
Camiſoles de futaine,			
Camiſoles d'indienne,			
Chauſſettes,			
Chemiſes de jour, garnies,			
Chemiſes de nuit,			
Coîffes de Bonnets,			
Cols de mouſſeline,			
Cols de baſin,			
Cravattes de mouſſeline,			
Cravattes de batiſte,			
Culottes de baſin,			
Culottes de toile de coton,			
Culottes de draps de coton,			
Culottes de Nankin,			
ESSUIE-MAINS,			
FROTTOIRS			
GANTS de fil,			
Gillets de baſin,			
Gillets de flanelle,			
Guêtres de toile,			
Gillets de futaine,			
Gillets de toile de coton,			
LINGE à barbe,			
MANCHETTES de mouſſeline,			
Manchettes de batiſte,			
Manchettes effilées,			
Manchettes de bottes,			
TOTAL			

ARTICLE	liv.	ſ.	d.
Mouchoirs des indes,			
Mouchoirs de toile blanche,			
Mouchoirs de batiſte,			
Mouchoirs de couleurs,			
NAPES,			
PAIRES de draps de maître,			
paires de draps de domeſtique,			
paires de bas de fil,			
paires de bas de coton,			
paires de bas de laine,			
paires de bas de filoſele,			
paires de chauſſons de toile,			
paires de chauſſons de tricot,			
Pantalon de moleton,			
Pantalon de toile,			
Pantalon de tricot,			
Peignoirs,			
Pieces d'eſtomac,			
ROBE-de-chambre d'indienne,			
Robe-de-chambre piquée,			
SACS à pelottes,			
Serre-têtes,			
Serviettes de toilette,			
Suſpenſoirs,			
TABLIER du matin,			
Tayes d'oreillers,			
VESTES de baſin,			
Veſtes de drap de coton			
Veſtes de Mouſſeline,			
Veſtes de Nankin,			
Veſtes piquées,			
Veſtes de toile de coton,			
TOTAL			

SÇAVOIR, à Madame

ARTICLE	liv.	s.	d.
BANDES à saigner,			
Bandeaux,			
Bastiennes,			
Blouses,			
Bonnets piqués,			
Bonnets ronds de mousseline,			
Bonnets ronds de linon,			
Bonnets ronds de dentelle			
CAMISOLES de mousseline garnies,			
Camisoles de toile de coton garnies,			
Camisoles piquées garnies,			
Camisoles houettées garnies,			
Chemises de jour,			
Chemises de nuit,			
Chemises de batiste,			
Chemises de bain,			
Chemises-robes de mousseline,			
Chemises-robe d'indienne,			
Chemise-robe, de linon,			
Coiffes de mousseline,			
Collerette,			
Corset de toile de coton garnis,			
Corsets de basin garnis,			
Corsets de toile fine garnis,			
Courtes-pointes,			
Couverture de coton,			
Couvre-pieds piqués garnis,			
Couvre-pieds de mousseline,			
Couvre-meuble,			
DRAPS de maîtres,			
Draps sans couture,			
Draps de domestique,			
Deshabillers garnis,			
ESSUIE-MAINS			
FOURREAUX de toile de coton,			
Fourreaux de mousseline,			
Fourreaux d'indienne,			
Fourreaux de linon,			
Fichus de mousseline,			
TOTAL			

ARTICLE	liv.	s.	d.
Fichus de batiste,			
Fichus doubles,			
Fichus de linon,			
Fichus frisés,			
Fraisettes de mousseline,			
Frottoirs de futaine,			
Frottoirs de flannelle,			
GARNITURES de lit de toile,			
Gaule de mousseline,			
Gaule d'indienne,			
HOUPELANDE,			
JUPONS piqués, blancs, garnis,			
Jupons de moleton,			
Jupons de futaine,			
Jupons de basin garnis,			
Jupons de granat,			
Jupons houettés, garnis,			
Jupons de linon,			
Jupons de mousseline,			
LINGE de toilette,			
Linge de Garde-robe,			
Linges de baignoir,			
MANTELETS de mousseline,			
Mouchoirs de toile blanche,			
Mouchoirs de batiste,			
Mouchoirs des indes,			
PAIRES de poches de basin, garnies,			
Paires de poches de toile, garnies,			
paire de bas de coton,			
Peignoirs de toile,			
Peignoirs de Mousseline,			
Pieces d'estomac,			
Pierrot & Jupon de linon,			
RIDEAUX de mousseline, grands,			
Rideaux de toile de coton, grands,			
Rideaux de mousseline, petits,			
Rideaux de linon, petits,			
Robe & Jupon de toile de coton,			
TOTAL			

ARTICLE	liv.	s.	d.
Robe & Jupon de mousseline,			
Robe & Jupon de linon,			
Robe & Jupon d'indienne,			
Rodingotte d'indienne,			
SACS à pelottes,			
Serre-têtes,			
Serviettes de toilette,			
Serviettes de garderobe,			
TABLIERS de Femme-de-chambre,			
Tabliers de coëffeur,			
Tayes d'oreillers garnies,			
Toilette garnie de mousseline,			
Tours de chaise,			
Tour de bassin,			
Linge des Enfans.			
BANDEAUX,			
Bandes,			
Bavoirs,			
Beguin,			
Brassieres de futaine,			
Brassieres de flanelle,			
CALÇONS,			
Camisoles de mousseline,			
Camisoles de toile de coton,			
Camisoles d'indienne,			
Camisoles de futaine,			
Chauffettes,			
Chaussons,			
Chemises de jour, de garçon,			
Chemises de nuit, de garçon,			
Chemises de jour, de demoiselle			
Chemises de nuit, de demoiselle,			
Chemises petites,			
Chemises-robes de mousseline,			
Chemises-robe d'indienne,			
Collerettes de mousseline,			
Cols de mousseline,			
Couches,			
Couvres-pieds garnis,			
Culottes de draps de coton,			
Culottes de basin,			
Culottes de toile de coton,			
DESHABILLERS de toile de coton,			
TOTAL			

ARTICLE	liv.	s.	d.
Deshabillers d'indienne,			
FOURREAUX de toile de coton,			
Fourreaux de linon,			
Fourreaux d'indienne,			
GARNITURES de lit,			
Gillets de basin,			
Gillets de toile de coton,			
JACTONS,			
Jupons de toile de coton garnis,			
Jupons de basin garnis,			
Jupons de futaine,			
Jupons de moleton,			
LANGES piqués,			
Lange de futaine,			
Lange de laine,			
Linge de toilette,			
MANTELETS de mousseline,			
Manchettes de garçon,			
Matelots de toile,			
Matelots de Nankin,			
Mouchoirs de toile,			
Mouchoirs de batiste,			
PAIRES de bas de coton,			
paires de bas de fil,			
paires de bas petits,			
paires de bas de laine,			
paires de poches,			
Peignoirs,			
Pierrots & Jupon de linon,			
Pierrots & Jupon de mousseline,			
Pieces d'estomac,			
ROBES & Jupons de toile de coton,			
Robes & Jupons de mousseline,			
Robes & Jupons d'indienne,			
Robe de chambre,			
TETIÈRES,			
Tours de bonnet,			
Tours de chaises,			
VESTES de basin,			
Vestes de toile de coton,			
Vestes de nankin,			
Vestes de drap de coton.			
TOTAL			

ARTICLE	liv.	s.	d.
Linge d'Office.			
CHAUSSES à passer,			
ESSUIE-MAINS,			
NAPES damassées,			
Napes à linteaux,			
Napes à grains d'orge,			
Napes ouvrées,			
Napes d'office,			
Napes petites,			
Napes de venise,			
Napes de cuisine,			
PAQUETS de Torchons,			
SERVIETTES d'amassées,			
Serviettes à linteaux,			
Serviettes à grains d'orge,			
Serviettes ouvrées,			
Serviettes de Venise			
TABLIERS d'office,			
Tabliers de cuisine,			
Torchons,			
Linge de la Femme de Chambre.			
BANDEAUX,			
Bonnets ronds,			
Bonnets piqués,			
CAMISOLES de toile de coton,			
Camisoles d'indienne,			
Chemises,			
Corset de toile,			
Corset de basin,			
DESHABILLÉ complet de toile de coton,			
Deshabillé complet d'indienne,			
FICHUS de mousseline,			
Fichus de linon,			
JUPONS piqués,			
Jupons houetrés,			
Jupons de toile de coton,			
LINGE de toilette,			
MOUCHOIRS blancs,			
Mouchoirs de couleur,			
PAIRES de poches,			
paires de bas de coton,			
paires de bas de fil,			
TOTAL			

ARTICLE	liv.	s.	d.
ROBE & Jupon d'indienne,			
Robe & Jupons de toile de coton,			
Robe & Jupon de mousseline,			
SERRE-TÊTES.			
Linge de la Cuisiniere.			
BONNETS ronds,			
Bonnets piqués,			
CAMISOLES d'indienne,			
Camisoles de toile de coton,			
Chemises,			
DESHABILLÉ compl. de toile de cot.			
Deshabiller complet d'indienne,			
FICHUS de mousseline,			
Fichus de linon,			
JUPONS piqués,			
Jupons de toile de coton,			
Jupons d'indienne,			
LINGÉ de toilette,			
MOUCHOIRS blancs,			
Mouchoirs de couleur,			
PAIRES de poches,			
paires de bas de laine,			
paires de bas de coton,			
paires de bas de fil,			
ROBE & Jupon d'indienne,			
Robe & Jupon de toile de coton,			
SERRE-TETE,			
Linge du Domestique.			
BONNETS de coton,			
Bonnets de laine,			
CALÇONS,			
Chemises,			
Cols,			
Cravattes,			
Culottes blanches,			
Culotte de Nankin,			
MOUCHOIRS,			
PAIRES de bas de coton,			
paires de bas de fil,			
paires de bas de laine,			
paires de bas de filoselle,			
paires de chaussons,			
VESTES blanches,			
Vestes de Nankin,			
TOTAL			

le DU MOIS d 178

donné à blanchir

SÇAVOIR à Monsieur.

ARTICLE	liv.	s.	d.
Bandeaux,			
Bonnets de coton,			
Bonnets de laine,			
Bretelles.			
Calçons de toile,			
Calçons de futaine,			
Camisoles de toile,			
Camisoles de futaine,			
Camisoles d'indienne,			
Chaussettes,			
Chemises de jour, garnies,			
Chemises de nuit,			
Coîffes de Bonnets,			
Cols de mousseline,			
Cols de basin,			
Cravattes de mousseline,			
Cravattes de batiste,			
Culottes de basin,			
Culottes de toile de coton,			
Culottes de draps de coton,			
Culottes de Nankin,			
Essuie-mains,			
Frottoirs,			
Gants de fil,			
Gillets de basin,			
Gillets de flanelle,			
Guêtres de toile,			
Gillets de futaine,			
Gillets de toile de coton,			
Linge à barbe,			
Manchettes de mousseline,			
Manchettes de batiste,			
Manchettes effilées,			
Manchettes de bottes,			
TOTAL			

ARTICLE	liv.	s.	d.
Mouchoirs des indes,			
Mouchoirs de toile blanche,			
Mouchoirs de batiste,			
Mouchoirs de couleurs,			
Napes,			
Paires de draps de maître,			
paires de draps de domestique,			
paires de bas de fil,			
paires de bas de coton,			
paires de bas de laine,			
paires de bas de filosele,			
paires de chaussons de toile,			
paires de chaussons de tricot,			
Pantalon de moleton,			
Pantalon de toile,			
Pantalon de tricot,			
Peignoirs,			
Pieces d'estomac,			
Robe-de-chambre d'indienne,			
Robe-de-chambre piquée,			
Sacs à pelottes,			
Serre-têtes,			
Serviettes de toilette,			
Suspensoirs,			
Tablier du matin,			
Tayes d'oreillers,			
Vestes de basin,			
Vestes de drap de coton			
Vestes de Mousseline,			
Vestes de Nankin,			
Vestes piquées,			
Vestes de toile de coton,			
TOTAL			

SÇAVOIR, à Madame

ARTICLE	liv.	s.	d.
BANDES à saigner,			
Bandeaux,			
Bastiennes,			
Blouses,			
Bonnets piqués,			
Bonnets ronds de mousseline,			
Bonnets ronds de linon,			
Bonnets ronds de dentelle			
CAMISOLES de mousseline garnies,			
Camisoles de toile de coton garnies,			
Camisoles piquées garnies,			
Camisoles houettées garnies,			
Chemises de jour,			
Chemises de nuit,			
Chemises de batiste,			
Chemises de bain,			
Chemises-robes de mousseline,			
Chemises-robe d'indienne,			
Chemise-robe, de linon,			
Coîffes de mousseline,			
Collèrette,			
Corset de toile de coton garnis,			
Corsets de basin garnis,			
Corsets de toile fine garnis,			
Courtes-pointes,			
Couverture de coton,			
Couvre-pieds piqués garnis,			
Couvre-pieds de mousseline,			
Couvre-meuble,			
DRAPS de maîtres,			
Draps sans couture,			
Draps de domestique,			
Deshabillers garnis,			
ESSUIE-MAINS			
FOURREAUX de toile de coton,			
Fourreaux de mousseline,			
Fourreaux d'indienne,			
Fourreaux de linon,			
Fichus de mousseline,			
TOTAL			

ARTICLE	liv.	s.	d.
Fichus de batiste,			
Fichus doubles,			
Fichus de linon,			
Fichus frisés,			
Fraisettes de mousseline,			
Frottoirs de futaine,			
Frottoirs de flannelle,			
GARNITURES de lit de toile,			
Gaule de mousseline,			
Gaule d'indienne,			
HOUPELANDE,			
JUPONS piqués, blancs, garnis,			
Jupons de moleton,			
Jupons de futaine,			
Jupons de basin garnis,			
Jupons de granat,			
Jupons houettés, garnis,			
Jupons de linon,			
Jupons de mousseline,			
LINGE de toilette,			
Linge de Garde-robe,			
Linges de baignoir,			
MANTELETS de mousseline,			
Mouchoirs de toile blanche,			
Mouchoirs de batiste,			
Mouchoirs des indes,			
PAIRES de poches de basin, garnies,			
Paires de poches de toile, garnies,			
paire de bas de coton,			
Peignoirs de toile,			
Peignoirs de Mousseline,			
Pièces d'estomac,			
Pierrot & Jupon de linon,			
RIDEAUX de mousseline, grands,			
Rideaux de toile de coton, grands,			
Rideaux de mousseline, petits,			
Rideaux de linon, petits,			
Robe & Jupon de toile de coton,			
TOTAL			

ARTICLE	liv.	s.	d.
Robe & Jupon de mousseline,			
Robe & Jupon de linon,			
Robe & Jupon d'indienne,			
Rodingotte d'indienne,			
SACS à pelottes,			
Serre-têtes,			
Serviettes de toilette,			
Serviettes de garderobe,			
TABLIERS de Femme-de-chambre,			
Tabliers de coëffeur,			
Tayes d'oreillers garnies,			
Toilette garnie de mousseline,			
Tours de chaise,			
Tour de bassin,			
Linge des Enfans.			
BANDEAUX,			
Bandes,			
Bavoirs,			
Beguin,			
Brassieres de futaine,			
Brassieres de flanelle,			
CALÇONS,			
Camisoles de mousseline,			
Camisoles de toile de coton,			
Camisoles d'indienne,			
Camisoles de futaine,			
Chaussettes,			
Chaussons,			
Chemises de jour, de garçon,			
Chemises de nuit, de garçon,			
Chemises de jour, de demoiselle			
Chemises de nuit, de demoiselle,			
Chemises petites,			
Chemises-robes de mousseline,			
Chemises-robe d'indienne,			
Collerettes de mousseline,			
Cols de mousseline,			
Couches,			
Couvres-pieds garnis,			
Culottes de draps de coton,			
Culottes de basin,			
Culottes de toile de coton,			
DESHABILLERS de toile de coton,			
TOTAL			

ARTICLE	liv.	s.	d.
Deshabillers d'indienne,			
FOURREAUX de toile de coton,			
Fourreaux de linon,			
Fourreaux d'indienne,			
GARNITURES de lit,			
Gillets de basin,			
Gillets de toile de coton,			
JACTONS,			
Jupons de toile de coton garnis,			
Jupons de basin garnis,			
Jupons de futaine,			
Jupons de moleton,			
LANGES piqués,			
Lange de futaine,			
Lange de laine,			
Linge de toilette,			
MANTELETS de mousseline,			
Manchettes de garçon,			
Matelots de toile,			
Matelots de Nankin,			
Mouchoirs de toile,			
Mouchoirs de batiste,			
PAIRES de bas de coton,			
paires de bas de fil,			
paires de bas petits,			
paires de bas de laine,			
paires de poches,			
Peignoirs,			
Pierrots & Jupon de linon,			
Pierrots & Jupon de mousseline,			
Pieces d'estomac,			
ROBES & Jupons de toile de coton,			
Robes & Jupons de mousseline,			
Robes & Jupons d'indienne,			
Robe de chambre,			
TETIERES,			
Tours de bonnet,			
Tours de chaises,			
VESTES de basin,			
Vestes de toile de coton,			
Vestes de nankin,			
Vestes de drap de coton.			
TOTAL			

ARTICLE	liv.	s.	d.
Linge d'Office.			
CHAUSSES à passer,			
ESSUIE-MAINS,			
NAPES damassées,			
Napes à linteaux,			
Napes à grains d'orge,			
Napes ouvrées,			
Napes d'office,			
Napes petites,			
Napes de venise,			
Napes de cuisine,			
PAQUETS de Torchons,			
SERVIETTES d'amassées,			
Serviettes à linteaux,			
Serviettes à grains d'orge,			
Serviettes ouvrées,			
Serviettes de Venise,			
TABLIERS d'office,			
Tabliers de cuisine,			
Torchons,			
Linge de la Femme de Chambre.			
BANDEAUX,			
Bonnets ronds,			
Bonnets piqués,			
CAMISOLES de toile de coton,			
Camisoles d'indienne,			
Chemises,			
Corset de toile,			
Corset de basin,			
DESHABILLÉ complet de toile de coton,			
Deshabillé complet d'indienne,			
FICHUS de mousseline,			
Fichus de linon,			
JUPONS piqués,			
Jupons houetrés,			
Jupons de toile de coton,			
LINGE de toilette,			
MOUCHOIRS blancs,			
Mouchoirs de couleur,			
PAIRES de poches,			
paires de bas de coton,			
paires de bas de fil,			
TOTAL			

ARTICLE	liv.	s.	d.
ROBE & Jupon d'indienne,			
Robe & Jupons de toile de coton,			
Robe & Jupon de mousseline,			
SERRE-TÊTES.			
Linge de la Cuisiniere.			
BONNETS ronds,			
Bonnets piqués,			
CAMISOLES d'indienne,			
Camisoles de toile de coton,			
Chemises,			
DESHABILLÉ compl. de toile de cot.			
Deshabiller complet d'indienne,			
FICHUS de mousseline,			
Fichus de linon,			
JUPONS piqués,			
Jupons de toile de coton,			
Jupons d'indienne,			
LINGE de toilette,			
MOUCHOIRS blancs,			
Mouchoirs de couleur,			
PAIRES de poches,			
paires de bas de laine,			
paires de bas de coton,			
paires de bas de fil,			
ROBE & Jupon d'indienne,			
Robe & Jupon de toile de coton,			
SERRE-TETE,			
Linge du Domestique.			
BONNETS de coton,			
Bonnets de laine,			
CALÇONS,			
Chemises,			
Cols,			
Cravattes,			
Culottes blanches,			
Culotte de Nankin,			
MOUCHOIRS,			
PAIRES de bas de coton,			
paires de bas de fil,			
paires de bas de laine,			
paires de bas de filoselle,			
paires de chaussons,			
VESTES blanches,			
Vestes de Nankin,			
TOTAL			

le DU MOIS d 178

donné à blanchir

SÇAVOIR à Monſieur.

ARTICLE	liv.	ſ.	d.
BANDEAUX,			
Bonnets de coton,			
Bonnets de laine,			
Bretelles.			
CALÇONS de toile,			
Calçons de futaine,			
Camiſoles de toile,			
Camiſoles de futaine,			
Camiſoles d'indienne,			
Chauſſettes,			
Chemiſes de jour, garnies,			
Chemiſes de nuit,			
Coîffes de Bonnets,			
Cols de mouſſeline,			
Cols de baſin,			
Cravattes de mouſſeline,			
Cravattes de batiſte,			
Culottes de baſin,			
Culottes de toile de coton,			
Culottes de draps de coton,			
Culottes de Nankin,			
ESSUIE-MAINS,			
FROTTOIRS			
GANTS de fil,			
Gillets de baſin,			
Gillets de flanelle,			
Guêtres de toile,			
Gillets de futaine,			
Gillets de toile de coton,			
LINGE à barbe,			
MANCHETTES de mouſſeline,			
Manchettes de batiſte,			
Manchettes effilées,			
Manchettes de bottes,			
TOTAL			

ARTICLE	liv.	ſ.	d.
Mouchoirs des indes,			
Mouchoirs de toile blanche,			
Mouchoirs de batiſte,			
Mouchoirs de couleurs,			
NAPES,			
PAIRES de draps de maître,			
paires de draps de domeſtique,			
paires de bas de fil,			
paires de bas de coton,			
paires de bas de laine,			
paires de bas de filoſele,			
paires de chauſſons de toile,			
paires de chauſſons de tricot,			
Pantalon de moleton,			
Pantalon de toile,			
Pantalon de tricot,			
Peignoirs,			
Pieces d'eſtomac,			
ROBE-de-chambre d'indienne,			
Robe-de-chambre piquée,			
SACS à pelottes,			
Serre-têtes,			
Serviettes de toilette,			
Suſpenſoirs,			
TABLIER du matin,			
Tayes d'oreillers,			
VESTES de baſin,			
Veſtes de drap de coton			
Veſtes de Mouſſeline,			
Veſtes de Nankin,			
Veſtes piquées,			
Veſtes de toile de coton,			
TOTAL			

SÇAVOIR, à Madame

ARTICLE	liv.	ſ.	d.
BANDES à ſaigner,			
Bandeaux,			
Baſtiennes,			
Blouſes,			
Bonnets piqués,			
Bonnets ronds de mouſſeline,			
Bonnets ronds de linon,			
Bonnets ronds de dentelle			
CAMISOLES de mouſſeline garnies,			
Camiſoles de toile de coton garnies,			
Camiſoles piquées garnies,			
Camiſoles houettées garnies,			
Chemiſes de jour,			
Chemiſes de nuit,			
Chemiſes de batiſte,			
Chemiſes de bain,			
Chemiſes-robes de mouſſeline,			
Chemiſes-robe d'indienne,			
Chemiſe-robe, de linon,			
Coïffes de mouſſeline,			
Collerette,			
Corſet de toile de coton garnis,			
Corſets de baſin garnis,			
Corſets de toile fine garnis,			
Courtes-pointes,			
Couverture de coton,			
Couvre-pieds piqués garnis,			
Couvre-pieds de mouſſeline,			
Couvre-meuble,			
DRAPS dé maîtres,			
Draps ſans couture,			
Draps de domeſtique,			
Deshabillers garnis,			
ESSUIE-MAINS			
FOURREAUX de toile de coton,			
Fourreaux de mouſſeline,			
Fourreaux d'indienne,			
Fourreaux de linon,			
Fichus de mouſſeline,			
TOTAL			

ARTICLE	liv.	ſ.	d.
Fichus de batiſte,			
Fichus doubles,			
Fichus de linon,			
Fichus friſés,			
Fraiſettes de mouſſeline,			
Frottoirs de futaine,			
Frottoirs de flannelle,			
GARNITURES de lit de toile,			
Gaule de mouſſeline,			
Gaule d'indienne,			
HOUPELANDE,			
JUPONS piqués, blancs, garnis,			
Jupons de moleton,			
Jupons de futaine,			
Jupons de baſin garnis,			
Jupons de granat,			
Jupons houettés, garnis,			
Jupons de linon,			
Jupons de mouſſeline,			
LINGE de toilette,			
Linge de Garde-robe,			
Linges de baignoir,			
MANTELETS de mouſſeline,			
Mouchoirs de toile blanche,			
Mouchoirs de batiſte,			
Mouchoirs des indes,			
PAIRES de poches de baſin, garnies,			
Paires de poches de toile, garnies,			
paire de bas de coton,			
Peignoirs de toile,			
Peignoirs de Mouſſeline,			
Pieces d'eſtomac,			
Pierrot & Jupon de linon,			
RIDEAUX de mouſſeline, grands,			
Rideaux de toile de coton, grands,			
Rideaux de mouſſeline, petits,			
Rideaux de linon, petits,			
Robe & Jupon de toile de coton,			
TOTAL			

ARTICLE	liv.	s.	d.
Robe & Jupon de mousseline,			
Robe & Jupon de linon,			
Robe & Jupon d'indienne,			
Rodingotte d'indienne,			
SACS à pelottes,			
Serre-têtes,			
Serviettes de toilette,			
Serviettes de garderobe,			
TABLIERS de Femme-de-chambre,			
Tabliers de coëffeur,			
Tayes d'oreillers garnies,			
Toilette garnie de mousseline,			
Tours de chaise,			
Tour de bassin,			
Linge des Enfans.			
BANDEAUX,			
Bandes,			
Bavoirs;			
Beguin,			
Brassieres de futaine,			
Brassieres de flanelle,			
CALÇONS,			
Camisoles de mousseline,			
Camisoles de toile de coton,			
Camisoles d'indienne,			
Camisoles de futaine,			
Chaussettes,			
Chaussons,			
Chemises de jour, de garçon,			
Chemises de nuit, de garçon,			
Chemises de jour, de demoiselle			
Chemises de nuit, de demoiselle,			
Chemises petites,			
Chemises-robes de mousseline,			
Chemises-robe d'indienne,			
Collerettes de mousseline,			
Cols de mousseline,			
Couches,			
Couvres-pieds garnis,			
Culottes de draps de coton,			
Culottes de basin,			
Culottes de toile de coton,			
DESHABILLERS de toile de coton,			
TOTAL			

ARTICLE	liv.	s.	d.
Deshabillers d'indienne,			
FOURREAUX de toile de coton,			
Fourreaux de linon,			
Fourreaux d'indienne,			
GARNITURES de lit,			
Gillets de basin,			
Gillets de toile de coton,			
JACTONS,			
Jupons de toile de coton garnis,			
Jupons de basin garnis,			
Jupons de futaine,			
Jupons de moleton,			
LANGES piqués,			
Lange de futaine,			
Lange de laine,			
Linge de toilette,			
MANTELETS de mousseline,			
Manchettes de garçon,			
Matelots de toile,			
Matelots de Nankin,			
Mouchoirs de toile,			
Mouchoirs de batiste,			
PAIRES de bas de coton,			
paires de bas de fil,			
paires de bas petits,			
paires de bas de laine,			
paires de poches,			
Peignoirs,			
Pierrots & Jupon de linon,			
Pierrots & Jupon de mousseline,			
Pieces d'estomac,			
ROBES & Jupons de toile de coton,			
Robes & Jupons de mousseline,			
Robes & Jupons d'indienne,			
Robe de chambre,			
TETIERES,			
Tours de bonnet,			
Tours de chaises,			
VESTES de basin,			
Vestes de toile de coton,			
Vestes de nankin,			
Vestes de drap de coton.			
TOTAL			

ARTICLE — liv. s. d.

Linge d'Office.

CHAUSSES à passer,
ESSUIE-MAINS,
NAPES damassées,
Napes à linteaux,
Napes à grains d'orge,
Napes ouvrées,
Napes d'office,
Napes petites,
Napes de venise,
Napes de cuisine,
PAQUETS de Torchons,
SERVIETTES d'amassées,
Serviettes à linteaux,
Serviettes à grains d'orge,
Serviettes ouvrées,
Serviettes de Venise
TABLIERS d'office,
Tabliers de cuisine,
Torchons,

Linge de la Femme de Chambre.

BANDEAUX,
Bonnets ronds,
Bonnets piqués,
CAMISOLES de toile de coton,
Camisoles d'indienne,
Chemises,
Corset de toile,
Corset de basin,
DESHABILLÉ complet de toile de coton,
Deshabillé complet d'indienne,
FICHUS de mousseline,
Fichus de linon,
JUPONS piqués,
Jupons houetrés,
Jupons de toile de coton,
LINGE de toilette,
MOUCHOIRS blancs,
Mouchoirs de couleur,
PAIRES de poches,
paires de bas de coton,
paires de bas de fil,

TOTAL

ARTICLE — liv. s.

ROBE & Jupon d'indienne,
Robe & Jupons de toile de coton,
Robe & Jupon de mousseline,
SERRE-TÊTES.

Linge de la Cuisinière.

BONNETS ronds,
Bonnets piqués,
CAMISOLES d'indienne,
Camisoles de toile de coton,
Chemises,
DESHABILLÉ compl. de toile de cot.
Deshabiller complet d'indienne,
FICHUS de mousseline,
Fichus de linon,
JUPONS piqués,
Jupons de toile de coton,
Jupons d'indienne,
LINGE de toilette,
MOUCHOIRS blancs,
Mouchoirs de couleur,
PAIRES de poches,
paires de bas de laine,
paires de bas de coton,
paires de bas de fil,
ROBE & Jupon d'indienne,
Robe & Jupon de toile de coton,
SERRE-TETE,

Linge du Domestique.

BONNETS de coton,
Bonnets de laine,
CALÇONS,
Chemises,
Cols,
Cravattes,
Culottes blanches,
Culotte de Nankin,
MOUCHOIRS,
PAIRES de bas de coton,
paires de bas de fil,
paires de bas de laine,
paires de bas de filoselle,
paires de chaussons,
VESTES blanches,
Vestes de Nankin,

TOTAL

le DU MOIS d 178

donné à blanchir

SÇAVOIR à Monſieur.

ARTICLE	liv.	ſ.	d.
BANDEAUX,			
Bonnets de coton,			
Bonnets de laine,			
Bretelles.			
CALÇONS de toile,			
Calçons de futaine,			
Camiſoles de toile,			
Camiſoles de futaine,			
Camiſoles d'indienne,			
Chauſſettes,			
Chemiſes de jour, garnies,			
Chemiſes de nuit,			
Coîffes de Bonnets,			
Cols de mouſſeline,			
Cols de baſin,			
Cravattes de mouſſeline,			
Cravattes de batiſte,			
Culottes de baſin,			
Culottes de toile de coton,			
Culottes de draps de coton,			
Culottes de Nankin,			
ESSUIE-MAINS,			
FROTTOIRS,			
GANTS de fil,			
Gillets de baſin,			
Gillets de flanelle,			
Guêtres de toile,			
Gillets de futaine,			
Gillets de toile de coton,			
LINGE à barbe,			
MANCHETTES de mouſſeline,			
Manchettes de batiſte,			
Manchettes effilées,			
Manchettes de bottes,			
TOTAL			

ARTICLE	liv.	ſ.	d.
Mouchoirs des indes,			
Mouchoirs de toile blanche,			
Mouchoirs de batiſte,			
Mouchoirs de couleurs,			
NAPES,			
PAIRES de draps de maître,			
paires de draps de domeſtique,			
paires de bas de fil,			
paires de bas de coton,			
paires de bas de laine,			
paires de bas de filoſele,			
paires de chauſſons de toile,			
paires de chauſſons de tricot,			
Pantalon de moleton,			
Pantalon de toile,			
Pantalon de tricot,			
Peignoirs,			
Pieces d'eſtomac,			
ROBE-de-chambre d'indienne,			
Robe-de-chambre piquée,			
SACS à pelottes,			
Serre-têtes,			
Serviettes de toilette,			
Suſpenſoirs,			
TABLIER du matin,			
Tayes d'oreillers,			
VESTES de baſin,			
Veſtes de drap de coton			
Veſtes de Mouſſeline,			
Veſtes de Nankin,			
Veſtes piquées,			
Veſtes de toile de coton,			
TOTAL			

SÇAVOIR, à Madame

ARTICLE	liv.	s.	d.
BANDES à saigner,			
Bandeaux,			
Bastiennes,			
Blouses,			
Bonnets piqués,			
Bonnets ronds de mousseline,			
Bonnets ronds de linon,			
Bonnets ronds de dentelle			
CAMISOLES de mousseline garnies,			
Camisoles de toile de coton garnies,			
Camisoles piquées garnies,			
Camisoles houettées garnies,			
Chemises de jour,			
Chemises de nuit,			
Chemises de batiste,			
Chemises de bain,			
Chemises-robes de mousseline,			
Chemises-robe d'indienne,			
Chemise-robe, de linon,			
Coîffes de mousseline,			
Collerette,			
Corset de toile de coton garnis,			
Corsets de basin garnis,			
Corsets de toile fine garnis,			
Courtes-pointes,			
Couverture de coton,			
Couvre-pieds piqués garnis,			
Couvre-pieds de mousseline,			
Couvre-meuble,			
DRAPS de maîtres,			
Draps sans couture,			
Draps de domestique,			
Deshabillers garnis,			
ESSUIE-MAINS			
FOURREAUX de toile de coton,			
Fourreaux de mousseline,			
Fourreaux d'indienne,			
Fourreaux de linon,			
Fichus de mousseline,			
TOTAL			

ARTICLE	liv.	s.	d.
Fichus de batiste,			
Fichus doubles,			
Fichus de linon,			
Fichus frisés,			
Fraisettes de mousseline,			
Frottoirs de futaine,			
Frottoirs de flanelle,			
GARNITURES de lit de toile,			
Gaule de mousseline,			
Gaule d'indienne,			
HOUPELANDE,			
JUPONS piqués, blancs, garnis,			
Jupons de moleton,			
Jupons de futaine,			
Jupons de basin garnis,			
Jupons de granat,			
Jupons houettés, garnis,			
Jupons de linon,			
Jupons de mousseline,			
LINGE de toilette,			
Linge de Garde-robe,			
Linges de baignoir,			
MANTELETS de mousseline,			
Mouchoirs de toile blanche,			
Mouchoirs de batiste,			
Mouchoirs des indes,			
PAIRES de poches de basin, garnies,			
Paires de poches de toile, garnies,			
paire de bas de coton,			
Peignoirs de toile,			
Peignoirs de Mousseline,			
Pieces d'estomac,			
Pierrot & Jupon de linon,			
RIDEAUX de mousseline, grands,			
Rideaux de toile de coton, grands,			
Rideaux de mousseline, petits,			
Rideaux de linon, petits,			
Robe & Jupon de toile de coton,			
TOTAL			

ARTICLE	liv.	s.	d.
Robe & Jupon de mousseline,			
Robe & Jupon de linon,			
Robe & Jupon d'indienne,			
Rodingotte d'indienne,			
SACS à pelottes,			
Serre-têtes,			
Serviettes de toilette,			
Serviettes de garderobe,			
TABLIERS de Femme-de-chambre,			
Tabliers de coëffeur,			
Tayes d'oreillers garnies,			
Toilette garnie de mousseline,			
Tours de chaise,			
Tour de bassin,			
Linge des Enfans.			
BANDEAUX,			
Bandes,			
Bavoirs;			
Beguin,			
Brassieres de futaine,			
Brassieres de flanelle,			
CALÇONS,			
Camisoles de mousseline,			
Camisoles de toile de coton,			
Camisoles d'indienne,			
Camisoles de futaine,			
Chaussettes,			
Chaussons,			
Chemises de jour, de garçon,			
Chemises de nuit, de garçon,			
Chemises de jour, de demoiselle			
Chemises de nuit, de demoiselle,			
Chemises petites,			
Chemises-robes de mousseline,			
Chemises-robe d'indienne,			
Collerettes de mousseline,			
Cols de mousseline,			
Couches,			
Couvres-pieds garnis;			
Culottes de draps de coton,			
Culottes de basin,			
Culottes de toile de coton,			
DESHABILLERS de toile de coton,			
TOTAL			

ARTICLE	liv.	s.	d.
Deshabillers d'indienne;			
FOURREAUX de toile de coton,			
Fourreaux de linon,			
Fourreaux d'indienne,			
GARNITURES de lit,			
Gillets de basin,			
Gillets de toile de coton;			
JACTONS,			
Jupons de toile de coton garnis,			
Jupons de basin garnis,			
Jupons de futaine,			
Jupons de moleton,			
LANGES piqués,			
Lange de futaine,			
Lange de laine,			
Linge de toilette,			
MANTELETS de mousseline,			
Manchettes de garçon,			
Matelots de toile,			
Matelots de Nankin,			
Mouchoirs de toile,			
Mouchoirs de batiste,			
PAIRES de bas de coton;			
paires de bas de fil,			
paires de bas petits,			
paires de bas de laine,			
paires de poches,			
Peignoirs,			
Pierrots & Jupon de linon,			
Pierrots & Jupon de mousseline,			
Pieces d'estomac,			
ROBES & Jupons de toile de coton,			
Robes & Jupons de mousseline,			
Robes & Jupons d'indienne,			
Robe de chambre,			
TETIERES,			
Tours de bonnet,			
Tours de chaises,			
VESTES de basin,			
Vestes de toile de coton;			
Vestes de nankin,			
Vestes de drap de coton.			
TOTAL			

ARTICLE	liv.	f.	d.
Linge d'Office.			
CHAUSSES à passer,			
ESSUIE-MAINS,			
NAPES damassées,			
Napes à linteaux,			
Napes à grains d'orge,			
Napes ouvrées,			
Napes d'office,			
Napes petites,			
Napes de venise,			
Napes de cuisine,			
PAQUETS de Torchons,			
SERVIETTES d'amassées,			
Serviettes à linteaux,			
Serviettes à grains d'orge,			
Serviettes ouvrées,			
Serviettes de Venise,			
TABLIERS d'office,			
Tabliers de cuisine,			
Torchons,			
Linge de la Femme de Chambre.			
BANDEAUX,			
Bonnets ronds,			
Bonnets piqués,			
CAMISOLES de toile de coton,			
Camisoles d'indienne,			
Chemises,			
Corset de toile,			
Corset de basin,			
DESHABILLÉ complet de toile de coton,			
Deshabillé complet d'indienne,			
FICHUS de mousseline,			
Fichus de linon,			
JUPONS piqués,			
Jupons houetrés,			
Jupons de toile de coton,			
LINGE de toilétte,			
MOUCHOIRS blancs,			
Mouchoirs de couleur,			
PAIRES de poches,			
paires de bas de coton,			
paires de bas de fil,			
TOTAL			

ARTICLE	liv.	f.
ROBE & Jupon d'indienne,		
Robe & Jupons de toile de coton,		
Robe & Jupon de mousseline,		
SERRE-TÊTES.		
Linge de la Cuisiniere.		
BONNETS ronds,		
Bonnets piqués,		
CAMISOLES d'indienne,		
Camisoles de toile de coton,		
Chemises,		
DESHABILLÉ compl. de toile de cot.		
Deshabiller complet d'indienne,		
FICHUS de mousseline,		
Fichus de linon,		
JUPONS piqués,		
Jupons de toile de coton,		
Jupons d'indienne,		
LINGE de toilette,		
MOUCHOIRS blancs,		
Mouchoirs de couleur,		
PAIRES de poches,		
paires de bas de laine,		
paires de bas de coton,		
paires de bas de fil,		
ROBE & Jupon d'indienne,		
Robe & Jupon de toile de coton,		
SERRE-TETE,		
Linge du Domestique.		
BONNETS de coton,		
Bonnets de laine,		
CALÇONS,		
Chemises,		
Cols,		
Cravattes,		
Culottes blanches,		
Culotte de Nankin,		
MOUCHOIRS,		
PAIRES de bas de coton,		
paires de bas de fil,		
paires de bas de laine,		
paires de bas de filoselle,		
paires de chaussons,		
VESTES blanches,		
Vestes de Nankin,		
TOTAL		

le DU MOIS d 178

donné à blanchir

SÇAVOIR à Monsieur.

ARTICLE	liv.	f.	d.
BANDEAUX,			
Bonnets de coton,			
Bonnets de laine,			
Bretelles.			
CALÇONS de toile,			
Calçons de futaine,			
Camifoles de toile,			
Camifoles de futaine,			
Camifoles d'indienne,			
Chauffettes,			
Chemifes de jour, garnies,			
Chemifes de nuit,			
Coïffes de Bonnets,			
Cols de mouffeline,			
Cols de bafin,			
Cravattes de mouffeline,			
Cravattes de batifte,			
Culottes de bafin,			
Culottes de toile de coton,			
Culottes de draps de coton,			
Culottes de Nankin,			
ESSUIE-MAINS,			
FROTTOIRS			
GANTS de fil,			
Gillets de bafin,			
Gillets de flanelle,			
Guêtres de toile,			
Gillets de futaine,			
Gillets de toile de coton,			
LINGE à barbe,			
MANCHETTES de mouffeline,			
Manchettes de batifte,			
Manchettes effilées,			
Manchettes de bottes,			
TOTAL			

ARTICLE	liv.	f.	d.
Mouchoirs des indes,			
Mouchoirs de toile blanche,			
Mouchoirs de batifte,			
Mouchoirs de couleurs,			
NAPES,			
PAIRES de draps de maître,			
paires de draps de domeftique,			
paires de bas de fil,			
paires de bas de coton,			
paires de bas de laine,			
paires de bas de filofele,			
paires de chauffons de toile,			
paires de chauffons de tricot,			
Pantalon de moleton,			
Pantalon de toile,			
Pantalon de tricot,			
Peignoirs,			
Pieces d'eftomac,			
ROBE-de-chambre d'indienne,			
Robe-de-chambre piquée,			
SACS à pelottes,			
Serre-têtes,			
Serviettes de toilette,			
Sufpenfoirs,			
TABLIER du matin,			
Tayes d'oreillers,			
VESTES de bafin,			
Veftes de drap de coton			
Veftes de Mouffeline,			
Veftes de Nankin,			
Veftes piquées,			
Veftes de toile de coton,			
TOTAL			

SÇAVOIR, à Madame

Article	liv.	s.	d.
Bandes à saigner,			
Bandeaux,			
Bastiennes,			
Blouses,			
Bonnets piqués,			
Bonnets ronds de mousseline,			
Bonnets ronds de linon,			
Bonnets ronds de dentelle			
Camisoles de mousseline garnies,			
Camisoles de toile de coton garnies,			
Camisoles piquées garnies,			
Camisoles houettées garnies,			
Chemises de jour,			
Chemises de nuit,			
Chemises de batiste,			
Chemises de bain,			
Chemises-robes de mousseline,			
Chemises-robe d'indienne,			
Chemise-robe, de linon,			
Coïffes de mousseline,			
Collerette,			
Corset de toile de coton garnis,			
Corsets de basin garnis,			
Corsets de toile fine garnis,			
Courtes-pointes,			
Couverture de coton,			
Couvre-pieds piqués garnis,			
Couvre-pieds de mousseline,			
Couvre-meuble,			
Draps de maîtres,			
Draps sans couture,			
Draps de domestique,			
Deshabillers garnis,			
Essuie-mains			
Fourreaux de toile de coton,			
Fourreaux de mousseline,			
Fourreaux d'indienne,			
Fourreaux de linon,			
Fichus de mousseline,			
Total			

Article	liv.	s.	d.
Fichus de batiste,			
Fichus doubles,			
Fichus de linon,			
Fichus frisés,			
Fraisettes de mousseline,			
Frottoirs de futaine,			
Frottoirs de flannelle,			
Garnitures de lit de toile,			
Gaule de mousseline,			
Gaule d'indienne,			
Houpelande,			
Jupons piqués, blancs, garnis,			
Jupons de molleton,			
Jupons de futaine,			
Jupons de basin garnis,			
Jupons de granat,			
Jupons houettés, garnis,			
Jupons de linon,			
Jupons de mousseline,			
Linge de toilette,			
Linge de Garde-robe,			
Linges de baignoir,			
Mantelets de mousseline,			
Mouchoirs de toile blanche,			
Mouchoirs de batiste,			
Mouchoirs des indes,			
Paires de poches de basin, garnies,			
Paires de poches de toile, garnies,			
paire de bas de coton,			
Peignoirs de toile,			
Peignoirs de Mousseline,			
Pieces d'estomac,			
Pierrot & Jupon de linon,			
Rideaux de mousseline, grands,			
Rideaux de toile de coton, grands,			
Rideaux de mousseline, petits,			
Rideaux de linon, petits,			
Robe & Jupon de toile de coton,			
Total			

ARTICLE	liv.	f.	d.
Robe & Jupon de mouffeline,			
Robe & Jupon de linon,			
Robe & Jupon d'indienne,			
Rodingotte d'indienne,			
SACS à pelottes,			
Serre-têtes,			
Serviettes de toilette,			
Serviettes de garderobe,			
TABLIERS de Femme-de-chambre,			
Tabliers de coëffeur,			
Tayes d'oreillers garnies,			
Toilette garnie de mouffeline,			
Tours de chaife,			
Tour de baffin,			
Linge des Enfans.			
BANDEAUX,			
Bandes,			
Bavoirs;			
Beguin,			
Braffieres de futaine,			
Braffieres de flanelle,			
CALÇONS,			
Camifoles de mouffeline,			
Camifoles de toile de coton,			
Camifoles d'indienne,			
Camifoles de futaine,			
Chauffettes,			
Chauffons,			
Chemifes de jour, de garçon,			
Chemifes de nuit, de garçon,			
Chemifes de jour, de demoifelle			
Chemifes de nuit, de demoifelle,			
Chemifes petites,			
Chemifes-robes de mouffeline,			
Chemifes-robe d'indienne,			
Collerettes de mouffeline,			
Cols de mouffeline,			
Couches,			
Couvres-pieds garnis,			
Culottes de draps de coton,			
Culottes de bafin,			
Culottes de toile de coton,			
DESHABILLERS de toile de coton,			
TOTAL			

ARTICLE	liv.	f.	d.
Defhabillers d'indienne,			
FOURREAUX de toile de coton,			
Fourreaux de linon,			
Fourreaux d'indienne,			
GARNITURES de lit,			
Gillets de bafin,			
Gillets de toile de coton,			
JACTONS,			
Jupons de toile de coton garnis,			
Jupons de bafin garnis,			
Jupons de futaine,			
Jupons de moleton,			
LANGES piqués,			
Lange de futaine,			
Lange de laine,			
Linge de toilette,			
MANTELETS de mouffeline,			
Manchettes de garçon,			
Matelots de toile,			
Matelots de Nankin,			
Mouchoirs de toile,			
Mouchoirs de batifte,			
PAIRES de bas de coton,			
paires de bas de fil,			
paires de bas petits,			
paires de bas de laine,			
paires de poches,			
Peignoirs,			
Pierrots & Jupon de linon,			
Pierrots & Jupon de mouffeline,			
Pieces d'eftomac,			
ROBES & Jupons de toile de coton,			
Robes & Jupons de mouffeline,			
Robes & Jupons d'indienne,			
Robe de chambre,			
TETIERES,			
Tours de bonnet,			
Tours de chaifes,			
VESTES de bafin,			
Veftes de toile de coton,			
Veftes de nankin,			
Veftes de drap de coton.			
TOTAL			

ARTICLE	liv.	f.	d.
Linge d'Office.			
CHAUSSES à passer,			
ESSUIE-MAINS,			
NAPES damassées,			
Napes à linteaux,			
Napes à grains d'orge,			
Napes ouvrées,			
Napes d'office,			
Napes petites,			
Napes de venise,			
Napes de cuisine,			
PAQUETS de Torchons,			
SERVIETTES d'amassées,			
Serviettes à linteaux,			
Serviettes à grains d'orge,			
Serviettes ouvrées,			
Serviettes de Venise			
TABLIERS d'office,			
Tabliers de cuisine,			
Torchons,			
Linge de la Femme de Chambre.			
BANDEAUX,			
Bonnets ronds,			
Bonnets piqués,			
CAMISOLES de toile de coton,			
Camisoles d'indienne,			
Chemises,			
Corset de toile,			
Corset de basin,			
DESHABILLÉ complet de toile de coton,			
Deshabillé complet d'indienne,			
FICHUS de mousseline,			
Fichus de linon,			
JUPONS piqués,			
Jupons houettés,			
Jupons de toile de coton,			
LINGE de toilette,			
MOUCHOIRS blancs,			
Mouchoirs de couleur,			
PAIRES de poches,			
paires de bas de coton,			
paires de bas de fil,			
TOTAL			

ARTICLE	liv.	f.
ROBE & Jupon d'indienne,		
Robe & Jupons de toile de coton,		
Robe & Jupon de mousseline,		
SERRE-TÊTES.		
Linge de la Cuisiniere.		
BONNETS ronds,		
Bonnets piqués,		
CAMISOLES d'indienne,		
Camisoles de toile de coton,		
Chemises,		
DESHABILLÉ compl. de toile de cot.		
Deshabiller complet d'indienne,		
FICHUS de mousseline,		
Fichus de linon,		
JUPONS piqués,		
Jupons de toile de coton,		
Jupons d'indienne,		
LINGE de toilette,		
MOUCHOIRS blancs,		
Mouchoirs de couleur,		
PAIRES de poches,		
paires de bas de laine,		
paires de bas de coton,		
paires de bas de fil,		
ROBE & Jupon d'indienne,		
Robe & Jupon de toile de coton,		
SERRE-TETE,		
Linge du Domestique.		
BONNETS de coton,		
Bonnets de laine,		
CALÇONS,		
Chemises,		
Cols,		
Cravattes,		
Culottes blanches,		
Culotte de Nankin,		
MOUCHOIRS,		
PAIRES de bas de coton,		
paires de bas de fil,		
paires de bas de laine,		
paires de bas de filoselle,		
paires de chaussons,		
VESTES blanches,		
Vestes de Nankin,		
TOTAL		

le DU MOIS d 178

donné à blanchir

SÇAVOIR à Monsieur.

ARTICLE	liv.	s.	d.
BANDEAUX,			
Bonnets de coton,			
Bonnets de laine,			
Bretelles.			
CALÇONS de toile,			
Calçons de futaine,			
Camisoles de toile,			
Camisoles de futaine,			
Camisoles d'indienne,			
Chaussettes,			
Chemises de jour, garnies,			
Chemises de nuit,			
Coiffes de Bonnets,			
Cols de mousseline,			
Cols de basin,			
Cravattes de mousseline,			
Cravattes de batiste,			
Culottes de basin,			
Culottes de toile de coton,			
Culottes de draps de coton,			
Culottes de Nankin,			
ESSUIE-MAINS,			
FROTTOIRS,			
GANTS de fil,			
Gillets de basin,			
Gillets de flanelle,			
Guêtres de toile,			
Gillets de futaine,			
Gillets de toile de coton,			
LINGE à barbe,			
MANCHETTES de mousseline,			
Manchettes de batiste,			
Manchettes effilées,			
Manchettes de bottes,			
TOTAL			

ARTICLE	liv.	s.	d.
Mouchoirs des indes,			
Mouchoirs de toile blanche,			
Mouchoirs de batiste,			
Mouchoirs de couleurs,			
NAPES,			
PAIRES de draps de maître,			
paires de draps de domestique,			
paires de bas de fil,			
paires de bas de coton,			
paires de bas de laine,			
paires de bas de filosele,			
paires de chaussons de toile,			
paires de chaussons de tricot,			
Pantalon de moleton,			
Pantalon de toile,			
Pantalon de tricot,			
Peignoirs,			
Pieces d'estomac,			
ROBE-de-chambre d'indienne,			
Robe-de-chambre piquée,			
SACS à pelottes,			
Serre-têtes,			
Serviettes de toilette,			
Suspensoirs,			
TABLIER du matin,			
Tayes d'oreillers,			
VESTES de basin,			
Vestes de drap de coton			
Vestes de Mousseline,			
Vestes de Nankin,			
Vestes piquées,			
Vestes de toile de coton,			
TOTAL			

SÇAVOIR, à Madame

ARTICLE	liv.	s.	d.
BANDES à saigner,			
Bandeaux,			
Bastiennes,			
Blouses,			
Bonnets piqués,			
Bonnets ronds de mousseline,			
Bonnets ronds de linon,			
Bonnets ronds de dentelle			
CAMISOLES de mousseline garnies,			
Camisoles de toile de coton garnies,			
Camisoles piquées garnies,			
Camisoles houettées garnies,			
Chemises de jour,			
Chemises de nuit,			
Chemises de batiste,			
Chemises de bain,			
Chemises-robes de mousseline,			
Chemises-robe d'indienne,			
Chemise-robe, de linon,			
Coîffes de mousseline,			
Collerette,			
Corset de toile de coton garnis,			
Corsets de basin garnis,			
Corsets de toile fine garnis,			
Courtes-pointes,			
Couverture de coton,			
Couvre-pieds piqués garnis,			
Couvre-pieds de mousseline,			
Couvre-meuble,			
DRAPS de maîtres,			
Draps sans couture,			
Draps de domestique,			
Deshabillers garnis,			
ESSUIE-MAINS			
FOURREAUX de toile de coton,			
Fourreaux de mousseline,			
Fourreaux d'indienne,			
Fourreaux de linon,			
Fichus de mousseline,			
TOTAL			

ARTICLE	liv.	s.	d.
Fichus de batiste,			
Fichus doubles,			
Fichus de linon,			
Fichus frisés,			
Fraisettes de mousseline,			
Frottoirs de futaine,			
Frottoirs de flannelle,			
GARNITURES de lit de toile,			
Gaule de mousseline,			
Gaule d'indienne,			
HOUPELANDE,			
JUPONS piqués, blancs, garnis,			
Jupons de moleton,			
Jupons de futaine,			
Jupons de basin garnis,			
Jupons de granat,			
Jupons houettés, garnis,			
Jupons de linon,			
Jupons de mousseline,			
LINGE de toilette,			
Linge de Garde-robe,			
Linges de baignoir,			
MANTELETS de mousseline,			
Mouchoirs de toile blanche,			
Mouchoirs de batiste,			
Mouchoirs des indes,			
PAIRES de poches de basin, garnies,			
Paires de poches de toile, garnies,			
paire de bas de coton,			
Peignoirs de toile,			
Peignoirs de Mousseline,			
Pieces d'estomac,			
Pierrot & Jupon de linon,			
RIDEAUX de mousseline, grands,			
Rideaux de toile de coton, grands,			
Rideaux de mousseline, petits,			
Rideaux de linon, petits,			
Robe & Jupon de toile de coton,			
TOTAL			

ARTICLE	liv.	s.	d.
Robe & Jupon de mousseline,			
Robe & Jupon de linon,			
Robe & Jupon d'indienne,			
Rodingotte d'indienne,			
SACS à pelottes,			
Serre-têtes,			
Serviettes de toilette,			
Serviettes de garderobe,			
TABLIERS de Femme-de-chambre,			
Tabliers de coëffeur,			
Tayes d'oreillers garnies,			
Toilette garnie de mousseline,			
Tours de chaise,			
Tour de bassin,			
Linge des Enfans.			
BANDEAUX,			
Bandes,			
Bavoirs;			
Beguin,			
Brassieres de futaine,			
Brassieres de flanelle,			
CALÇONS,			
Camisoles de mousseline,			
Camisoles de toile de coton,			
Camisoles d'indienne,			
Camisoles de futaine,			
Chaussettes,			
Chaussons,			
Chemises de jour, de garçon,			
Chemises de nuit, de garçon,			
Chemises de jour, de demoiselle			
Chemises de nuit, de demoiselle,			
Chemises petites,			
Chemises-robes de mousseline,			
Chemises-robe d'indienne,			
Collerettes de mousseline,			
Cols de mousseline,			
Couches,			
Couvres-pieds garnis;			
Culottes de draps de coton;			
Culottes de basin,			
Culottes de toile de coton,			
DESHABILLERS de toile de coton,			
TOTAL			

ARTICLE	liv.	s.	d.
Deshabillers d'indienne,			
FOURREAUX de toile de coton,			
Fourreaux de linon,			
Fourreaux d'indienne,			
GARNITURES de lit,			
Gillets de basin,			
Gillets de toile de coton;			
JACTONS,			
Jupons de toile de coton garnis,			
Jupons de basin garnis,			
Jupons de futaine,			
Jupons de moleton,			
LANGES piqués,			
Lange de futaine,			
Lange de laine,			
Linge de toilette,			
MANTELETS de mousseline,			
Manchettes de garçon,			
Matelots de toile,			
Matelots de Nankin,			
Mouchoirs de toile,			
Mouchoirs de batiste,			
PAIRES de bas de coton,			
paires de bas de fil,			
paires de bas petits,			
paires de bas de laine,			
paires de poches,			
Peignoirs,			
Pierrots & Jupon de linon,			
Pierrots & Jupon de mousseline,			
Pieces d'estomac,			
ROBES & Jupons de toile de coton,			
Robes & Jupons de mousseline,			
Robes & Jupons d'indienne,			
Robe de chambre,			
TETIERES,			
Tours de bonnet,			
Tours de chaises,			
VESTES de basin,			
Vestes de toile de coton,			
Vestes de nankin,			
Vestes de drap de coton.			
TOTAL			

ARTICLE	liv.	s.	d.
Linge d'Office.			
CHAUSSES à passer,			
ESSUIE-MAINS,			
NAPES damassées,			
Napes à linteaux,			
Napes à grains d'orge,			
Napes ouvrées,			
Napes d'office,			
Napes petites,			
Napes de venise,			
Napes de cuisine,			
PAQUETS de Torchons,			
SERVIETTES d'amassées,			
Serviettes à linteaux,			
Serviettes à grains d'orge,			
Serviettes ouvrées,			
Serviettes de Venise,			
TABLIERS d'office,			
Tabliers de cuisine,			
Torchons,			
Linge de la Femme de Chambre.			
BANDEAUX,			
Bonnets ronds,			
Bonnets piqués,			
CAMISOLES de toile de coton,			
Camisoles d'indienne,			
Chemises,			
Corset de toile,			
Corset de basin,			
DESHABILLÉ complet de toile de coton,			
Deshabillé complet d'indienne,			
FICHUS de mousseline,			
Fichus de linon,			
JUPONS piqués,			
Jupons houetrés,			
Jupons de toile de coton,			
LINGE de toilette,			
MOUCHOIRS blancs,			
Mouchoirs de couleur,			
PAIRES de poches,			
paires de bas de coton,			
paires de bas de fil,			
TOTAL			

ARTICLE	liv.	s.
ROBE & Jupon d'indienne,		
Robe & Jupons de toile de coton,		
Robe & Jupon de mousseline,		
SERRE-TÊTES.		
Linge de la Cuisiniere.		
BONNETS ronds,		
Bonnets piqués,		
CAMISOLES d'indienne,		
Camisoles de toile de coton,		
Chemises,		
DESHABILLÉ compl. de toile de cot.		
Deshabiller complet d'indienne,		
FICHUS de mousseline,		
Fichus de linon,		
JUPONS piqués,		
Jupons de toile de coton,		
Jupons d'indienne,		
LINGE de toilette,		
MOUCHOIRS blancs,		
Mouchoirs de couleur,		
PAIRES de poches,		
paires de bas de laine,		
paires de bas de coton,		
paires de bas de fil,		
ROBE & Jupon d'indienne,		
Robe & Jupon de toile de coton,		
SERRE-TETE,		
Linge du Domestique.		
BONNETS de coton,		
Bonnets de laine,		
CALÇONS,		
Chemises,		
Cols,		
Cravattes,		
Culottes blanches,		
Culotte de Nankin,		
MOUCHOIRS,		
PAIRES de bas de coton,		
paires de bas de fil,		
paires de bas de laine,		
paires de bas de filoselle,		
paires de chaussons,		
VESTES blanches,		
Vestes de Nankin,		
TOTAL		

(1)

le DU MOIS d 178

donné à blanchir

SÇAVOIR à Monſieur.

ARTICLE	liv.	ſ.	d.
BANDEAUX,			
Bonnets de coton,			
Bonnets de laine,			
Bretelles.			
CALÇONS de toile,			
Calçons de futaine,			
Camiſoles de toile,			
Camiſoles de futaine,			
Camiſoles d'indienne,			
Chauſſettes,			
Chemiſes de jour, garnies,			
Chemiſes de nuit,			
Coïffes de Bonnets,			
Cols de mouſſeline,			
Cols de baſin,			
Cravattes de mouſſeline,			
Cravattes de batiſte;			
Culottes de baſin,			
Culottes de toile de coton,			
Culottes de draps de coton,			
Culottes de Nankin,			
ESSUIE-MAINS,			
FROTTOIRS			
GANTS de fil,			
Gillets de baſin,			
Gillets de flanelle,			
Guêtres de toile,			
Gillets de futaine,			
Gillets de toile de coton,			
LINGE à barbe,			
MANCHETTES de mouſſeline,			
Manchettes de batiſte,			
Manchettes effilées,			
Manchettes de bottes,			
TOTAL			

ARTICLE	liv.	ſ.	d.
Mouchoirs des indes,			
Mouchoirs de toile blanche,			
Mouchoirs de batiſte,			
Mouchoirs de couleurs,			
NAPES,			
PAIRES de draps de maître,			
paires de draps de domeſtique,			
paires de bas de fil,			
paires de bas de coton,			
paires de bas de laine,			
paires de bas de filoſele,			
paires de chauſſons de toile,			
paires de chauſſons de tricot,			
Pantalon de moleton,			
Pantalon de toile,			
Pantalon de tricot,			
Peignoirs,			
Pieces d'eſtomac,			
ROBE-de-chambre d'indienne,			
Robe-de-chambre piquée,			
SACS à pelottes,			
Serre-têtes,			
Serviettes de toilette,			
Suſpenſoirs,			
TABLIER du matin,			
Tayes d'oreillers,			
VESTES de baſin,			
Veſtes de drap de coton			
Veſtes de Mouſſeline,			
Veſtes de Nankin,			
Veſtes piquées,			
Veſtes de toile de coton,			
TOTAL			

SÇAVOIR, à Madame

ARTICLE	liv.	f.	d.
BANDES à faigner,			
Bandeaux,			
Baftiennes,			
Bloufes,			
Bonnets piqués,			
Bonnets ronds de mouffeline,			
Bonnets ronds de linon,			
Bonnets ronds de dentelle			
CAMISOLES de mouffeline garnies,			
Camifoles de toile de coton garnies,			
Camifoles piquées garnies,			
Camifoles houettées garnies,			
Chemifes de jour,			
Chemifes de nuit,			
Chemifes de batifte,			
Chemifes de bain,			
Chemifes-robes de mouffeline,			
Chemifes-robe d'indienne,			
Chemife-robe, de linon,			
Coîffes de mouffeline,			
Collerette,			
Corfet de toile de coton garnis,			
Corfets de bafin garnis,			
Corfets de toile fine garnis,			
Courtes-pointes,			
Couverture de coton,			
Couvre-pieds piqués garnis,			
Couvre-pieds de mouffeline,			
Couvre-meuble,			
DRAPS de maîtres,			
Draps fans couture,			
Draps de domeftique,			
Deshabillers garnis,			
ESSUIE-MAINS			
FOURREAUX de toile de coton,			
Fourreaux de mouffeline,			
Fourreaux d'indienne,			
Fourreaux de linon,			
Fichus de mouffeline,			
TOTAL			

ARTICLE	liv.	f.
Fichus de batifte,		
Fichus doubles,		
Fichus de linon,		
Fichus frifés,		
Fraifettes de mouffeline,		
Frottoirs de futaine,		
Frottoirs de flannelle,		
GARNITURES de lit de toile,		
Gaule de mouffeline,		
Gaule d'indienne,		
HOUPELANDE,		
JUPONS piqués, blancs, garnis,		
Jupons de moleton,		
Jupons de futaine,		
Jupons de bafin garnis,		
Jupons de granat,		
Jupons houettés, garnis,		
Jupons de linon,		
Jupons de mouffeline,		
LINGE de toilette,		
Linge de Garde-robe,		
Linges de baignoir,		
MANTELETS de mouffeline,		
Mouchoirs de toile blanche,		
Mouchoirs de batifte,		
Mouchoirs des indes,		
PAIRES de poches de bafin, garnies,		
Paires de poches de toile, garnies,		
paire de bas de coton,		
Peignoirs de toile,		
Peignoirs de Mouffeline,		
Pieces d'eftomac,		
Pierrot & Jupon de linon,		
RIDEAUX de mouffeline, grands,		
Rideaux de toile de coton, grands,		
Rideaux de mouffeline, petits,		
Rideaux de linon, petits,		
Robe & Jupon de toile de coton,		
TOTAL		

ARTICLE	liv.	f.	d.
Robe & Jupon de mouffeline,			
Robe & Jupon de linon,			
Robe & Jupon d'indienne,			
Rodingotte d'indienne,			
SACS à pelottes,			
Serre-têtes,			
Serviettes de toilette,			
Serviettes de garderobe,			
TABLIERS de Femme-de-chambre,			
Tabliers de coëffeur,			
Tayes d'oreillers garnies,			
Toilette garnie de mouffeline,			
Tours de chaiſe,			
Tour de baſſin,			
Linge des Enfans.			
BANDEAUX,			
Bandes,			
Bavoirs;			
Beguin,			
Braſſieres de futaine,			
Braſſieres de flanelle,			
CALÇONS,			
Camiſoles de mouſſeline,			
Camiſoles de toile de coton,			
Camiſoles d'indienne,			
Camiſoles de futaine,			
Chauſſettes,			
Chauſſons,			
Chemiſes de jour, de garçon,			
Chemiſes de nuit, de garçon,			
Chemiſes de jour, de demoiſelle			
Chemiſes de nuit, de demoiſelle,			
Chemiſes petites,			
Chemiſes-robes de mouſſeline,			
Chemiſes-robe d'indienne,			
Collerettes de mouſſeline,			
Cols de mouſſeline,			
Couches,			
Couvres-pieds garnis;			
Culottes de draps de coton,			
Culottes de baſin,			
Culottes de toile de coton,			
DESHABILLERS de toile de coton,			
TOTAL			

ARTICLE	liv.	f.	d.
Deſhabillers d'indienne,			
FOURREAUX de toile de coton,			
Fourreaux de linon,			
Fourreaux d'indienne,			
GARNITURES de lit,			
Gillets de baſin,			
Gillets de toile de coton,			
JACTONS,			
Jupons de toile de coton garnis,			
Jupons de baſin garnis,			
Jupons de futaine,			
Jupons de moleton,			
LANGES piqués,			
Lange de futaine,			
Lange de laine,			
Linge de toilette,			
MANTELETS de mouſſeline,			
Manchettes de garçon,			
Matelots de toile,			
Matelots de Nankin,			
Mouchoirs de toile,			
Mouchoirs de batiſte,			
PAIRES de bas de coton,			
paires de bas de fil,			
paires de bas petits,			
paires de bas de laine,			
paires de poches,			
Peignoirs,			
Pierrots & Jupon de linon,			
Pierrots & Jupon de mouſſeline,			
Pieces d'eſtomac,			
ROBES & Jupons de toile de coton,			
Robes & Jupons de mouſſeline,			
Robes & Jupons d'indienne,			
Robe de chambre,			
TETIERES,			
Tours de bonnet,			
Tours de chaiſes,			
VESTES de baſin,			
Veſtes de toile de coton,			
Veſtes de nankin,			
Veſtes de drap de coton.			
TOTAL			

ARTICLE	liv.	f.	d.
Linge d'Office.			
CHAUSSES à passer,			
ESSUIE-MAINS,			
NAPES damassées,			
Napes à linteaux,			
Napes à grains d'orge,			
Napes ouvrées,			
Napes d'office,			
Napes petites,			
Napes de venise,			
Napes de cuisine,			
PAQUETS de Torchons,			
SERVIETTES d'amassées,			
Serviettes à linteaux,			
Serviettes à grains d'orge,			
Serviettes ouvrées,			
Serviettes de Venise			
TABLIERS d'office,			
Tabliers de cuisine,			
Torchons,			
Linge de la Femme de Chambre.			
BANDEAUX,			
Bonnets ronds,			
Bonnets piqués,			
CAMISOLES de toile de coton,			
Camisoles d'indienne,			
Chemises,			
Corset de toile,			
Corset de basin,			
DESHABILLÉ complet de toile de coton,			
Deshabillé complet d'indienne,			
FICHUS de mousseline,			
Fichus de linon,			
JUPONS piqués,			
Jupons houetrés,			
Jupons de toile de coton,			
LINGE de toilette,			
MOUCHOIRS blancs,			
Mouchoirs de couleur,			
PAIRES de poches,			
paires de bas de coton,			
paires de bas de fil,			
TOTAL			

ARTICLE	liv.	f.
ROBE & Jupon d'indienne,		
Robe & Jupons de toile de coton,		
Robe & Jupon de mousseline,		
SERRE-TÊTES.		
Linge de la Cuisiniere.		
BONNETS ronds,		
Bonnets piqués,		
CAMISOLES d'indienne,		
Camisoles de toile de coton,		
Chemises,		
DESHABILLÉ compl. de toile de cot.		
Deshabiller complet d'indienne,		
FICHUS de mousseline,		
Fichus de linon,		
JUPONS piqués,		
Jupons de toile de coton,		
Jupons d'indienne,		
LINGE de toilette,		
MOUCHOIRS blancs,		
Mouchoirs de couleur,		
PAIRES de poches,		
paires de bas de laine,		
paires de bas de coton,		
paires de bas de fil,		
ROBE & Jupon d'indienne,		
Robe & Jupon de toile de coton,		
SERRE-TETE,		
Linge du Domestique.		
BONNETS de coton,		
Bonnets de laine,		
CALÇONS,		
Chemises,		
Cols,		
Cravattes,		
Culottes blanches,		
Culotte de Nankin,		
MOUCHOIRS,		
PAIRES de bas de coton,		
paires de bas de fil,		
paires de bas de laine,		
paires de bas de filoselle,		
paires de chaussons,		
VESTES blanches,		
Vestes de Nankin,		
TOTAL		

(1)

le DU MOIS d 178

donné à blanchir

SÇAVOIR à Monsieur.

ARTICLE	liv.	s.	d.
BANDEAUX,			
Bonnets de coton,			
Bonnets de laine,			
Bretelles.			
CALÇONS de toile,			
Calçons de futaine,			
Camisoles de toile,			
Camisoles de futaine,			
Camisoles d'indienne,			
Chaussettes,			
Chemises de jour, garnies,			
Chemises de nuit,			
Coïffes de Bonnets.			
Cols de mousseline,			
Cols de basin,			
Cravattes de mousseline,			
Cravattes de batiste,			
Culottes de basin,			
Culottes de toile de coton,			
Culottes de draps de coton,			
Culottes de Nankin,			
ESSUIE-MAINS,			
FROTTOIRS,			
GANTS de fil,			
Gillets de basin,			
Gillets de flanelle,			
Guêtres de toile,			
Gillets de futaine,			
Gillets de toile de coton,			
LINGE à barbe,			
MANCHETTES de mousseline,			
Manchettes de batiste,			
Manchettes effilées,			
Manchettes de bottes,			
TOTAL			

ARTICLE	liv.	s.	d.
Mouchoirs des indes,			
Mouchoirs de toile blanche,			
Mouchoirs de batiste,			
Mouchoirs de couleurs,			
NAPES,			
PAIRES de draps de maître,			
paires de draps de domestique,			
paires de bas de fil,			
paires de bas de coton,			
paires de bas de laine,			
paires de bas de filosele,			
paires de chaussons de toile,			
paires de chaussons de tricot,			
Pantalon de moleton,			
Pantalon de toile,			
Pantalon de tricot,			
Peignoirs,			
Pieces d'estomac,			
ROBE-de-chambre d'indienne,			
Robe-de-chambre piquée,			
SACS à pelottes,			
Serre-têtes,			
Serviettes de toilette,			
Suspensoirs,			
TABLIER du matin,			
Tayes d'oreillers,			
VESTES de basin,			
Vestes de drap de coton			
Vestes de Mousseline,			
Vestes de Nankin,			
Vestes piquées,			
Vestes de toile de coton,			
TOTAL			

SÇAVOIR, à Madame

ARTICLE	liv.	s.	d.
BANDES à saigner,			
Bandeaux,			
Bastiennes,			
Blouses,			
Bonnets piqués,			
Bonnets ronds de mousseline,			
Bonnets ronds de linon,			
Bonnets ronds de dentelle			
CAMISOLES de mousseline garnies,			
Camisoles de toile de coton garnies,			
Camisoles piquées garnies,			
Camisoles houettées garnies,			
Chemises de jour,			
Chemises de nuit,			
Chemises de batiste,			
Chemises de bain,			
Chemises-robes de mousseline,			
Chemises-robe d'indienne,			
Chemise-robe, de linon,			
Coîffes de mousseline,			
Collerette,			
Corset de toile de coton garnis,			
Corsets de basin garnis,			
Corsets de toile fine garnis,			
Courtes-pointes,			
Couverture de coton,			
Couvre-pieds piqués garnis,			
Couvre-pieds de mousseline,			
Couvre-meuble,			
DRAPS de maîtres,			
Draps sans couture,			
Draps de domestique,			
Deshabillers garnis,			
ESSUIE-MAINS			
FOURREAUX de toile de coton,			
Fourreaux de mousseline,			
Fourreaux d'indienne,			
Fourreaux de linon,			
Fichus de mousseline,			
TOTAL			

ARTICLE	liv.	s.	d.
Fichus de batiste,			
Fichus doubles,			
Fichus de linon,			
Fichus frisés,			
Fraisettes de mousseline,			
Frottoirs de futaine,			
Frottoirs de flannelle,			
GARNITURES de lit de toile,			
Gaule de mousseline,			
Gaule d'indienne,			
HOUPELANDE,			
JUPONS piqués, blancs, garnis,			
Jupons de moleton,			
Jupons de futaine,			
Jupons de basin garnis,			
Jupons de granat,			
Jupons houettés, garnis,			
Jupons de linon,			
Jupons de mousseline,			
LINGE de toilette,			
Linge de Garde-robe,			
Linges de baignoir,			
MANTELETS de mousseline,			
Mouchoirs de toile blanche,			
Mouchoirs de batiste,			
Mouchoirs des indes,			
PAIRES de poches de basin, garnies,			
Paires de poches de toile, garnies,			
paire de bas de coton,			
Peignoirs de toile,			
Peignoirs de Mousseline,			
Pieces d'estomac,			
Pierrot & Jupon de linon,			
RIDEAUX de mousseline, grands,			
Rideaux de toile de coton, grands,			
Rideaux de mousseline, petits,			
Rideaux de linon, petits,			
Robe & Jupon de toile de coton,			
TOTAL			

ARTICLE	liv.	s.	d.
Robe & Jupon de mousseline,			
Robe & Jupon de linon,			
Robe & Jupon d'indienne,			
Rodingotte d'indienne,			
SACS à pelottes,			
Serre-têtes,			
Serviettes de toilette,			
Serviettes de garderobe,			
TABLIERS de Femme-de-chambre,			
Tabliers de coëffeur,			
Tayes d'oreillers garnies,			
Toilette garnie de mousseline,			
Tours de chaise,			
Tour de bassin,			
Linge des Enfans.			
BANDEAUX,			
Bandes,			
Bavoirs;			
Beguin,			
Brassieres de futaine,			
Brassieres de flanelle,			
CALÇONS,			
Camisoles de mousseline,			
Camisoles de toile de coton,			
Camisoles d'indienne,			
Camisoles de futaine,			
Chaussettes,			
Chaussons,			
Chemises de jour, de garçon,			
Chemises de nuit, de garçon,			
Chemises de jour, de demoiselle			
Chemises de nuit, de demoiselle,			
Chemises petites,			
Chemises-robes de mousseline,			
Chemises-robe d'indienne,			
Collerettes de mousseline,			
Cols de mousseline,			
Couches,			
Couvres-pieds garnis,			
Culottes de draps de coton,			
Culottes de basin,			
Culottes de toile de coton,			
DESHABILLERS de toile de coton,			
TOTAL			

ARTICLE	liv.	s.	d.
Deshabillers d'indienne,			
FOURREAUX de toile de coton,			
Fourreaux de linon,			
Fourreaux d'indienne,			
GARNITURES de lit,			
Gillets de basin,			
Gillets de toile de coton,			
JACTONS,			
Jupons de toile de coton garnis,			
Jupons de basin garnis,			
Jupons de futaine,			
Jupons de moleton,			
LANGES piqués,			
Lange de futaine,			
Lange de laine,			
Linge de toilette,			
MANTELETS de mousseline,			
Manchettes de garçon,			
Matelots de toile,			
Matelots de Nankin,			
Mouchoirs de toile,			
Mouchoirs de batiste,			
PAIRES de bas de coton,			
paires de bas de fil,			
paires de bas petits,			
paires de bas de laine,			
paires de poches,			
Peignoirs,			
Pierrots & Jupon de linon,			
Pierrots & Jupon de mousseline,			
Pieces d'estomac,			
ROBES & Jupons de toile de coton,			
Robes & Jupons de mousseline,			
Robes & Jupons d'indienne,			
Robe de chambre,			
TETIERES,			
Tours de bonnet,			
Tours de chaises,			
VESTES de basin,			
Vestes de toile de coton,			
Vestes de nankin,			
Vestes de drap de coton.			
TOTAL			

ARTICLE | liv. | f. | d.

Linge d'Office.

CHAUSSES à passer,
ESSUIE-MAINS,
NAPES damassées,
Napes à linteaux,
Napes à grains d'orge,
Napes ouvrées,
Napes d'office,
Napes petites,
Napes de venise,
Napes de cuisine,
PAQUETS de Torchons,
SERVIETTES d'amassées,
Serviettes à linteaux,
Serviettes à grains d'orge,
Serviettes ouvrées,
Serviettes de Venise!
TABLIERS d'office,
Tabliers de cuisine,
Torchons,

Linge de la Femme de Chambre.

BANDEAUX,
Bonnets ronds,
Bonnets piqués,
CAMISOLES de toile de coton,
Camisoles d'indienne,
Chemises,
Corset de toile,
Corset de basin,
DESHABILLÉ complet de toile de coton,
Deshabillé complet d'indienne,
FICHUS de mousseline,
Fichus de linon,
JUPONS piqués,
Jupons houetrés,
Jupons de toile de coton,
LINGE de toilette,
MOUCHOIRS blancs,
Mouchoirs de couleur,
PAIRES de poches,
paires de bas de coton,
paires de bas de fil,

TOTAL

ARTICLE | liv. | f.

ROBE & Jupon d'indienne,
Robe & Jupons de toile de coton,
Robe & Jupon de mousseline,
SERRE-TÊTES.

Linge de la Cuisiniere.

BONNETS ronds,
Bonnets piqués,
CAMISOLES d'indienne,
Camisoles de toile de coton,
Chemises,
DESHABILLÉ compl. de toile de cot.
Deshabiller complet d'indienne,
FICHUS de mousseline,
Fichus de linon,
JUPONS piqués,
Jupons de toile de coton,
Jupons d'indienne,
LINGE de toilette,
MOUCHOIRS blancs,
Mouchoirs de couleur,
PAIRES de poches,
paires de bas de laine,
paires de bas de coton,
paires de bas de fil,
ROBE & Jupon d'indienne,
Robe & Jupon de toile de coton,
SERRE-TETE,

Linge du Domestique.

BONNETS de coton,
Bonnets de laine,
CALÇONS,
Chemises,
Cols,
Cravattes,
Culottes blanches,
Culotte de Nankin,
MOUCHOIRS,
PAIRES de bas de coton,
paires de bas de fil,
paires de bas de laine,
paires de bas de filoselle,
paires de chaussons,
VESTES blanches,
Vestes de Nankin,

TOTAL

le DU MOIS d 178

donné à blanchir

SÇAVOIR à Monſieur.

ARTICLE	liv.	ſ.	d.	ARTICLE	liv.	ſ.	d.
BANDEAUX,				Mouchoirs des indes,			
Bonnets de coton,				Mouchoirs de toile blanche,			
Bonnets de laine,				Mouchoirs de batiſte,			
Bretelles.				Mouchoirs de couleurs,			
CALÇONS de toile,				NAPES,			
Calçons de futaine,				PAIRES de draps de maître,			
Camiſoles de toile,				paires de draps de domeſtique,			
Camiſoles de futaine,				paires de bas de fil,			
Camiſoles d'indienne,				paires de bas de coton,			
Chauſſettes,				paires de bas de laine,			
Chemiſes de jour, garnies,				paires de bas de filoſele,			
Chemiſes de nuit,				paires de chauſſons de toile,			
Coîffes de Bonnets,				paires de chauſſons de tricot,			
Cols de mouſſeline,				Pantalon de moleton,			
Cols de baſin,				Pantalon de toile,			
Cravattes de mouſſeline,				Pantalon de tricot,			
Cravattes de batiſte,				Peignoirs,			
Culottes de baſin,				Pieces d'eſtomac,			
Culottes de toile de coton,				ROBE-de-chambre d'indienne,			
Culottes de draps de coton,				Robe-de-chambre piquée,			
Culottes de Nankin,				SACS à pelottes,			
ESSUIE-MAINS,				Serre-têtes,			
FROTTOIRS				Serviettes de toilette,			
GANTS de fil,				Suſpenſoirs,			
Gillets de baſin,				TABLIER du matin,			
Gillets de flanelle,				Tayes d'oreillers,			
Guêtres de toile,				VESTES de baſin,			
Gillets de futaine,				Veſtes de drap de coton			
Gillets de toile de coton,				Veſtes de Mouſſeline,			
LINGE à barbe,				Veſtes de Nankin,			
MANCHETTES de mouſſeline,				Veſtes piquées,			
Manchettes de batiſte,				Veſtes de toile de coton,			
Manchettes effilées,							
Manchettes de bottes,							
TOTAL				TOTAL			

SÇAVOIR, à Madame

ARTICLE	liv.	s.	d.
BANDES à saigner,			
Bandeaux,			
Bastiennes,			
Blouses,			
Bonnets piqués,			
Bonnets ronds de mousseline,			
Bonnets ronds de linon,			
Bonnets ronds de dentelle			
CAMISOLES de mousseline garnies,			
Camisoles de toile de coton garnies,			
Camisoles piquées garnies,			
Camisoles houettées garnies,			
Chemises de jour,			
Chemises de nuit,			
Chemises de batiste,			
Chemises de bain,			
Chemises-robes de mousseline,			
Chemises-robe d'indienne,			
Chemise-robe, de linon,			
Coiffes de mousseline,			
Collerette,			
Corset de toile de coton garnis,			
Corsets de basin garnis,			
Corsets de toile fine garnis,			
Courtes-pointes,			
Couverture de coton,			
Couvre-pieds piqués garnis,			
Couvre-pieds de mousseline,			
Couvre-meuble,			
DRAPS de maîtres,			
Draps sans couture,			
Draps de domestique,			
Deshabillers garnis,			
ESSUIE-MAINS			
FOURREAUX de toile de coton,			
Fourreaux de mousseline,			
Fourreaux d'indienne,			
Fourreaux de linon,			
Fichus de mousseline,			
TOTAL			

ARTICLE	liv.	s.	d.
Fichus de batiste,			
Fichus doubles,			
Fichus de linon,			
Fichus frisés,			
Fraisettes de mousseline,			
Frottoirs de futaine,			
Frottoirs de flannelle,			
GARNITURES de lit de toile,			
Gaule de mousseline,			
Gaule d'indienne,			
HOUPELANDE,			
JUPONS piqués, blancs, garnis,			
Jupons de moleton,			
Jupons de futaine,			
Jupons de basin garnis,			
Jupons de granat,			
Jupons houettés, garnis,			
Jupons de linon,			
Jupons de mousseline,			
LINGE de toilette,			
Linge de Garde-robe,			
Linges de baignoir,			
MANTELETS de mousseline,			
Mouchoirs de toile blanche,			
Mouchoirs de batiste,			
Mouchoirs des indes,			
PAIRES de poches de basin, garnies,			
Paires de poches de toile, garnies,			
paire de bas de coton,			
Peignoirs de toile,			
Peignoirs de Mousseline,			
Pièces d'estomac,			
Pierrot & Jupon de linon,			
RIDEAUX de mousseline, grands,			
Rideaux de toile de coton, grands,			
Rideaux de mousseline, petits,			
Rideaux de linon, petits,			
Robe & Jupon de toile de coton,			
TOTAL			

ARTICLE	liv.	s.	d.
Robe & Jupon de mousseline,			
Robe & Jupon de linon,			
Robe & Jupon d'indienne,			
Rodingotte d'indienne,			
SACS à pelottes,			
Serre-têtes,			
Serviettes de toilette,			
Serviettes de garderobe,			
TABLIERS de Femme-de-chambre,			
Tabliers de coëffeur,			
Tayes d'oreillers garnies,			
Toilette garnie de mousseline,			
Tours de chaise,			
Tour de bassin,			
Linge des Enfans.			
BANDEAUX,			
Bandes,			
Bavoirs,			
Beguin,			
Brassieres de futaine,			
Brassieres de flanelle,			
CALÇONS,			
Camisoles de mousseline,			
Camisoles de toile de coton,			
Camisoles d'indienne,			
Camisoles de futaine,			
Chaussettes,			
Chaussons,			
Chemises de jour, de garçon,			
Chemises de nuit, de garçon,			
Chemises de jour, de demoiselle			
Chemises de nuit, de demoiselle,			
Chemises petites,			
Chemises-robes de mousseline,			
Chemises-robe d'indienne,			
Collerettes de mousseline,			
Cols de mousseline,			
Couches,			
Couvres-pieds garnis,			
Culottes de draps de coton,			
Culottes de basin,			
Culottes de toile de coton,			
DESHABILLERS de toile de coton,			
TOTAL			

ARTICLE	liv.	s.	d.
Deshabillers d'indienne,			
FOURREAUX de toile de coton,			
Fourreaux de linon,			
Fourreaux d'indienne,			
GARNITURES de lit,			
Gillets de basin,			
Gillets de toile de coton,			
JACTONS,			
Jupons de toile de coton garnis,			
Jupons de basin garnis,			
Jupons de futaine,			
Jupons de moleton,			
LANGES piqués,			
Lange de futaine,			
Lange de laine,			
Linge de toilette,			
MANTELETS de mousseline,			
Manchettes de garçon,			
Matelots de toile,			
Matelots de Nankin,			
Mouchoirs de toile,			
Mouchoirs de batiste,			
PAIRES de bas de coton,			
paires de bas de fil,			
paires de bas petits,			
paires de bas de laine,			
paires de poches,			
Peignoirs,			
Pierrots & Jupon de linon,			
Pierrots & Jupon de mousseline,			
Pieces d'estomac,			
ROBES & Jupons de toile de coton,			
Robes & Jupons de mousseline,			
Robes & Jupons d'indienne,			
Robe de chambre,			
TETIERES,			
Tours de bonnet,			
Tours de chaises,			
VESTES de basin,			
Vestes de toile de coton,			
Vestes de nankin,			
Vestes de drap de coton.			
TOTAL			

ARTICLE	liv.	f.	d.
Linge d'Office.			
CHAUSSES à passer,			
ESSUIE-MAINS,			
NAPES damassées,			
Napes à linteaux,			
Napes à grains d'orge,			
Napes ouvrées,			
Napes d'office,			
Napes petites,			
Napes de venise,			
Napes de cuisine,			
PAQUETS de Torchons,			
SERVIETTES d'amassées,			
Serviettes à linteaux,			
Serviettes à grains d'orge,			
Serviettes ouvrées,			
Serviettes de Venise			
TABLIERS d'office,			
Tabliers de cuisine,			
Torchons,			
Linge de la Femme de Chambre.			
BANDEAUX,			
Bonnets ronds,			
Bonnets piqués,			
CAMISOLES de toile de coton,			
Camisoles d'indienne,			
Chemises,			
Corset de toile,			
Corset de basin,			
DESHABILLÉ complet de toile de coton,			
Deshabillé complet d'indienne,			
FICHUS de mousseline,			
Fichus de linon,			
JUPONS piqués,			
Jupons houetrés,			
Jupons de toile de coton,			
LINGE de toilette,			
MOUCHOIRS blancs,			
Mouchoirs de couleur,			
PAIRES de poches,			
paires de bas de coton,			
paires de bas de fil,			
TOTAL			

ARTICLE	liv.	f.
ROBE & Jupon d'indienne,		
Robe & Jupons de toile de coton,		
Robe & Jupon de mousseline,		
SERRE-TÊTES.		
Linge de la Cuisiniere.		
BONNETS ronds,		
Bonnets piqués,		
CAMISOLES d'indienne,		
Camisoles de toile de coton,		
Chemises,		
DESHABILLÉ compl. de toile de cot.		
Deshabiller complet d'indienne,		
FICHUS de mousseline,		
Fichus de linon,		
JUPONS piqués,		
Jupons de toile de coton,		
Jupons d'indienne,		
LINGE de toilette,		
MOUCHOIRS blancs,		
Mouchoirs de couleur,		
PAIRES de poches,		
paires de bas de laine,		
paires de bas de coton,		
paires de bas de fil,		
ROBE & Jupon d'indienne,		
Robe & Jupon de toile de coton,		
SERRE-TETE,		
Linge du Domestique.		
BONNETS de coton,		
Bonnets de laine,		
CALÇONS,		
Chemises,		
Cols,		
Cravattes,		
Culottes blanches,		
Culotte de Nankin,		
MOUCHOIRS,		
PAIRES de bas de coton,		
paires de bas de fil,		
paires de bas de laine,		
paires de bas de filoselle,		
paires de chaussons,		
VESTES blanches,		
Vestes de Nankin,		
TOTAL		

(1)

le DU MOIS d 178

donné à blanchir

SÇAVOIR à Monsieur.

ARTICLE	liv.	s.	d.	ARTICLE	liv.	s.	d.
BANDEAUX,				Mouchoirs des indes,			
Bonnets de coton,				Mouchoirs de toile blanche,			
Bonnets de laine,				Mouchoirs de batiste,			
Bretelles.				Mouchoirs de couleurs,			
CALÇONS de toile,				NAPES,			
Calçons de futaine,				PAIRES de draps de maître,			
Camisoles de toile,				paires de draps de domestique,			
Camisoles de futaine,				paires de bas de fil,			
Camisoles d'indienne,				paires de bas de coton,			
Chaussettes,				paires de bas de laine,			
Chemises de jour, garnies,				paires de bas de filosele,			
Chemises de nuit,				paires de chaussons de toile,			
Coîffes de Bonnets,				paires de chaussons de tricot,			
Cols de mousseline,				Pantalon de moleton,			
Cols de basin,				Pantalon de toile,			
Cravattes de mousseline,				Pantalon de tricot,			
Cravattes de batiste,				Peignoirs,			
Culottes de basin,				Pieces d'estomac,			
Culottes de toile de coton,				ROBE-de-chambre d'indienne,			
Culottes de draps de coton,				Robe-de-chambre piquée,			
Culottes de Nankin,				SACS à pelottes,			
ESSUIE-MAINS,				Serre-têtes,			
FROTTOIRS,				Serviettes de toilette,			
GANTS de fil,				Suspensoirs,			
Gillets de basin,				TABLIER du matin,			
Gillets de flanelle,				Tayes d'oreillers,			
Guêtres de toile,				VESTES de basin,			
Gillets de futaine,				Vestes de drap de coton			
Gillets de toile de coton,				Vestes de Mousseline,			
LINGE à barbe,				Vestes de Nankin,			
MANCHETTES de mousseline,				Vestes piquées,			
Manchettes de batiste,				Vestes de toile de coton,			
Manchettes effilées,							
Manchettes de bottes,							
TOTAL				TOTAL			

SÇAVOIR, à Madame

ARTICLE — liv. — s. — d.

Bandes à saigner,
Bandeaux,
Bastiennes,
Blouses,
Bonnets piqués,
Bonnets ronds de mousseline,
Bonnets ronds de linon,
Bonnets ronds de dentelle

Camisoles de mousseline garnies,
Camisoles de toile de coton garnies,
Camisoles piquées garnies,
Camisoles houettées garnies,
Chemises de jour,
Chemises de nuit,
Chemises de batiste,
Chemises de bain,
Chemises-robes de mousseline,
Chemises-robe d'indienne,
Chemise-robe, de linon,
Coiffes de mousseline,
Collerette,
Corset de toile de coton garnis,
Corsets de basin garnis,
Corsets de toile fine garnis,
Courtes-pointes,
Couverture de coton,
Couvre-pieds piqués garnis,
Couvre-pieds de mousseline,
Couvre-meuble,

Draps de maîtres,
Draps sans couture,
Draps de domestique,
Deshabillers garnis,

Essuie-mains

Fourreaux de toile de coton,
Fourreaux de mousseline,
Fourreaux d'indienne,
Fourreaux de linon,
Fichus de mousseline,

TOTAL

ARTICLE — liv. — s. — d.

Fichus de batiste,
Fichus doubles,
Fichus de linon,
Fichus frisés,
Fraisettes de mousseline,
Frottoirs de futaine,
Frottoirs de flannelle,

Garnitures de lit de toile,
Gaule de mousseline,
Gaule d'indienne,

Houpelande,

Jupons piqués, blancs, garnis,
Jupons de moleton,
Jupons de futaine,
Jupons de basin garnis,
Jupons de granat,
Jupons houettés, garnis,
Jupons de linon,
Jupons de mousseline,

Linge de toilette,
Linge de Garde-robe,
Linges de baignoir,

Mantelets de mousseline,
Mouchoirs de toile blanche,
Mouchoirs de batiste,
Mouchoirs des indes,

Paires de poches de basin, garnies,
Paires de poches de toile, garnies,
paire de bas de coton,
Peignoirs de toile,
Peignoirs de Mousseline,
Pieces d'estomac,
Pierrot & Jupon de linon,

Rideaux de mousseline, grands,
Rideaux de toile de coton, grands,
Rideaux de mousseline, petits,
Rideaux de linon, petits,
Robe & Jupon de toile de coton,

TOTAL

ARTICLE	liv.	s.	d.
Robe & Jupon de mousseline,			
Robe & Jupon de linon,			
Robe & Jupon d'indienne,			
Rodingotte d'indienne,			
SACS à pelottes,			
Serre-têtes,			
Serviettes de toilette,			
Serviettes de garderobe,			
TABLIERS de Femme-de-chambre,			
Tabliers de coëffeur,			
Tayes d'oreillers garnies,			
Toilette garnie de mousseline,			
Tours de chaise,			
Tour de bassin,			
Linge des Enfans.			
BANDEAUX,			
Bandes,			
Bavoirs,			
Beguin,			
Brassieres de futaine,			
Brassieres de flanelle,			
CALÇONS,			
Camisoles de mousseline,			
Camisoles de toile de coton,			
Camisoles d'indienne,			
Camisoles de futaine,			
Chaussettes,			
Chaussons,			
Chemises de jour, de garçon,			
Chemises de nuit, de garçon,			
Chemises de jour, de demoiselle			
Chemises de nuit, de demoiselle,			
Chemises petites,			
Chemises-robes de mousseline,			
Chemises-robe d'indienne,			
Collerettes de mousseline,			
Cols de mousseline,			
Couches,			
Couvres-pieds garnis,			
Culottes de draps de coton,			
Culottes de basin,			
Culottes de toile de coton,			
DESHABILLERS de toile de coton,			
TOTAL			

ARTICLE	liv.	s.	d.
Deshabillers d'indienne,			
FOURREAUX de toile de coton,			
Fourreaux de linon,			
Fourreaux d'indienne,			
GARNITURES de lit,			
Gillets de basin,			
Gillets de toile de coton,			
JACTONS,			
Jupons de toile de coton garnis,			
Jupons de basin garnis,			
Jupons de futaine,			
Jupons de moleton,			
LANGES piqués,			
Lange de futaine,			
Lange de laine,			
Linge de toilette,			
MANTELETS de mousseline,			
Manchettes de garçon,			
Matelots de toile,			
Matelots de Nankin,			
Mouchoirs de toile,			
Mouchoirs de batiste,			
PAIRES de bas de coton,			
paires de bas de fil,			
paires de bas petits,			
paires de bas de laine,			
paires de poches,			
Peignoirs,			
Pierrots & Jupon de linon,			
Pierrots & Jupon de mousseline,			
Pieces d'estomac,			
ROBES & Jupons de toile de coton,			
Robes & Jupons de mousseline,			
Robes & Jupons d'indienne,			
Robe de chambre,			
TETIERES,			
Tours de bonnet,			
Tours de chaises,			
VESTES de basin,			
Vestes de toile de coton,			
Vestes de nankin,			
Vestes de drap de coton.			
TOTAL			

ARTICLE	liv.	s.	d.
Linge d'Office.			
CHAUSSES à passer,			
ESSUIE-MAINS,			
NAPES damassées,			
Napes à linteaux,			
Napes à grains d'orge,			
Napes ouvrées,			
Napes d'office,			
Napes petites,			
Napes de venise,			
Napes de cuisine,			
PAQUETS de Torchons,			
SERVIETTES d'amassées,			
Serviettes à linteaux,			
Serviettes à grains d'orge,			
Serviettes ouvrées,			
Serviettes de Venise,			
TABLIERS d'office,			
Tabliers de cuisine,			
Torchons,			
Linge de la Femme de Chambre.			
BANDEAUX,			
Bonnets ronds,			
Bonnets piqués,			
CAMISOLES de toile de coton,			
Camisoles d'indienne,			
Chemises,			
Corset de toile,			
Corset de basin,			
DESHABILLÉ complet de toile de coton,			
Deshabillé complet d'indienne,			
FICHUS de mousseline,			
Fichus de linon,			
JUPONS piqués,			
Jupons houetrés,			
Jupons de toile de coton,			
LINGE de toilette,			
MOUCHOIRS blancs,			
Mouchoirs de couleur,			
PAIRES de poches,			
paires de bas de coton,			
paires de bas de fil,			
TOTAL			

ARTICLE	liv.	s.
ROBE & Jupon d'indienne,		
Robe & Jupons de toile de coton,		
Robe & Jupon de mousseline,		
SERRE-TÊTES.		
Linge de la Cuisiniere.		
BONNETS ronds,		
Bonnets piqués,		
CAMISOLES d'indienne,		
Camisoles de toile de coton,		
Chemises,		
DESHABILLÉ compl. de toile de cot.		
Deshabiller complet d'indienne,		
FICHUS de mousseline,		
Fichus de linon,		
JUPONS piqués,		
Jupons de toile de coton,		
Jupons d'indienne,		
LINGE de toilette,		
MOUCHOIRS blancs,		
Mouchoirs de couleur,		
PAIRES de poches,		
paires de bas de laine,		
paires de bas de coton,		
paires de bas de fil,		
ROBE & Jupon d'indienne,		
Robe & Jupon de toile de coton,		
SERRE-TETE,		
Linge du Domestique.		
BONNETS de coton,		
Bonnets de laine,		
CALÇONS,		
Chemises,		
Cols,		
Cravattes,		
Culottes blanches,		
Culotte de Nankin,		
MOUCHOIRS,		
PAIRES de bas de coton,		
paires de bas de fil,		
paires de bas de laine,		
paires de bas de filoselle,		
paires de chaussons,		
VESTES blanches,		
Vestes de Nankin,		
TOTAL		

le DU MOIS d 178

donné à blanchir

SÇAVOIR à Monsieur.

ARTICLE	liv.	s.	d.	ARTICLE	liv.	s.	d.
BANDEAUX,				Mouchoirs des indes,			
Bonnets de coton,				Mouchoirs de toile blanche,			
Bonnets de laine,				Mouchoirs de batiste,			
Bretelles.				Mouchoirs de couleurs,			
CALÇONS de toile,				NAPES,			
Calçons de futaine,				PAIRES de draps de maître,			
Camisoles de toile,				paires de draps de domestique,			
Camisoles de futaine,				paires de bas de fil,			
Camisoles d'indienne,				paires de bas de coton,			
Chaussettes,				paires de bas de laine,			
Chemises de jour, garnies,				paires de bas de filosele,			
Chemises de nuit,				paires de chaussons de toile,			
Coîffes de Bonnets,				paires de chaussons de tricot,			
Cols de mousseline,				Pantalon de moleton,			
Cols de basin,				Pantalon de toile,			
Cravattes de mousseline,				Pantalon de tricot,			
Cravattes de batiste,				Peignoirs,			
Culottes de basin,				Pieces d'estomac,			
Culottes de toile de coton,				ROBE-de-chambre d'indienne,			
Culottes de draps de coton,				Robe-de-chambre piquée,			
Culottes de Nankin,				SACS à pelottes,			
ESSUIE-MAINS,				Serre-têtes,			
FROTTOIRS.				Serviettes de toilette,			
GANTS de fil,				Suspensoirs,			
Gillets de basin,				TABLIER du matin,			
Gillets de flanelle,				Tayes d'oreillers,			
Guêtres de toile,				VESTES de basin,			
Gillets de futaine,				Vestes de drap de coton			
Gillets de toile de coton,				Vestes de Mousseline,			
LINGE à barbe,				Vestes de Nankin,			
MANCHETTES de mousseline,				Vestes piquées,			
Manchettes de batiste,				Vestes de toile de coton,			
Manchettes effilées,							
Manchettes de bottes,							
TOTAL				TOTAL			

SÇAVOIR, à Madame

ARTICLE	liv.	s.	d.
BANDES à saigner,			
Bandeaux,			
Bastiennes,			
Blouses,			
Bonnets piqués,			
Bonnets ronds de mousseline,			
Bonnets ronds de linon,			
Bonnets ronds de dentelle			
CAMISOLES de mousseline garnies,			
Camisoles de toile de coton garnies,			
Camisoles piquées garnies,			
Camisoles houettées garnies,			
Chemises de jour,			
Chemises de nuit,			
Chemises de batiste,			
Chemises de bain,			
Chemises-robes de mousseline,			
Chemises-robe d'indienne,			
Chemise-robe, de linon,			
Coiffes de mousseline,			
Collerette,			
Corset de toile de coton garnis,			
Corsets de basin garnis,			
Corsets de toile fine garnis,			
Courtes-pointes,			
Couverture de coton,			
Couvre-pieds piqués garnis,			
Couvre-pieds de mousseline,			
Couvre-meuble,			
DRAPS de maîtres,			
Draps sans couture,			
Draps de domestique,			
Deshabillers garnis,			
ESSUIE-MAINS			
FOURREAUX de toile de coton,			
Fourreaux de mousseline,			
Fourreaux d'indienne,			
Fourreaux de linon,			
Fichus de mousseline,			
TOTAL			

ARTICLE	liv.	s.	d.
Fichus de batiste,			
Fichus doubles,			
Fichus de linon,			
Fichus frisés,			
Fraisettes de mousseline,			
Frottoirs de futaine,			
Frottoirs de flannelle,			
GARNITURES de lit de toile,			
Gaule de mousseline,			
Gaule d'indienne,			
HOUPELANDE,			
JUPONS piqués, blancs, garnis,			
Jupons de moleton,			
Jupons de futaine,			
Jupons de basin garnis,			
Jupons de granat,			
Jupons houettés, garnis,			
Jupons de linon,			
Jupons de mousseline,			
LINGE de toilette,			
Linge de Garde-robe,			
Linges de baignoir,			
MANTELETS de mousseline,			
Mouchoirs de toile blanche,			
Mouchoirs de batiste,			
Mouchoirs des indes,			
PAIRES de poches de basin, garnies,			
Paires de poches de toile, garnies,			
paire de bas de coton,			
Peignoirs de toile,			
Peignoirs de Mousseline,			
Pieces d'estomac,			
Pierrot & Jupon de linon,			
RIDEAUX de mousseline, grands,			
Rideaux de toile de coton, grands,			
Rideaux de mousseline, petits,			
Rideaux de linon, petits,			
Robe & Jupon de toile de coton,			
TOTAL			

ARTICLE	liv.	s.	d.
Robe & Jupon de mousseline,			
Robe & Jupon de linon,			
Robe & Jupon d'indienne,			
Rodingotte d'indienne,			
SACS à pelottes,			
Serre-têtes,			
Serviettes de toilette,			
Serviettes de garderobe,			
TABLIERS de Femme-de-chambre,			
Tabliers de coëffeur,			
Tayes d'oreillers garnies,			
Toilette garnie de mousseline,			
Tours de chaise,			
Tour de bassin,			
Linge des Enfans.			
BANDEAUX,			
Bandes,			
Bavoirs;			
Beguin,			
Brassieres de futaine,			
Brassieres de flanelle,			
CALÇONS,			
Camisoles de mousseline,			
Camisoles de toile de coton,			
Camisoles d'indienne,			
Camisoles de futaine,			
Chaussettes,			
Chaussons,			
Chemises de jour, de garçon,			
Chemises de nuit, de garçon,			
Chemises de jour, de demoiselle			
Chemises de nuit, de demoiselle,			
Chemises petites,			
Chemises-robes de mousseline,			
Chemises-robe d'indienne,			
Collerettes de mousseline,			
Cols de mousseline,			
Couches,			
Couvres-pieds garnis,			
Culottes de draps de coton,			
Culottes de basin,			
Culottes de toile de coton,			
DESHABILLERS de toile de coton,			
TOTAL			

ARTICLE	liv.	s.	d.
Deshabillers d'indienne,			
FOURREAUX de toile de coton,			
Fourreaux de linon,			
Fourreaux d'indienne,			
GARNITURES de lit,			
Gillets de basin,			
Gillets de toile de coton,			
JACTONS,			
Jupons de toile de coton garnis,			
Jupons de basin garnis,			
Jupons de futaine,			
Jupons de moleton,			
LANGES piqués,			
Lange de futaine,			
Lange de laine,			
Linge de toilette,			
MANTELETS de mousseline,			
Manchettes de garçon,			
Matelots de toile,			
Matelots de Nankin,			
Mouchoirs de toile,			
Mouchoirs de batiste,			
PAIRES de bas de coton,			
paires de bas de fil,			
paires de bas petits,			
Paires de bas de laine,			
paires de poches,			
Peignoirs,			
Pierrots & Jupon de linon,			
Pierrots & Jupon de mousseline,			
Pieces d'estomac,			
ROBES & Jupons de toile de coton,			
Robes & Jupons de mousseline,			
Robes & Jupons d'indienne,			
Robe de chambre,			
TETIÈRES,			
Tours de bonnet,			
Tours de chaises,			
VESTES de basin,			
Vestes de toile de coton,			
Vestes de nankin,			
Vestes de drap de coton.			
TOTAL			

ARTICLE	liv.	s.	d.
Linge d'Office.			
CHAUSSES à passer,			
ESSUIE-MAINS,			
NAPES damassées,			
Napes à linteaux,			
Napes à grains d'orge,			
Napes ouvrées,			
Napes d'office,			
Napes petites,			
Napes de venise,			
Napes de cuisine,			
PAQUETS de Torchons,			
SERVIETTES d'amassées,			
Serviettes à linteaux,			
Serviettes à grains d'orge,			
Serviettes ouvrées,			
Serviettes de Venise			
TABLIERS d'office,			
Tabliers de cuisine,			
Torchons,			
Linge de la Femme de Chambre.			
BANDEAUX,			
Bonnets ronds,			
Bonnets piqués,			
CAMISOLES de toile de coton,			
Camisoles d'indienne,			
Chemises,			
Corset de toile,			
Corset de basin,			
DESHABILLÉ complet de toile de coton,			
Deshabillé complet d'indienne,			
FICHUS de mousseline,			
Fichus de linon,			
JUPONS piqués,			
Jupons houetrés,			
Jupons de toile de coton,			
LINGE de toilette,			
MOUCHOIRS blancs,			
Mouchoirs de couleur,			
PAIRES de poches,			
paires de bas de coton,			
paires de bas de fil,			
TOTAL			

ARTICLE	liv.	s.	d.
ROBE & Jupon d'indienne,			
Robe & Jupons de toile de coton,			
Robe & Jupon de mousseline,			
SERRE-TÊTES.			
Linge de la Cuisiniere.			
BONNETS ronds,			
Bonnets piqués,			
CAMISOLES d'indienne,			
Camisoles de toile de coton,			
Chemises,			
DESHABILLÉ compl. de toile de cot.			
Deshabiller complet d'indienne,			
FICHUS de mousseline,			
Fichus de linon,			
JUPONS piqués,			
Jupons de toile de coton,			
Jupons d'indienne,			
LINGE de toilette,			
MOUCHOIRS blancs,			
Mouchoirs de couleur,			
PAIRES de poches,			
paires de bas de laine,			
paires de bas de coton,			
paires de bas de fil,			
ROBE & Jupon d'indienne,			
Robe & Jupon de toile de coton,			
SERRE-TETE,			
Linge du Domestique.			
BONNETS de coton,			
Bonnets de laine,			
CALÇONS,			
Chemises,			
Cols,			
Cravattes,			
Culottes blanches,			
Culotte de Nankin,			
MOUCHOIRS,			
PAIRES de bas de coton,			
paires de bas de fil,			
paires de bas de laine,			
paires de bas de filoselle,			
paires de chaussons,			
VESTES blanches,			
Vestes de Nankin,			
TOTAL			

(1)

le DU MOIS d 178

donné à blanchir

SÇAVOIR à Monſieur.

ARTICLE	liv.	ſ.	d.
BANDEAUX,			
Bonnets de coton,			
Bonnets de laine,			
Bretelles.			
CALÇONS de toile,			
Calçons de futaine,			
Camiſoles de toile,			
Camiſoles de futaine,			
Camiſoles d'indienne,			
Chauſſettes,			
Chemiſes de jour, garnies,			
Chemiſes de nuit,			
Coîffes de Bonnets,			
Cols de mouſſeline,			
Cols de baſin,			
Cravattes de mouſſeline,			
Cravattes de batiſte,			
Culottes de baſin,			
Culottes de toile de coton,			
Culottes de draps de coton,			
Culottes de Nankin,			
ESSUIE-MAINS,			
FROTTOIRS,			
GANTS de fil,			
Gillets de baſin,			
Gillets de flanelle,			
Guêtres de toile,			
Gillets de futaine,			
Gillets de toile de coton,			
LINGE à barbe,			
MANCHETTES de mouſſeline,			
Manchettes de batiſte,			
Manchettes effilées,			
Manchettes de bottes,			
TOTAL			

ARTICLE	liv.	ſ.	d.
Mouchoirs des indes,			
Mouchoirs de toile blanche,			
Mouchoirs de batiſte,			
Mouchoirs de couleurs,			
NAPES,			
PAIRES de draps de maître,			
paires de draps de domeſtique,			
paires de bas de fil,			
paires de bas de coton,			
paires de bas de laine,			
paires de bas de filoſele,			
paires de chauſſons de toile,			
paires de chauſſons de tricot,			
Pantalon de moleton,			
Pantalon de toile,			
Pantalon de tricot,			
Peignoirs,			
Pieces d'eſtomac,			
ROBE-de-chambre d'indienne,			
Robe-de-chambre piquée,			
SACS à pelottes,			
Serre-têtes,			
Serviettes de toilette,			
Suſpenſoirs,			
TABLIER du matin,			
Tayes d'oreillers,			
VESTES de baſin,			
Veſtes de drap de coton			
Veſtes de Mouſſeline,			
Veſtes de Nankin,			
Veſtes piquées,			
Veſtes de toile de coton,			
TOTAL			

SÇAVOIR, à Madame

ARTICLE	liv.	ſ.	d.
BANDES à ſaigner,			
Bandeaux,			
Baſtiennes,			
Blouſes,			
Bonnets piqués,			
Bonnets ronds de mouſſeline,			
Bonnets ronds de linon,			
Bonnets ronds de dentelle			
CAMISOLES de mouſſeline garnies,			
Camiſoles de toile de coton garnies,			
Camiſoles piquées garnies,			
Camiſoles houettées garnies,			
Chemiſes de jour,			
Chemiſes de nuit,			
Chemiſes de batiſte,			
Chemiſes de bain,			
Chemiſes-robes de mouſſeline,			
Chemiſes-robe d'indienne,			
Chemiſe-robe, de linon,			
Coîffes de mouſſeline,			
Collerette,			
Corſet de toile de coton garnis,			
Corſets de baſin garnis,			
Corſets de toile fine garnis,			
Courtes-pointes,			
Couverture de coton,			
Couvre-pieds piqués garnis,			
Couvre-pieds de mouſſeline,			
Couvre-meuble,			
DRAPS de maîtres,			
Draps ſans couture,			
Draps de domeſtique,			
Deshabillers garnis,			
ESSUIE-MAINS			
FOURREAUX de toile de coton,			
Fourreaux de mouſſeline,			
Fourreaux d'indienne,			
Fourreaux de linon,			
Fichus de mouſſeline,			
TOTAL			

ARTICLE	liv.	ſ.	d.
Fichus de batiſte,			
Fichus doubles,			
Fichus de linon,			
Fichus friſés,			
Fraiſettes de mouſſeline,			
Frottoirs de futaine,			
Frottoirs de flannelle,			
GARNITURES de lit de toile,			
Gaule de mouſſeline,			
Gaule d'indienne,			
HOUPELANDE,			
JUPONS piqués, blancs, garnis,			
Jupons de moleton,			
Jupons de futaine,			
Jupons de baſin garnis,			
Jupons de granat,			
Jupons houettés, garnis,			
Jupons de linon,			
Jupons de mouſſeline,			
LINGE de toilette,			
Linge de Garde-robe,			
Linges de baignoir,			
MANTELETS de mouſſeline,			
Mouchoirs de toile blanche,			
Mouchoirs de batiſte,			
Mouchoirs des indes,			
PAIRES de poches de baſin, garnies,			
Paires de poches de toile, garnies,			
paire de bas de coton,			
Peignoirs de toile,			
Peignoirs de Mouſſeline,			
Pieces d'eſtomac,			
Pierrot & Jupon de linon,			
RIDEAUX de mouſſeline, grands,			
Rideaux de toile de coton, grands,			
Rideaux de mouſſeline, petits,			
Rideaux de linon, petits,			
Robe & Jupon de toile de coton,			
TOTAL			

ARTICLE	liv.	s.	d.
Robe & Jupon de mousseline,			
Robe & Jupon de linon,			
Robe & Jupon d'indienne,			
Rodingotte d'indienne,			
SACS à pelottes,			
Serre-têtes,			
Serviettes de toilette,			
Serviettes de garderobe,			
TABLIERS de Femme-de-chambre,			
Tabliers de coëffeur,			
Tayes d'oreillers garnies,			
Toilette garnie de mousseline,			
Tours de chaise,			
Tour de bassin,			
Linge des Enfans.			
BANDEAUX,			
Bandes,			
Bavoirs;			
Beguin,			
Brassieres de futaine,			
Brassieres de flanelle,			
CALÇONS,			
Camisoles de mousseline,			
Camisoles de toile de coton,			
Camisoles d'indienne,			
Camisoles de futaine,			
Chaussettes,			
Chaussons,			
Chemises de jour, de garçon,			
Chemises de nuit, de garçon,			
Chemises de jour, de demoiselle			
Chemises de nuit, de demoiselle,			
Chemises petites,			
Chemises-robes de mousseline,			
Chemises-robe d'indienne,			
Collerettes de mousseline,			
Cols de mousseline,			
Couches,			
Couvres-pieds garnis,			
Culottes de draps de coton,			
Culottes de basin,			
Culottes de toile de coton,			
DESHABILLERS de toile de coton,			
TOTAL			

ARTICLE	liv.	s.	d.
Deshabillers d'indienne,			
FOURREAUX de toile de coton,			
Fourreaux de linon,			
Fourreaux d'indienne,			
GARNITURES de lit,			
Gillets de basin,			
Gillets de toile de coton,			
JACTONS,			
Jupons de toile de coton garnis,			
Jupons de basin garnis,			
Jupons de futaine,			
Jupons de moleton,			
LANGES piqués,			
Lange de futaine,			
Lange de laine,			
Linge de toilette,			
MANTELETS de mousseline,			
Manchettes de garçon,			
Matelots de toile,			
Matelots de Nankin,			
Mouchoirs de toile,			
Mouchoirs de batiste,			
PAIRES de bas de coton,			
paires de bas de fil,			
paires de bas petits,			
paires de bas de laine,			
paires de poches,			
Peignoirs,			
Pierrots & Jupon de linon,			
Pierrots & Jupon de mousseline,			
Pieces d'estomac,			
ROBES & Jupons de toile de coton,			
Robes & Jupons de mousseline,			
Robes & Jupons d'indienne,			
Robe de chambre,			
TETIERES,			
Tours de bonnet,			
Tours de chaises,			
VESTES de basin,			
Vestes de toile de coton,			
Vestes de nankin,			
Vestes de drap de coton.			
TOTAL			

ARTICLE	liv.	f.	d.
Linge d'Office.			
CHAUSSES à passer,			
ESSUIE-MAINS,			
NAPES damassées,			
Napes à linteaux,			
Napes à grains d'orge,			
Napes ouvrées,			
Napes d'office,			
Napes petites,			
Napes de venise,			
Napes de cuisine,			
PAQUETS de Torchons,			
SERVIETTES d'amassées,			
Serviettes à linteaux,			
Serviettes à grains d'orge,			
Serviettes ouvrées,			
Serviettes de Venise!			
TABLIERS d'office,			
Tabliers de cuisine,			
Torchons,			
Linge de la Femme de Chambre.			
BANDEAUX,			
Bonnets ronds,			
Bonnets piqués,			
CAMISOLES de toile de coton,			
Camisoles d'indienne,			
Chemises,			
Corset de toile,			
Corset de basin,			
DESHABILLÉ complet de toile de coton,			
Deshabillé complet d'indienne,			
FICHUS de mousseline,			
Fichus de linon,			
JUPONS piqués,			
Jupons houetrés,			
Jupons de toile de coton,			
LINGE de toilette,			
MOUCHOIRS blancs,			
Mouchoirs de couleur,			
PAIRES de poches,			
paires de bas de coton,			
paires de bas de fil,			
TOTAL			

ARTICLE	liv.	f.
ROBE & Jupon d'indienne,		
Robe & Jupons de toile de coton,		
Robe & Jupon de mousseline,		
SERRE-TÊTES.		
Linge de la Cuisiniere.		
BONNETS ronds,		
Bonnets piqués,		
CAMISOLES d'indienne,		
Camisoles de toile de coton,		
Chemises,		
DESHABILLÉ compl. de toile de cot.		
Deshabiller complet d'indienne,		
FICHUS de mousseline,		
Fichus de linon,		
JUPONS piqués,		
Jupons de toile de coton,		
Jupons d'indienne,		
LINGE de toilette,		
MOUCHOIRS blancs,		
Mouchoirs de couleur,		
PAIRES de poches,		
paires de bas de laine,		
paires de bas de coton,		
paires de bas de fil,		
ROBE & Jupon d'indienne,		
Robe & Jupon de toile de coton,		
SERRE-TETE,		
Linge du Domestique.		
BONNETS de coton,		
Bonnets de laine,		
CALÇONS,		
Chemises,		
Cols,		
Cravattes,		
Culottes blanches,		
Culotte de Nankin,		
MOUCHOIRS,		
PAIRES de bas de coton,		
paires de bas de fil,		
paires de bas de laine,		
paires de bas de filoselle,		
paires de chaussons,		
VESTES blanches,		
Vestes de Nankin,		
TOTAL		

le DU MOIS d 178

donné à blanchir

SÇAVOIR à Monsieur.

ARTICLE	liv.	s.	d.
BANDEAUX,			
Bonnets de coton,			
Bonnets de laine,			
Bretelles.			
CALÇONS de toile,			
Calçons de futaine,			
Camisoles de toile,			
Camisoles de futaine,			
Camisoles d'indienne,			
Chaussettes,			
Chemises de jour, garnies,			
Chemises de nuit,			
Coîffes de Bonnets,			
Cols de mousseline,			
Cols de basin,			
Cravattes de mousseline,			
Cravattes de batiste,			
Culottes de basin,			
Culottes de toile de coton,			
Culottes de draps de coton,			
Culottes de Nankin,			
ESSUIE-MAINS,			
FROTTOIRS			
GANTS de fil,			
Gillets de basin,			
Gillets de flanelle,			
Guêtres de toile,			
Gillets de futaine,			
Gillets de toile de coton,			
LINGE à barbe,			
MANCHETTES de mousseline,			
Manchettes de batiste,			
Manchettes effilées,			
Manchettes de bottes,			
TOTAL			

ARTICLE	liv.	s.	d.
Mouchoirs des indes,			
Mouchoirs de toile blanche,			
Mouchoirs de batiste,			
Mouchoirs de couleurs,			
NAPES,			
PAIRES de draps de maître,			
paires de draps de domestique,			
paires de bas de fil,			
paires de bas de coton,			
paires de bas de laine,			
paires de bas de filosele,			
paires de chaussons de toile,			
paires de chaussons de tricot,			
Pantalon de moleton,			
Pantalon de toile,			
Pantalon de tricot,			
Peignoirs,			
Pieces d'estomac,			
ROBE-de-chambre d'indienne,			
Robe-de-chambre piquée,			
SACS à pelottes,			
Serre-têtes,			
Serviettes de toilette,			
Suspensoirs,			
TABLIER du matin,			
Tayes d'oreillers,			
VESTES de basin,			
Vestes de drap de coton			
Vestes de Mousseline,			
Vestes de Nankin,			
Vestes piquées,			
Vestes de toile de coton,			
TOTAL			

SÇAVOIR, à Madame

ARTICLE	liv.	s.	d.
BANDES à saigner,			
Bandeaux,			
Bastiennes,			
Blouses,			
Bonnets piqués,			
Bonnets ronds de mousseline,			
Bonnets ronds de linon,			
Bonnets ronds de dentelle			
CAMISOLES de mousseline garnies,			
Camisoles de toile de coton garnies,			
Camisoles piquées garnies,			
Camisoles houettées garnies,			
Chemises de jour,			
Chemises de nuit,			
Chemises de batiste,			
Chemises de bain,			
Chemises-robes de mousseline,			
Chemises-robe d'indienne,			
Chemise-robe, de linon,			
Coîffes de mousseline,			
Collerette,			
Corset de toile de coton garnis,			
Corsets de basin garnis,			
Corsets de toile fine garnis,			
Courtes-pointes,			
Couverture de coton,			
Couvre-pieds piqués garnis,			
Couvre-pieds de mousseline,			
Couvre-meuble,			
DRAPS de maîtres,			
Draps sans couture,			
Draps de domestique,			
Deshabillers garnis,			
ESSUIE-MAINS			
FOURREAUX de toile de coton,			
Fourreaux de mousseline,			
Fourreaux d'indienne,			
Fourreaux de linon,			
Fichus de mousseline,			
TOTAL			

ARTICLE	liv.	s.	d.
Fichus de batiste,			
Fichus doubles,			
Fichus de linon,			
Fichus frisés,			
Fraisettes de mousseline,			
Frottoirs de futaine,			
Frottoirs de flannelle,			
GARNITURES de lit de toile,			
Gaule de mousseline,			
Gaule d'indienne,			
HOUPELANDE,			
JUPONS piqués, blancs, garnis,			
Jupons de moleton,			
Jupons de futaine,			
Jupons de basin garnis,			
Jupons de granat,			
Jupons houettés, garnis,			
Jupons de linon,			
Jupons de mousseline,			
LINGE de toilette,			
Linge de Garde-robe,			
Linges de baignoir,			
MANTELETS de mousseline,			
Mouchoirs de toile blanche,			
Mouchoirs de batiste,			
Mouchoirs des indes,			
PAIRES de poches de basin, garnies,			
Paires de poches de toile, garnies,			
paire de bas de coton,			
Peignoirs de toile,			
Peignoirs de Mousseline,			
Pieces d'estomac,			
Pierrot & Jupon de linon,			
RIDEAUX de mousseline, grands,			
Rideaux de toile de coton, grands,			
Rideaux de mousseline, petits,			
Rideaux de linon, petits,			
Robe & Jupon de toile de coton,			
TOTAL			

ARTICLE	liv.	f.	d.
Robe & Jupon de mouffeline,			
Robe & Jupon de linon,			
Robe & Jupon d'indienne,			
Rodingotte d'indienne,			
SACS à pelottes,			
Serre-têtes,			
Serviettes de toilette,			
Serviettes de garderobe,			
TABLIERS de Femme-de-chambre,			
Tabliers de coëffeur,			
Tayes d'oreillers garnies,			
Toilette garnie de mouffeline,			
Tours de chaife,			
Tour de baffin,			
Linge des Enfans.			
BANDEAUX,			
Bandes,			
Bavoirs,			
Beguin,			
Braffieres de futaine,			
Braffieres de flanelle,			
CALÇONS,			
Camifoles de mouffeline,			
Camifoles de toile de coton,			
Camifoles d'indienne,			
Camifoles de futaine,			
Chauffettes,			
Chauffons,			
Chemifes de jour, de garçon,			
Chemifes de nuit, de garçon,			
Chemifes de jour, de demoifelle			
Chemifes de nuit, de demoifelle,			
Chemifes petites,			
Chemifes-robes de mouffeline,			
Chemifes-robe d'indienne,			
Collerettes de mouffeline,			
Cols de mouffeline,			
Couches,			
Couvres-pieds garnis,			
Culottes de draps de coton,			
Culottes de bafin,			
Culottes de toile de coton,			
DESHABILLERS de toile de coton,			
TOTAL			

ARTICLE	liv.	f.	d.
Deshabillers d'indienne,			
FOURREAUX de toile de coton,			
Fourreaux de linon,			
Fourreaux d'indienne,			
GARNITURES de lit,			
Gillets de bafin,			
Gillets de toile de coton,			
JACTONS,			
Jupons de toile de coton garnis,			
Jupons de bafin garnis,			
Jupons de futaine,			
Jupons de moleton,			
LANGES piqués,			
Lange de futaine,			
Lange de laine,			
Linge de toilette,			
MANTELETS de mouffeline,			
Manchettes de garçon,			
Matelots de toile,			
Matelots de Nankin,			
Mouchoirs de toile,			
Mouchoirs de batifte,			
PAIRES de bas de coton,			
paires de bas de fil,			
paires de bas petits,			
paires de bas de laine,			
paires de poches,			
Peignoirs,			
Pierrots & Jupon de linon,			
Pierrots & Jupon de mouffeline,			
Pieces d'eftomac,			
ROBES & Jupons de toile de coton,			
Robes & Jupons de mouffeline,			
Robes & Jupons d'indienne,			
Robe de chambre,			
TETIERES,			
Tours de bonnet,			
Tours de chaifes,			
VESTES de bafin,			
Veftes de toile de coton,			
Veftes de nankin,			
Veftes de drap de coton.			
TOTAL			

ARTICLE	liv.	s.	d.
Linge d'Office.			
CHAUSSES à passer,			
ESSUIE-MAINS,			
NAPES damassées,			
Napes à linteaux,			
Napes à grains d'orge,			
Napes ouvrées,			
Napes d'office,			
Napes petites,			
Napes de venise,			
Napes de cuisine,			
PAQUETS de Torchons,			
SERVIETTES d'amassées,			
Serviettes à linteaux,			
Serviettes à grains d'orge,			
Serviettes ouvrées,			
Serviettes de Venise			
TABLIERS d'office,			
Tabliers de cuisine,			
Torchons,			
Linge de la Femme de Chambre.			
BANDEAUX,			
Bonnets ronds,			
Bonnets piqués,			
CAMISOLES de toile de coton,			
Camisoles d'indienne,			
Chemises,			
Corset de toile,			
Corset de basin,			
DESHABILLÉ complet de toile de coton,			
Deshabillé complet d'indienne,			
FICHUS de mousseline,			
Fichus de linon,			
JUPONS piqués,			
Jupons houetrés,			
Jupons de toile de coton,			
LINGE de toilette,			
MOUCHOIRS blancs,			
Mouchoirs de couleur,			
PAIRES de poches,			
paires de bas de coton,			
paires de bas de fil,			
TOTAL			

ARTICLE	liv.	s.
ROBE & Jupon d'indienne,		
Robe & Jupons de toile de coton,		
Robe & Jupon de mousseline,		
SERRE-TÊTES.		
Linge de la Cuisiniere.		
BONNETS ronds,		
Bonnets piqués,		
CAMISOLES d'indienne,		
Camisoles de toile de coton,		
Chemises,		
DESHABILLÉ compl. de toile de cot.		
Deshabiller complet d'indienne,		
FICHUS de mousseliné,		
Fichus de linon,		
JUPONS piqués,		
Jupons de toile de coton,		
Jupons d'indienne,		
LINGE de toilette,		
MOUCHOIRS blancs,		
Mouchoirs de couleur,		
PAIRES de poches,		
paires de bas de laine,		
paires de bas de coton,		
paires de bas de fil,		
ROBE & Jupon d'indienne,		
Robe & Jupon de toile de coton,		
SERRE-TETE,		
Linge du Domestique.		
BONNETS de coton,		
Bonnets de laine,		
CALÇONS,		
Chemises,		
Cols,		
Cravattes,		
Culottes blanches,		
Culotte de Nankin,		
MOUCHOIRS,		
PAIRES de bas de coton,		
paires de bas de fil,		
paires de bas de laine,		
paires de bas de filoselle,		
paires de chaussons,		
VESTES blanches,		
Vestes de Nankin,		
TOTAL		

le DU MOIS d 178

donné à blanchir

SÇAVOIR à Monsieur.

ARTICLE	liv.	f.	d.
BANDEAUX,			
Bonnets de coton,			
Bonnets de laine,			
Bretelles.			
CALÇONS de toile,			
Calçons de futaine,			
Camifoles de toile,			
Camifoles de futaine,			
Camifoles d'indienne,			
Chauffettes,			
Chemifes de jour, garnies,			
Chemifes de nuit,			
Coîffes de Bonnets,			
Cols de mouffeline,			
Cols de bafin,			
Cravattes de mouffeline,			
Cravattes de batifte,			
Culottes de bafin,			
Culottes de toile de coton,			
Culottes de draps de coton,			
Culottes de Nankin,			
ESSUIE-MAINS,			
FROTTOIRS			
GANTS de fil,			
Gillets de bafin,			
Gillets de flanelle,			
Guêtres de toile,			
Gillets de futaine,			
Gillets de toile de coton,			
LINGE à barbe,			
MANCHETTES de mouffeline,			
Manchettes de batifte,			
Manchettes effilées,			
Manchettes de bottes,			
TOTAL			

ARTICLE	liv.	f.	d.
Mouchoirs des indes,			
Mouchoirs de toile blanche,			
Mouchoirs de batifte,			
Mouchoirs de couleurs,			
NAPES,			
PAIRES de draps de maître,			
paires de draps de domeftique,			
paires de bas de fil,			
paires de bas de coton,			
paires de bas de laine,			
paires de bas de filofele,			
paires de chauffons de toile,			
paires de chauffons de tricot,			
Pantalon de moleton,			
Pantalon de toile,			
Pantalon de tricot,			
Peignoirs,			
Pieces d'eftomac,			
ROBE-de-chambre d'indienne,			
Robe-de-chambre piquée,			
SACS à pelottes,			
Serre-têtes,			
Serviettes de toilette,			
Sufpenfoirs,			
TABLIER du matin,			
Tayes d'oreillets,			
VESTES de bafin,			
Veftes de drap de coton			
Veftes de Mouffeline,			
Veftes de Nankin,			
Veftes piquées,			
Veftes de toile de coton,			
TOTAL			

SÇAVOIR, à Madame

ARTICLE	liv.	s.	d.
BANDES à saigner,			
Bandeaux,			
Bastiennes,			
Blouses,			
Bonnets piqués,			
Bonnets ronds de mousseline,			
Bonnets ronds de linon,			
Bonnets ronds de dentelle			
CAMISOLES de mousseline garnies,			
Camisoles de toile de coton garnies,			
Camisoles piquées garnies,			
Camisoles houettées garnies,			
Chemises de jour,			
Chemises de nuit,			
Chemises de batiste,			
Chemises de bain,			
Chemises-robes de mousseline,			
Chemises-robe d'indienne,			
Chemise-robe, de linon,			
Coîffes de mousseline,			
Collerette,			
Corset de toile de coton garnis,			
Corsets de basin garnis,			
Corsets de toile fine garnis,			
Courtes-pointes,			
Couverture de coton,			
Couvre-pieds piqués garnis,			
Couvre-pieds de mousseline,			
Couvre-meuble,			
DRAPS de maîtres,			
Draps sans couture,			
Draps de domestique,			
Deshabillers garnis,			
ESSUIE-MAINS			
FOURREAUX de toile de coton,			
Fourreaux de mousseline,			
Fourreaux d'indienne,			
Fourreaux de linon,			
Fichus de mousseline,			
TOTAL			

ARTICLE	liv.	s.	d.
Fichus de batiste,			
Fichus doubles,			
Fichus de linon,			
Fichus frisés,			
Fraisettes de mousseline,			
Frottoirs de futaine,			
Frottoirs de flannelle,			
GARNITURES de lit de toile,			
Gaule de mousseline,			
Gaule d'indienne,			
HOUPELANDE,			
JUPONS piqués, blancs, garnis,			
Jupons de moleton,			
Jupons de futaine,			
Jupons de basin garnis,			
Jupons de granat,			
Jupons houettés, garnis,			
Jupons de linon,			
Jupons de mousseline,			
LINGE de toilette,			
Linge de Garde-robe,			
Linges de baignoir,			
MANTELETS de mousseline,			
Mouchoirs de toile blanche,			
Mouchoirs de batiste,			
Mouchoirs des indes,			
PAIRES de poches de basin, garnies,			
Paires de poches de toile, garnies,			
paire de bas de coton,			
Peignoirs de toile,			
Peignoirs de Mousseline,			
Pieces d'estomac,			
Pierrot & Jupon de linon,			
RIDEAUX de mousseline, grands,			
Rideaux de toile de coton, grands,			
Rideaux de mousseline, petits,			
Rideaux de linon, petits,			
Robe & Jupon de toile de coton,			
TOTAL			

ARTICLE	liv.	s.	d.
Robe & Jupon de mousseline,			
Robe & Jupon de linon,			
Robe & Jupon d'indienne,			
Rodingotte d'indienne,			
SACS à pelottes,			
Serre-têtes,			
Serviettes de toilette,			
Serviettes de garderobe,			
TABLIERS de Femme-de-chambre,			
Tabliers de coëffeur,			
Tayes d'oreillers garnies,			
Toilette garnie de mousseline,			
Tours de chaise,			
Tour de bassin,			
Linge des Enfans.			
BANDEAUX,			
Bandes,			
Bavoirs;			
Beguin,			
Brassieres de futaine,			
Brassieres de flanelle,			
CALÇONS,			
Camisoles de mousseline,			
Camisoles de toile de coton,			
Camisoles d'indienne,			
Camisoles de futaine,			
Chaussettes,			
Chaussons,			
Chemises de jour, de garçon,			
Chemises de nuit, de garçon,			
Chemises de jour, de demoiselle			
Chemises de nuit, de demoiselle,			
Chemises petites,			
Chemises-robes de mousseline,			
Chemises-robe d'indienne,			
Collerettes de mousseline,			
Cols de mousseline,			
Couches,			
Couvres-pieds garnis,			
Culottes de draps de coton,			
Culottes de basin,			
Culottes de toile de coton,			
DESHABILLERS de toile de coton,			
TOTAL			

ARTICLE	liv.	s.	d.
Deshabillers d'indienne,			
FOURREAUX de toile de coton,			
Fourreaux de linon,			
Fourreaux d'indienne,			
GARNITURES de lit,			
Gillets de basin,			
Gillets de toile de coton,			
JACTONS,			
Jupons de toile de coton garnis,			
Jupons de basin garnis,			
Jupons de futaine,			
Jupons de moleton,			
LANGES piqués,			
Lange de futaine,			
Lange de laine,			
Linge de toilette,			
MANTELETS de mousseline,			
Manchettes de garçon,			
Matelots de toile,			
Matelots de Nankin,			
Mouchoirs de toile,			
Mouchoirs de batiste,			
PAIRES de bas de coton,			
paires de bas de fil,			
paires de bas petits,			
paires de bas de laine,			
paires de poches,			
Peignoirs,			
Pierrots & Jupon de linon,			
Pierrots & Jupon de mousseline,			
Pieces d'estomac,			
ROBES & Jupons de toile de coton,			
Robes & Jupons de mousseline,			
Robes & Jupons d'indienne,			
Robe de chambre,			
TETIERES,			
Tours de bonnet,			
Tours de chaises,			
VESTES de basin,			
Vestes de toile de coton,			
Vestes de nankin,			
Vestes de drap de coton.			
TOTAL			

ARTICLE	liv.	f.	d.
Linge d'Office.			
CHAUSSES à passer,			
ESSUIE-MAINS,			
NAPES damassées,			
Napes à linteaux,			
Napes à grains d'orge,			
Napes ouvrées,			
Napes d'office,			
Napes petites,			
Napes de venise,			
Napes de cuisine,			
PAQUETS de Torchons,			
SERVIETTES d'amassées,			
Serviettes à linteaux,			
Serviettes à grains d'orge,			
Serviettes ouvrées,			
Serviettes de Venise			
TABLIERS d'office,			
Tabliers de cuisine,			
Torchons,			
Linge de la Femme de Chambre.			
BANDEAUX,			
Bonnets ronds,			
Bonnets piqués,			
CAMISOLES de toile de coton,			
Camisoles d'indienne,			
Chemises,			
Corset de toile,			
Corset de basin,			
DESHABILLÉ complet de toile de coton,			
Deshabillé complet d'indienne,			
FICHUS de mousseline,			
Fichus de linon,			
JUPONS piqués,			
Jupons houetrés,			
Jupons de toile de coton,			
LINGE de toilette,			
MOUCHOIRS blancs,			
Mouchoirs de couleur,			
PAIRES de poches,			
paires de bas de coton,			
paires de bas de fil,			
TOTAL			

ARTICLE	liv.	f.
ROBE & Jupon d'indienne,		
Robe & Jupons de toile de coton,		
Robe & Jupon de mousseline,		
SERRE-TÊTES.		
Linge de la Cuisiniere.		
BONNETS ronds,		
Bonnets piqués,		
CAMISOLES d'indienne,		
Camisoles de toile de coton,		
Chemises,		
DESHABILLÉ compl. de toile de cot.		
Deshabiller complet d'indienne,		
FICHUS de mousseline,		
Fichus de linon,		
JUPONS piqués,		
Jupons de toile de coton,		
Jupons d'indienne,		
LINGE de toilette,		
MOUCHOIRS blancs,		
Mouchoirs de couleur,		
PAIRES de poches,		
paires de bas de laine,		
paires de bas de coton,		
paires de bas de fil,		
ROBE & Jupon d'indienne,		
Robe & Jupon de toile de coton,		
SERRE-TETE,		
Linge du Domestique.		
BONNETS de coton,		
Bonnets de laine,		
CALÇONS,		
Chemises,		
Cols,		
Cravattes,		
Culottes blanches,		
Culotte de Nankin,		
MOUCHOIRS,		
PAIRES de bas de coton,		
paires de bas de fil,		
paires de bas de laine,		
paires de bas de filoselle,		
paires de chaussons,		
VESTES blanches,		
Vestes de Nankin,		
TOTAL		

le DU MOIS d 178

donné à blanchir

SÇAVOIR à Monsieur.

ARTICLE	liv.	s.	d.
BANDEAUX,			
Bonnets de coton,			
Bonnets de laine,			
Bretelles.			
CALÇONS de toile,			
Calçons de futaine,			
Camisoles de toile,			
Camisoles de futaine,			
Camisoles d'indienne,			
Chaussettes,			
Chemises de jour, garnies,			
Chemises de nuit,			
Coîffes de Bonnets,			
Cols de mousseline,			
Cols de basin,			
Cravattes de mousseline,			
Cravattes de batiste,			
Culottes de basin,			
Culottes de toile de coton,			
Culottes de draps de coton,			
Culottes de Nankin,			
ESSUIE-MAINS,			
FROTTOIRS,			
GANTS de fil,			
Gillets de basin,			
Gillets de flanelle,			
Guêtres de toile,			
Gillets de futaine,			
Gillets de toile de coton,			
LINGE à barbe,			
MANCHETTES de mousseline,			
Manchettes de batiste,			
Manchettes effilées,			
Manchettes de bottes,			
TOTAL			

ARTICLE	liv.	s.	d.
Mouchoirs des indes,			
Mouchoirs de toile blanche,			
Mouchoirs de batiste,			
Mouchoirs de couleurs,			
NAPES,			
PAIRES de draps de maître,			
paires de draps de domestique,			
paires de bas de fil,			
paires de bas de coton,			
paires de bas de laine,			
paires de bas de filosele,			
paires de chaussons de toile,			
paires de chaussons de tricot,			
Pantalon de moleton,			
Pantalon de toile,			
Pantalon de tricot,			
Peignoirs,			
Pieces d'estomac,			
ROBE-de-chambre d'indienne,			
Robe-de-chambre piquée,			
SACS à pelottes,			
Serre-têtes,			
Serviettes de toilette,			
Suspensoirs,			
TABLIER du matin,			
Tayes d'oreillers,			
VESTES de basin,			
Vestes de drap de coton			
Vestes de Mousseline,			
Vestes de Nankin,			
Vestes piquées,			
Vestes de toile de coton,			
TOTAL.			

SÇAVOIR, à Madame

Article	liv.	s.	d.
BANDES à saigner,			
Bandeaux,			
Bastiennes,			
Blouses,			
Bonnets piqués,			
Bonnets ronds de mousseline,			
Bonnets ronds de linon,			
Bonnets ronds de dentelle			
CAMISOLES de mousseline garnies,			
Camisoles de toile de coton garnies,			
Camisoles piquées garnies,			
Camisoles houettées garnies,			
Chemises de jour,			
Chemises de nuit,			
Chemises de batiste,			
Chemises de bain,			
Chemises-robes de mousseline,			
Chemises-robe d'indienne,			
Chemise-robe, de linon,			
Coiffes de mousseline,			
Collerette,			
Corset de toile de coton garnis,			
Corsets de basin garnis,			
Corsets de toile fine garnis,			
Courtes-pointes,			
Couverture de coton,			
Couvre-pieds piqués garnis,			
Couvre-pieds de mousseline,			
Couvre-meuble,			
DRAPS de maîtres,			
Draps sans couture,			
Draps de domestique,			
Deshabillers garnis,			
ESSUIE-MAINS			
FOURREAUX de toile de coton,			
Fourreaux de mousseline,			
Fourreaux d'indienne,			
Fourreaux de linon,			
Fichus de mousseline,			
TOTAL			

Article	liv.	s.	d.
Fichus de batiste,			
Fichus doubles,			
Fichus de linon,			
Fichus frisés,			
Fraisettes de mousseline,			
Frottoirs de futaine,			
Frottoirs de flannelle,			
GARNITURES de lit de toile,			
Gaule de mousseline,			
Gaule d'indienne,			
HOUPELANDE,			
JUPONS piqués, blancs, garnis,			
Jupons de moleton,			
Jupons de futaine,			
Jupons de basin garnis,			
Jupons de granat,			
Jupons houettés, garnis,			
Jupons de linon,			
Jupons de mousseline,			
LINGE de toilette,			
Linge de Garde-robe,			
Linges de baignoir,			
MANTELETS de mousseline,			
Mouchoirs de toile blanche,			
Mouchoirs de batiste,			
Mouchoirs des indes,			
PAIRES de poches de basin, garnies,			
Paires de poches de toile, garnies,			
paire de bas de coton,			
Peignoirs de toile,			
Peignoirs de Mousseline,			
Pieces d'estomac,			
Pierrot & Jupon de linon,			
RIDEAUX de mousseline, grands,			
Rideaux de toile de coton, grands,			
Rideaux de mousseline, petits,			
Rideaux de linon, petits,			
Robe & Jupon de toile de coton,			
TOTAL			

Article	liv.	s.	d.
Robe & Jupon de mousseline,			
Robe & Jupon de linon,			
Robe & Jupon d'indienne,			
Rodingotte d'indienne,			
Sacs à pelottes,			
Serre-têtes,			
Serviettes de toilette,			
Serviettes de garderobe,			
Tabliers de Femme-de-chambre,			
Tabliers de coëffeur,			
Tayes d'oreillers garnies,			
Toilette garnie de mousseline,			
Tours de chaise,			
Tour de bassin,			
Linge des Enfans.			
Bandeaux,			
Bandes,			
Bavoirs;			
Beguin,			
Brassieres de futaine,			
Brassieres de flanelle,			
Calçons,			
Camisoles de mousseline,			
Camisoles de toile de coton,			
Camisoles d'indienne,			
Camisoles de futaine,			
Chaussettes,			
Chaussons,			
Chemises de jour, de garçon,			
Chemises de nuit, de garçon,			
Chemises de jour, de demoiselle			
Chemises de nuit, de demoiselle,			
Chemises petites,			
Chemises-robes de mousseline,			
Chemises-robe d'indienne,			
Collerettes de mousseline;			
Cols de mousseline,			
Couches,			
Couvres-pieds garnis,			
Culottes de draps de coton,			
Culottes de basin,			
Culottes de toile de coton,			
Deshabillers de toile de coton,			
Total			

Article	liv.	s.	d.
Deshabillers d'indienne,			
Fourreaux de toile de coton,			
Fourreaux de linon,			
Fourreaux d'indienne,			
Garnitures de lit,			
Gillets de basin,			
Gillets de toile de coton,			
Jactons,			
Jupons de toile de coton garnis,			
Jupons de basin garnis,			
Jupons de futaine,			
Jupons de moleton,			
Langes piqués,			
Lange de futaine,			
Lange de laine,			
Linge de toilette,			
Mantelets de mousseline,			
Manchettes de garçon,			
Matelots de toile,			
Matelots de Nankin,			
Mouchoirs de toile,			
Mouchoirs de batiste,			
Paires de bas de coton,			
paires de bas de fil,			
paires de bas petits,			
paires de bas de laine,			
paires de poches,			
Peignoirs,			
Pierrots & Jupon de linon,			
Pierrots & Jupon de mousseline,			
Pieces d'estomac,			
Robes & Jupons de toile de coton,			
Robes & Jupons de mousseline,			
Robes & Jupons d'indienne,			
Robe de chambre,			
Tetieres,			
Tours de bonnet,			
Tours de chaises,			
Vestes de basin,			
Vestes de toile de coton,			
Vestes de nankin,			
Vestes de drap de coton.			
Total			

ARTICLE	liv.	f.	d.
Linge d'Office.			
CHAUSSES à passer,			
ESSUIE-MAINS,			
NAPES damassées,			
Napes à linteaux,			
Napes à grains d'orge,			
Napes ouvrées,			
Napes d'office,			
Napes petites,			
Napes de venise,			
Napes de cuisine,			
PAQUETS de Torchons,			
SERVIETTES d'amassées,			
Serviettes à linteaux,			
Serviettes à grains d'orge,			
Serviettes ouvrées,			
Serviettes de Venise,			
TABLIERS d'office,			
Tabliers de cuisine,			
Torchons,			
Linge de la Femme de Chambre.			
BANDEAUX,			
Bonnets ronds,			
Bonnets piqués,			
CAMISOLES de toile de coton,			
Camisoles d'indienne,			
Chemises,			
Corset de toile,			
Corset de basin,			
DESHABILLÉ complet de toile de coton,			
Deshabillé complet d'indienne,			
FICHUS de mousseline,			
Fichus de linon,			
JUPONS piqués,			
Jupons houettés,			
Jupons de toile de coton,			
LINGE de toilette,			
MOUCHOIRS blancs,			
Mouchoirs de couleur,			
PAIRES de poches,			
paires de bas de coton,			
paires de bas de fil,			
TOTAL			

ARTICLE	liv.	f.
ROBE & Jupon d'indienne,		
Robe & Jupons de toile de coton,		
Robe & Jupon de mousseline,		
SERRE-TÊTE.		
Linge de la Cuisiniere.		
BONNETS ronds,		
Bonnets piqués,		
CAMISOLES d'indienne,		
Camisoles de toile de coton,		
Chemises,		
DESHABILLÉ compl. de toile de cot.		
Deshabiller complet d'indienne,		
FICHUS de mousseline,		
Fichus de linon,		
JUPONS piqués,		
Jupons de toile de coton,		
Jupons d'indienne,		
LINGE de toilette,		
MOUCHOIRS blancs,		
Mouchoirs de couleur,		
PAIRES de poches,		
paires de bas de laine,		
paires de bas de coton,		
paires de bas de fil,		
ROBE & Jupon d'indienne,		
Robe & Jupon de toile de coton,		
SERRE-TETE,		
Linge du Domestique.		
BONNETS de coton,		
Bonnets de laine,		
CALÇONS,		
Chemises,		
Cols,		
Cravattes,		
Culottes blanches,		
Culotte de Nankin,		
MOUCHOIRS,		
PAIRES de bas de coton,		
paires de bas de fil,		
paires de bas de laine,		
paires de bas de filoselle,		
paires de chaussons,		
VESTES blanches,		
Vestes de Nankin,		
TOTAL		

le DU MOIS d 178

donné à blanchir

SÇAVOIR à Monsieur.

ARTICLE	liv.	f.	d.
BANDEAUX,			
Bonnets de coton,			
Bonnets de laine,			
Bretelles.			
CALÇONS de toile,			
Calçons de futaine,			
Camisoles de toile,			
Camisoles de futaine,			
Camisoles d'indienne,			
Chaussettes,			
Chemises de jour, garnies,			
Chemises de nuit,			
Coîffes de Bonnets,			
Cols de mousseline,			
Cols de basin,			
Cravattes de mousseline,			
Cravattes de batiste,			
Culottes de basin,			
Culottes de toile de coton,			
Culottes de draps de coton,			
Culottes de Nankin,			
ESSUIE-MAINS,			
FROTTOIRS			
GANTS de fil,			
Gillets de basin,			
Gillets de flanelle,			
Guêtres de toile,			
Gillets de futaine,			
Gillets de toile de coton,			
LINGE à barbe,			
MANCHETTES de mousseline,			
Manchettes de batiste,			
Manchettes effilées,			
Manchettes de bottes,			
TOTAL			

ARTICLE	liv.	f.	d.
Mouchoirs des indes,			
Mouchoirs de toile blanche,			
Mouchoirs de batiste,			
Mouchoirs de couleurs,			
NAPES,			
PAIRES de draps de maître,			
paires de draps de domestique,			
paires de bas de fil,			
paires de bas de coton,			
paires de bas de laine,			
paires de bas de filosele,			
paires de chaussons de toile,			
paires de chaussons de tricot,			
Pantalon de moleton,			
Pantalon de toile,			
Pantalon de tricot,			
Peignoirs,			
Pieces d'estomac,			
ROBE-de-chambre d'indienne,			
Robe-de-chambre piquée,			
SACS à pelottes,			
Serre-têtes,			
Serviettes de toilette,			
Suspensoirs,			
TABLIER du matin,			
Tayes d'oreillers,			
VESTES de basin,			
Vestes de drap de coton			
Vestes de Mousseline,			
Vestes de Nankin,			
Vestes piquées,			
Vestes de toile de coton,			
TOTAL			

SÇAVOIR, à Madame

ARTICLE	liv.	s.	d.
BANDES à saigner,			
Bandeaux,			
Bastiennes,			
Blouses,			
Bonnets piqués,			
Bonnets ronds de mousseline,			
Bonnets ronds de linon,			
Bonnets ronds de dentelle			
CAMISOLES de mousseline garnies,			
Camisoles de toile de coton garnies,			
Camisoles piquées garnies,			
Camisoles houettées garnies,			
Chemises de jour,			
Chemises de nuit,			
Chemises de batiste,			
Chemises de bain,			
Chemises-robes de mousseline,			
Chemises-robe d'indienne,			
Chemise-robe, de linon,			
Coiffes de mousseline,			
Collerette,			
Corset de toile de coton garnis,			
Corsets de basin garnis,			
Corsets de toile fine garnis,			
Courtes-pointes,			
Couverture de coton,			
Couvre-pieds piqués garnis,			
Couvre-pieds de mousseline,			
Couvre-meuble,			
DRAPS de maîtres,			
Draps sans couture,			
Draps de domestique,			
Deshabillers garnis,			
ESSUIE-MAINS			
FOURREAUX de toile de coton,			
Fourreaux de mousseline,			
Fourreaux d'indienne,			
Fourreaux de linon,			
Fichus de mousseline,			
TOTAL			

ARTICLE	liv.	s.	d.
Fichus de batiste,			
Fichus doubles,			
Fichus de linon,			
Fichus frisés,			
Fraisettes de mousseline,			
Frottoirs de futaine,			
Frottoirs de flannelle,			
GARNITURES de lit de toile,			
Gaule de mousseline,			
Gaule d'indienne,			
HOUPELANDE,			
JUPONS piqués, blancs, garnis,			
Jupons de moleton,			
Jupons de futaine,			
Jupons de basin garnis,			
Jupons de granat,			
Jupons houettés, garnis,			
Jupons de linon,			
Jupons de mousseline,			
LINGE de toilette,			
Linge de Garde-robe,			
Linges de baignoir,			
MANTELETS de mousseline,			
Mouchoirs de toile blanche,			
Mouchoirs de batiste,			
Mouchoirs des indes,			
PAIRES de poches de basin, garnies,			
Paires de poches de toile, garnies,			
paire de bas de coton,			
Peignoirs de toile,			
Peignoirs de Mousseline,			
Pieces d'estomac,			
Pierrot & Jupon de linon,			
RIDEAUX de mousseline, grands,			
Rideaux de toile de coton, grands,			
Rideaux de mousseline, petits,			
Rideaux de linon, petits,			
Robe & Jupon de toile de coton,			
TOTAL			

ARTICLE	liv.	f.	d.
Robe & Jupon de mouſſeline,			
Robe & Jupon de linon,			
Robe & Jupon d'indienne,			
Rodingotte d'indienne,			
SACS à pelottes,			
Serre-têtes,			
Serviettes de toilette,			
Serviettes de garderobe,			
TABLIERS de Femme-de-chambre,			
Tabliers de coëffeur,			
Tayes d'oreillers garnies,			
Toilette garnie de mouſſeline,			
Tours de chaiſe,			
Tour de baſſin,			
Linge des Enfans.			
BANDEAUX,			
Bandes,			
Bavoirs,			
Beguin,			
Braſſieres de futaine,			
Braſſieres de flanelle,			
CALÇONS,			
Camiſoles de mouſſeline,			
Camiſoles de toile de coton,			
Camiſoles d'indienne,			
Camiſoles de futaine,			
Chauſſettes,			
Chauſſons,			
Chemiſes de jour, de garçon,			
Chemiſes de nuit, de garçon,			
Chemiſes de jour, de demoiſelle			
Chemiſes de nuit, de demoiſelle,			
Chemiſes petites,			
Chemiſes-robes de mouſſeline,			
Chemiſes-robe d'indienne,			
Collerettes de mouſſeline,			
Cols de mouſſeline,			
Couches,			
Couvres-pieds garnis,			
Culottes de draps de coton,			
Culottes de baſin,			
Culottes de toile de coton,			
DESHABILLERS de toile de coton,			
TOTAL			

ARTICLE	liv.	f.	d.
Deſhabillers d'indienne,			
FOURREAUX de toile de coton,			
Fourreaux de linon,			
Fourreaux d'indienne,			
GARNITURES de lit,			
Gillets de baſin,			
Gillets de toile de coton,			
JACTONS,			
Jupons de toile de coton garnis,			
Jupons de baſin garnis,			
Jupons de futaine,			
Jupons de moleton,			
LANGES piqués,			
Lange de futaine,			
Lange de laine,			
Linge de toilette,			
MANTELETS de mouſſeline,			
Manchettes de garçon,			
Matelots de toile,			
Matelots de Nankin,			
Mouchoirs de toile,			
Mouchoirs de batiſte,			
PAIRES de bas de coton,			
paires de bas de fil,			
paires de bas petits,			
paires de bas de laine,			
paires de poches,			
Peignoirs,			
Pierrots & Jupon de linon,			
Pierrots & Jupon de mouſſeline,			
Pieces d'eſtomac,			
ROBES & Jupons de toile de coton,			
Robes & Jupons de mouſſeline,			
Robes & Jupons d'indienne,			
Robe de chambre,			
TETIERES,			
Tours de bonnet,			
Tours de chaiſes,			
VESTES de baſin,			
Veſtes de toile de coton,			
Veſtes de nankin,			
Veſtes de drap de coton.			
TOTAL			

ARTICLE	liv.	s.	d.
Linge d'Office.			
CHAUSSES à passer,			
ESSUIE-MAINS,			
NAPES damassées,			
Napes à linteaux,			
Napes à grains d'orge,			
Napes ouvrées,			
Napes d'office,			
Napes petites,			
Napes de venise,			
Napes de cuisine,			
PAQUETS de Torchons,			
SERVIETTES d'amassées,			
Serviettes à linteaux,			
Serviettes à grains d'orge,			
Serviettes ouvrées,			
Serviettes de Venise			
TABLIERS d'office,			
Tabliers de cuisine,			
Torchons,			
Linge de la Femme de Chambre.			
BANDEAUX,			
Bonnets ronds,			
Bonnets piqués,			
CAMISOLES de toile de coton,			
Camisoles d'indienne,			
Chemises,			
Corset de toile,			
Corset de basin,			
DESHABILLÉ complet de toile de coton,			
Deshabillé complet d'indienne,			
FICHUS de mousseline,			
Fichus de linon,			
JUPONS piqués,			
Jupons houettés,			
Jupons de toile de coton,			
LINGE de toilette,			
MOUCHOIRS blancs,			
Mouchoirs de couleur,			
PAIRES de poches,			
paires de bas de coton,			
paires de bas de fil,			
TOTAL			

ARTICLE	liv.	s.	d.
ROBE & Jupon d'indienne,			
Robe & Jupons de toile de coton,			
Robe & Jupon de mousseline,			
SERRE-TÊTES.			
Linge de la Cuisiniere.			
BONNETS ronds,			
Bonnets piqués,			
CAMISOLES d'indienne,			
Camisoles de toile de coton,			
Chemises,			
DESHABILLÉ compl. de toile de cot.			
Deshabiller complet d'indienne,			
FICHUS de mousseline,			
Fichus de linon,			
JUPONS piqués,			
Jupons de toile de coton,			
Jupons d'indienne,			
LINGE de toilette,			
MOUCHOIRS blancs,			
Mouchoirs de couleur,			
PAIRES de poches,			
paires de bas de laine,			
paires de bas de coton,			
paires de bas de fil,			
ROBE & Jupon d'indienne,			
Robe & Jupon de toile de coton,			
SERRE-TETE,			
Linge du Domestique.			
BONNETS de coton,			
Bonnets de laine,			
CALÇONS,			
Chemises,			
Cols,			
Cravattes,			
Culottes blanches,			
Culotte de Nankin,			
MOUCHOIRS,			
PAIRES de bas de coton,			
paires de bas de fil,			
paires de bas de laine,			
paires de bas de filoselle,			
paires de chaussons,			
VESTES blanches,			
Vestes de Nankin,			
TOTAL			

le DU MOIS d 178

donné à blanchir

SCAVOIR à Monsieur.

ARTICLE	liv.	f.	d.
Bandeaux,			
Bonnets de coton,			
Bonnets de laine,			
Bretelles.			
Calçons de toile,			
Calçons de futaine,			
Camisoles de toile,			
Camisoles de futaine,			
Camisoles d'indienne,			
Chaussettes,			
Chemises de jour, garnies,			
Chemises de nuit,			
Coîffes de Bonnets,			
Cols de mousseline,			
Cols de basin,			
Cravattes de mousseline,			
Cravattes de batiste,			
Culottes de basin,			
Culottes de toile de coton,			
Culottes de draps de coton,			
Culottes de Nankin,			
Essuie-mains,			
Frottoirs,			
Gants de fil,			
Gillets de basin,			
Gillets de flanelle,			
Guêtres de toile,			
Gillets de futaine,			
Gillets de toile de coton,			
Linge à barbe,			
Manchettes de mousseline,			
Manchettes de batiste,			
Manchettes effilées,			
Manchettes de bottes,			
Total			

ARTICLE	liv.	f.	d.
Mouchoirs des indes,			
Mouchoirs de toile blanche,			
Mouchoirs de batiste,			
Mouchoirs de couleurs,			
Napes,			
Paires de draps de maître,			
paires de draps de domestique,			
paires de bas de fil,			
paires de bas de coton,			
paires de bas de laine,			
paires de bas de filosele,			
paires de chaussons de toile,			
paires de chaussons de tricot,			
Pantalon de moleton,			
Pantalon de toile,			
Pantalon de tricot,			
Peignoirs,			
Pieces d'estomac,			
Robe-de-chambre d'indienne,			
Robe-de-chambre piquée,			
Sacs à pelottes,			
Serre-têtes,			
Serviettes de toilette,			
Suspensoirs,			
Tablier du matin,			
Tayes d'oreillers,			
Vestes de basin,			
Vestes de drap de coton			
Vestes de Mousseline,			
Vestes de Nankin,			
Vestes piquées,			
Vestes de toile de coton,			
Total			

SÇAVOIR, à Madame

ARTICLE		liv.	ſ.	d.
	BANDES à ſaigner,			
	Bandeaux,			
	Baſtiennes,			
	Blouſes,			
	Bonnets piqués,			
	Bonnets ronds de mouſſeline,			
	Bonnets ronds de linon,			
	Bonnets ronds de dentelle			
	CAMISOLES de mouſſeline garnies,			
	Camiſoles de toile de coton garnies,			
	Camiſoles piquées garnies,			
	Camiſoles houettées garnies,			
	Chemiſes de jour,			
	Chemiſes de nuit,			
	Chemiſes de batiſte,			
	Chemiſes de bain,			
	Chemiſes-robes de mouſſeline,			
	Chemiſes-robe d'indienne,			
	Chemiſe-robe, de linon,			
	Coiffes de mouſſeline,			
	Collerette,			
	Corſet de toile de coton garnis,			
	Corſets de baſin garnis,			
	Corſets de toile fine garnis,			
	Courtes-pointes,			
	Couverture de coton,			
	Couvre-pieds piqués garnis,			
	Couvre-pieds de mouſſeline,			
	Couvre-meuble,			
	DRAPS de maîtres,			
	Draps ſans couture,			
	Draps de domeſtique,			
	Deshabillers garnis,			
	ESSUIE-MAINS			
	FOURREAUX de toile de coton,			
	Fourreaux de mouſſeline,			
	Fourreaux d'indienne,			
	Fourreaux de linon,			
	Fichus de mouſſeline,			
	TOTAL			

ARTICLE		liv.	ſ.	d.
	Fichus de batiſte,			
	Fichus doubles,			
	Fichus de linon,			
	Fichus friſés,			
	Fraiſettes de mouſſeline,			
	Frottoirs de futaine,			
	Frottoirs de flannelle,			
	GARNITURES de lit de toile,			
	Gaule de mouſſeline,			
	Gaule d'indienne,			
	HOUPELANDE,			
	JUPONS piqués, blancs, garnis,			
	Jupons de moleton,			
	Jupons de futaine,			
	Jupons de baſin garnis,			
	Jupons de granat,			
	Jupons houettés, garnis,			
	Jupons de linon,			
	Jupons de mouſſeline,			
	LINGE de toilette,			
	Linge de Garde-robe,			
	Linges de baignoir,			
	MANTELETS de mouſſeline,			
	Mouchoirs de toile blanche,			
	Mouchoirs de batiſte,			
	Mouchoirs des indes,			
	PAIRES de poches de baſin, garnies,			
	Paires de poches de toile, garnies,			
	paire de bas de coton,			
	Peignoirs de toile,			
	Peignoirs de Mouſſeline,			
	Pieces d'eſtomac,			
	Pierrot & Jupon de linon,			
	RIDEAUX de mouſſeline, grands,			
	Rideaux de toile de coton, grands,			
	Rideaux de mouſſeline, petits,			
	Rideaux de linon, petits,			
	Robe & Jupon de toile de coton,			
	TOTAL			

ARTICLE	liv.	ſ.	d.
Robe & Jupon de mouſſeline,			
Robe & Jupon de linon,			
Robe & Jupon d'indienne,			
Rodingotte d'indienne,			
SACS à pelottes,			
Serre-têtes,			
Serviettes de toilette,			
Serviettes de garderobe,			
TABLIERS de Femme-de-chambre,			
Tabliers de coëffeur,			
Tayes d'oreillers garnies,			
Toilette garnie de mouſſeline,			
Tours de chaiſe,			
Tour de baſſin,			
Linge des Enfans.			
BANDEAUX,			
Bandes,			
Bavoirs,			
Beguin,			
Braſſieres de futaine,			
Braſſieres de flanelle,			
CALÇONS,			
Camiſoles de mouſſeline,			
Camiſoles de toile de coton,			
Camiſoles d'indienne,			
Camiſoles de futaine,			
Chauſſettes,			
Chauſſons,			
Chemiſes de jour, de garçon,			
Chemiſes de nuit, de garçon,			
Chemiſes de jour, de demoiſelle			
Chemiſes de nuit, de demoiſelle,			
Chemiſes petites,			
Chemiſes-robes de mouſſeline,			
Chemiſes-robe d'indienne,			
Collerettes de mouſſeline,			
Cols de mouſſeline,			
Couches,			
Couvres-pieds garnis,			
Culottes de draps de coton,			
Culottes de baſin,			
Culottes de toile de coton,			
DESHABILLERS de toile de coton,			
TOTAL			

ARTICLE	liv.	ſ.	d.
Deſhabillers d'indienne,			
FOURREAUX de toile de coton,			
Fourreaux de linon,			
Fourreaux d'indienne,			
GARNITURES de lit,			
Gillets de baſin,			
Gillets de toile de coton,			
JACTONS,			
Jupons de toile de coton garnis,			
Jupons de baſin garnis,			
Jupons de futaine,			
Jupons de moleton,			
LANGES piqués,			
Lange de futaine,			
Lange de laine,			
Linge de toilette,			
MANTELETS de mouſſeline,			
Manchettes de garçon,			
Matelots de toile,			
Matelots de Nankin,			
Mouchoirs de toile,			
Mouchoirs de batiſte,			
PAIRES de bas de coton,			
paires de bas de fil,			
paires de bas petits,			
paires de bas de laine,			
paires de poches,			
Peignoirs,			
Pierrots & Jupon de linon,			
Pierrots & Jupon de mouſſeline,			
Pieces d'eſtomac,			
ROBES & Jupons de toile de coton,			
Robes & Jupons de mouſſeline,			
Robes & Jupons d'indienne,			
Robe de chambre,			
TETIERES,			
Tours de bonnet,			
Tours de chaiſes,			
VESTES de baſin,			
Veſtes de toile de coton,			
Veſtes de nankin,			
Veſtes de drap de coton.			
TOTAL			

ARTICLE | liv. | ſ. | d.

Linge d'Office.

CHAUSSES à paſſer,
ESSUIE-MAINS,
NAPES damaſſées,
Napes à linteaux,
Napes à grains d'orge,
Napes ouvrées,
Napes d'office,
Napes petites,
Napes de veniſe,
Napes de cuiſine,
PAQUETS de Torchons,
SERVIETTES d'amaſſées,
Serviettes à linteaux,
Serviettes à grains d'orge,
Serviettes ouvrées,
Serviettes de Veniſe,
TABLIERS d'office,
Tabliers de cuiſine,
Torchons,

Linge de la Femme de Chambre.

BANDEAUX,
Bonnets ronds,
Bonnets piqués,
CAMISOLES de toile de coton,
Camiſoles d'indienne,
Chemiſes,
Corſet de toile,
Corſet de baſin,
DESHABILLÉ complet de toile de coton,
Deshabillé complet d'indienne,
FICHUS de mouſſeline,
Fichus de linon,
JUPONS piqués,
Jupons houetrés,
Jupons de toile de coton,
LINGE de toilette,
MOUCHOIRS blancs,
Mouchoirs de couleur,
PAIRES de poches,
paires de bas de coton,
paires de bas de fil,

TOTAL

ARTICLE | liv. | ſ. | d.

ROBE & Jupon d'indienne,
Robe & Jupons de toile de coton,
Robe & Jupon de mouſſeline,
SERRE-TÊTES.

Linge de la Cuiſiniere.

BONNETS ronds,
Bonnets piqués,
CAMISOLES d'indienne,
Camiſoles de toile de coton,
Chemiſes,
DESHABILLÉ compl. de toile de cot.
Deshabiller complet d'indienne,
FICHUS de mouſſeline,
Fichus de linon,
JUPONS piqués,
Jupons de toile de coton,
Jupons d'indienne,
LINGE de toilette,
MOUCHOIRS blancs,
Mouchoirs de couleur,
PAIRES de poches,
paires de bas de laine,
paires de bas de coton,
paires de bas de fil,
ROBE & Jupon d'indienne,
Robe & Jupon de toile de coton,
SERRE-TETE,

Linge du Domeſtique.

BONNETS de coton,
Bonnets de laine,
CALÇONS,
Chemiſes,
Cols,
Cravattes,
Culottes blanches,
Culotte de Nankin,
MOUCHOIRS,
PAIRES de bas de coton,
paires de bas de fil,
paires de bas de laine,
paires de bas de filoſelle,
paires de chauſſons,
VESTES blanches,
Veſtes de Nankin,

TOTAL

le DU MOIS d 178

donné à blanchir

SÇAVOIR à Monſieur.

ARTICLE	liv.	ſ.	d.
BANDEAUX,			
Bonnets de coton,			
Bonnets de laine,			
Bretelles.			
CALÇONS de toile,			
Calçons de futaine,			
Camiſoles de toile,			
Camiſoles de futaine,			
Camiſoles d'indienne,			
Chauſſettes,			
Chemiſes de jour, garnies,			
Chemiſes de nuit,			
Coîffes de Bonnets,			
Cols de mouſſeline,			
Cols de baſin,			
Cravattes de mouſſeline,			
Cravattes de batiſte,			
Culottes de baſin,			
Culottes de toile de coton,			
Culottes de draps de coton,			
Culottes de Nankin,			
ESSUIE-MAINS,			
FROTTOIRS			
GANTS de fil,			
Gillets de baſin,			
Gillets de flanelle,			
Guêtres de toile,			
Gillets de futaine,			
Gillets de toile de coton,			
LINGE à barbe,			
MANCHETTES de mouſſeline,			
Manchettes de batiſte,			
Manchettes effilées,			
Manchettes de bottes,			
TOTAL			

ARTICLE	liv.	ſ.	d.
Mouchoirs des indes,			
Mouchoirs de toile blanche,			
Mouchoirs de batiſte,			
Mouchoirs de couleurs,			
NAPES,			
PAIRES de draps de maître,			
paires de draps de domeſtique,			
paires de bas de fil,			
paires de bas de coton,			
paires de bas de laine,			
paires de bas de filoſele,			
paires de chauſſons de toile,			
paires de chauſſons de tricot,			
Pantalon de moleton,			
Pantalon de toile,			
Pantalon de tricot,			
Peignoirs,			
Pieces d'eſtomac,			
ROBE-de-chambre d'indienne,			
Robe-de-chambre piquée,			
SACS à pelottes,			
Serre-têtes,			
Serviettes de toilette,			
Suſpenſoirs,			
TABLIER du matin,			
Tayes d'oreillers,			
VESTES de baſin,			
Veſtes de drap de coton			
Veſtes de Mouſſeline,			
Veſtes de Nankin,			
Veſtes piquées,			
Veſtes de toile de coton,			
TOTAL			

SÇAVOIR, à Madame

ARTICLE	liv.	s.	d.
BANDES à saigner,			
Bandeaux,			
Bastiennes,			
Blouses,			
Bonnets piqués,			
Bonnets ronds de mousseline,			
Bonnets ronds de linon,			
Bonnets ronds de dentelle			
CAMISOLES de mousseline garnies,			
Camisoles de toile de coton garnies,			
Camisoles piquées garnies,			
Camisoles houettées garnies,			
Chemises de jour,			
Chemises de nuit,			
Chemises de batiste,			
Chemises de bain,			
Chemises-robes de mousseline,			
Chemises-robe d'indienne,			
Chemise-robe, de linon,			
Coiffes de mousseline,			
Collerette,			
Corset de toile de coton garnis,			
Corsets de basin garnis,			
Corsets de toile fine garnis,			
Courtes-pointes,			
Couverture de coton,			
Couvre-pieds piqués garnis,			
Couvre-pieds de mousseline,			
Couvre-meuble,			
DRAPS de maîtres,			
Draps sans couture,			
Draps de domestique,			
Deshabillers garnis,			
ESSUIE-MAINS			
FOURREAUX de toile de coton,			
Fourreaux de mousseline,			
Fourreaux d'indienne,			
Fourreaux de linon,			
Fichus de mousseline,			
TOTAL			

ARTICLE	liv.	s.	d.
Fichus de batiste,			
Fichus doubles,			
Fichus de linon,			
Fichus frisés,			
Fraisettes de mousseline,			
Frottoirs de futaine,			
Frottoirs de flannelle,			
GARNITURES de lit de toile,			
Gaule de mousseline,			
Gaule d'indienne,			
HOUPELANDE,			
JUPONS piqués, blancs, garnis,			
Jupons de moleton,			
Jupons de futaine,			
Jupons de basin garnis,			
Jupons de granat,			
Jupons houettés, garnis,			
Jupons de linon,			
Jupons de mousseline,			
LINGE de toilette,			
Linge de Garde-robe,			
Linges de baignoir,			
MANTELETS de mousseline,			
Mouchoirs de toile blanche,			
Mouchoirs de batiste,			
Mouchoirs des indes,			
PAIRES de poches de basin, garnies,			
Paires de poches de toile, garnies,			
paire de bas de coton,			
Peignoirs de toile,			
Peignoirs de Mousseline,			
Pieces d'estomac,			
Pierrot & Jupon de linon,			
RIDEAUX de mousseline, grands,			
Rideaux de toile de coton, grands,			
Rideaux de mousseline, petits,			
Rideaux de linon, petits,			
Robe & Jupon de toile de coton,			
TOTAL			

Article	liv.	s.	d.
Robe & Jupon de mousseline,			
Robe & Jupon de linon,			
Robe & Jupon d'indienne,			
Rodingotte d'indienne,			
Sacs à pelottes,			
Serre-têtes,			
Serviettes de toilette,			
Serviettes de garderobe,			
Tabliers de Femme-de-chambre,			
Tabliers de coëffeur,			
Tayes d'oreillers garnies,			
Toilette garnie de mousseline,			
Tours de chaise,			
Tour de bassin,			
Linge des Enfans.			
Bandeaux,			
Bandes,			
Bavoirs,			
Beguin,			
Brassieres de futaine,			
Brassieres de flanelle,			
Calçons,			
Camisoles de mousseline,			
Camisoles de toile de coton,			
Camisoles d'indienne,			
Camisoles de futaine,			
Chaussettes,			
Chaussons,			
Chemises de jour, de garçon,			
Chemises de nuit, de garçon,			
Chemises de jour, de demoiselle			
Chemises de nuit, de demoiselle,			
Chemises petites,			
Chemises-robes de mousseline,			
Chemises-robe d'indienne,			
Collerettes de mousseline,			
Cols de mousseline,			
Couches,			
Couvres-pieds garnis,			
Culottes de draps de coton,			
Culottes de basin,			
Culottes de toile de coton,			
Deshabillers de toile de coton,			
Total			

Article	liv.	s.	d.
Deshabillers d'indienne,			
Fourreaux de toile de coton,			
Fourreaux de linon,			
Fourreaux d'indienne,			
Garnitures de lit,			
Gillets de basin,			
Gillets de toile de coton,			
Jactons,			
Jupons de toile de coton garnis,			
Jupons de basin garnis,			
Jupons de futaine,			
Jupons de moleton,			
Langes piqués,			
Lange de futaine,			
Lange de laine,			
Linge de toilette,			
Mantelets de mousseline,			
Manchettes de garçon,			
Matelots de toile,			
Matelots de Nankin,			
Mouchoirs de toile,			
Mouchoirs de batiste,			
Paires de bas de coton,			
paires de bas de fil,			
paires de bas petits,			
paires de bas de laine,			
paires de poches,			
Peignoirs,			
Pierrots & Jupon de linon,			
Pierrots & Jupon de mousseline,			
Pieces d'estomac,			
Robes & Jupons de toile de coton,			
Robes & Jupons de mousseline,			
Robes & Jupons d'indienne,			
Robe de chambre,			
Tetieres,			
Tours de bonnet,			
Tours de chaises,			
Vestes de basin,			
Vestes de toile de coton,			
Vestes de nankin,			
Vestes de drap de coton.			
Total			

ARTICLE	liv.	ſ.	d.
Linge d'Office.			
CHAUSSES à paſſer,			
ESSUIE-MAINS,			
NAPES damaſſées,			
Napes à linteaux,			
Napes à grains d'orge,			
Napes ouvrées,			
Napes d'office,			
Napes petites,			
Napes de veniſe,			
Napes de cuiſine,			
PAQUETS de Torchons,			
SERVIETTES d'amaſſées,			
Serviettes à linteaux,			
Serviettes à grains d'orge,			
Serviettes ouvrées,			
Serviettes de Veniſe			
TABLIERS d'office,			
Tabliers de cuiſine,			
Torchons,			
Linge de la Femme de Chambre.			
BANDEAUX,			
Bonnets ronds,			
Bonnets piqués,			
CAMISOLES de toile de coton,			
Camiſoles d'indienne,			
Chemiſes,			
Corſet de toile,			
Corſet de baſin,			
DESHABILLÉ complet de toile de coton,			
Deshabillé complet d'indienne,			
FICHUS de mouſſeline,			
Fichus de linon,			
JUPONS piqués,			
Jupons houettés,			
Jupons de toile de coton,			
LINGE de toilette,			
MOUCHOIRS blancs,			
Mouchoirs de couleur,			
PAIRES de poches,			
paires de bas de coton,			
paires de bas de fil,			
TOTAL			

ARTICLE	liv.	ſ.	d.
ROBE & Jupon d'indienne,			
Robe & Jupons de toile de coton,			
Robe & Jupon de mouſſeline,			
SERRE-TÊTES.			
Linge de la Cuiſiniere.			
BONNETS ronds,			
Bonnets piqués,			
CAMISOLES d'indienne,			
Camiſoles de toile de coton,			
Chemiſes,			
DESHABILLÉ compl. de toile de cot.			
Deshabiller complet d'indienne,			
FICHUS de mouſſeline,			
Fichus de linon,			
JUPONS piqués,			
Jupons de toile de coton,			
Jupons d'indienne,			
LINGE de toilette,			
MOUCHOIRS blancs,			
Mouchoirs de couleur,			
PAIRES de poches,			
paires de bas de laine,			
paires de bas de coton,			
paires de bas de fil,			
ROBE & Jupon d'indienne,			
Robe & Jupon de toile de coton,			
SERRE-TETE,			
Linge du Domeſtique.			
BONNETS de coton,			
Bonnets de laine,			
CALÇONS,			
Chemiſes,			
Cols,			
Cravattes,			
Culottes blanches,			
Culotte de Nankin,			
MOUCHOIRS,			
PAIRES de bas de coton,			
paires de bas de fil,			
paires de bas de laine,			
paires de bas de filoſelle,			
paires de chauſſons,			
VESTES blanches,			
Veſtes de Nankin,			
TOTAL			

le DU MOIS d 178

donné à blanchir

SÇAVOIR à Monsieur.

ARTICLE	liv.	s.	d.
BANDEAUX,			
Bonnets de coton,			
Bonnets de laine,			
Bretelles.			
CALÇONS de toile,			
Calçons de futaine,			
Camisoles de toile,			
Camisoles de futaine,			
Camisoles d'indienne,			
Chaussettes,			
Chemises de jour, garnies,			
Chemises de nuit,			
Coîffes de Bonnets,			
Cols de mousseline,			
Cols de basin,			
Cravattes de mousseline,			
Cravattes de batiste,			
Culottes de basin,			
Culottes de toile de coton,			
Culottes de draps de coton,			
Culottes de Nankin,			
ESSUIE-MAINS,			
FROTTOIRS,			
GANTS de fil,			
Gillets de basin,			
Gillets de flanelle,			
Guêtres de toile,			
Gillets de futaine,			
Gillets de toile de coton,			
LINGE à barbe,			
MANCHETTES de mousseline,			
Manchettes de batiste,			
Manchettes effilées,			
Manchettes de bottes,			
TOTAL			

ARTICLE	liv.	s.	d.
Mouchoirs des indes,			
Mouchoirs de toile blanche,			
Mouchoirs de batiste,			
Mouchoirs de couleurs,			
NAPES,			
PAIRES de draps de maître,			
paires de draps de domestique,			
paires de bas de fil,			
paires de bas de coton,			
paires de bas de laine,			
paires de bas de filosele,			
paires de chaussons de toile,			
paires de chaussons de tricot,			
Pantalon de moleton,			
Pantalon de toile,			
Pantalon de tricot,			
Peignoirs,			
Pieces d'estomac,			
ROBE-de-chambre d'indienne,			
Robe-de-chambre piquée,			
SACS à pelottes,			
Serre-têtes,			
Serviettes de toilette,			
Suspensoirs,			
TABLIER du matin,			
Tayes d'oreillers,			
VESTES de basin,			
Vestes de drap de coton			
Vestes de Mousseline,			
Vestes de Nankin,			
Vestes piquées,			
Vestes de toile de coton,			
TOTAL			

SÇAVOIR, à Madame

ARTICLE	liv.	f.	d.
BANDES à faigner,			
Bandeaux,			
Baftiennes,			
Bloufes,			
Bonnets piqués,			
Bonnets ronds de mouffeline,			
Bonnets ronds de linon,			
Bonnets ronds de dentelle			
CAMISOLES de mouffeline garnies,			
Camifoles de toile de coton garnies,			
Camifoles piquées garnies,			
Camifoles houettées garnies,			
Chemifes de jour,			
Chemifes de nuit,			
Chemifes de batifte,			
Chemifes de bain,			
Chemifes-robes de mouffeline,			
Chemifes-robe d'indienne,			
Chemife-robe, de linon,			
Coiffes de mouffeline,			
Collerette,			
Corfet de toile de coton garnis,			
Corfets de bafin garnis,			
Corfets de toile fine garnis,			
Courtes-pointes,			
Couverture de coton,			
Couvre-pieds piqués garnis,			
Couvre-pieds de mouffeline,			
Couvre-meuble,			
DRAPS de maîtres,			
Draps fans couture,			
Draps de domeftique,			
Deshabillers garnis,			
ESSUIE-MAINS			
FOURREAUX de toile de coton,			
Fourreaux de mouffeline,			
Fourreaux d'indienne,			
Fourreaux de linon,			
Fichus de mouffeline,			
TOTAL			

ARTICLE	liv.	f.	d.
Fichus de batifte,			
Fichus doubles,			
Fichus de linon,			
Fichus frifés,			
Fraifettes de mouffeline,			
Frottoirs de futaine,			
Frottoirs de flannelle,			
GARNITURES de lit de toile,			
Gaule de mouffeline,			
Gaule d'indienne,			
HOUPELANDE,			
JUPONS piqués, blancs, garnis,			
Jupons de moleton,			
Jupons de futaine,			
Jupons de bafin garnis,			
Jupons de granat,			
Jupons houettés, garnis,			
Jupons de linon,			
Jupons de mouffeline,			
LINGE de toilette,			
Linge de Garde-robe,			
Linges de baignoir,			
MANTELETS de mouffeline,			
Mouchoirs de toile blanche,			
Mouchoirs de batifte,			
Mouchoirs des indes,			
PAIRES de poches de bafin, garnies,			
Paires de poches de toile, garnies,			
paire de bas de coton,			
Peignoirs de toile,			
Peignoirs de Mouffeline,			
Pieces d'eftomac,			
Pierrot & Jupon de linon,			
RIDEAUX de mouffeline, grands,			
Rideaux de toile de coton, grands,			
Rideaux de mouffeline, petits,			
Rideaux de linon, petits,			
Robe & Jupon de toile de coton,			
TOTAL			

ARTICLE	liv.	f.	d.
Robe & Jupon de mousseline,			
Robe & Jupon de linon,			
Robe & Jupon d'indienne,			
Rodingotte d'indienne,			
SACS à pelottes,			
Serre-têtes,			
Serviettes de toilette,			
Serviettes de garderobe,			
TABLIERS de Femme-de-chambre,			
Tabliers de coëffeur,			
Tayes d'oreillers garnies,			
Toilette garnie de mousseline,			
Tours de chaise,			
Tour de bassin,			
Linge des Enfans.			
BANDEAUX,			
Bandes,			
Bavoirs,			
Beguin,			
Brassieres de futaine,			
Brassieres de flanelle,			
CALÇONS,			
Camisoles de mousseline,			
Camisoles de toile de coton,			
Camisoles d'indienne,			
Camisoles de futaine,			
Chaussettes,			
Chaussons,			
Chemises de jour, de garçon,			
Chemises de nuit, de garçon,			
Chemises de jour, de demoiselle			
Chemises de nuit, de demoiselle,			
Chemises petites,			
Chemises-robes de mousseline,			
Chemises-robe d'indienne,			
Collerettes de mousseline,			
Cols de mousseline,			
Couches,			
Couvres-pieds garnis,			
Culottes de draps de coton,			
Culottes de basin,			
Culottes de toile de coton,			
DESHABILLERS de toile de coton,			
TOTAL			

ARTICLE	liv.	f.	d.
Deshabillers d'indienne,			
FOURREAUX de toile de coton,			
Fourreaux de linon,			
Fourreaux d'indienne,			
GARNITURES de lit,			
Gillets de basin,			
Gillets de toile de coton,			
JACTONS,			
Jupons de toile de coton garnis,			
Jupons de basin garnis,			
Jupons de futaine,			
Jupons de moleton,			
LANGES piqués,			
Lange de futaine,			
Lange de laine,			
Linge de toilette,			
MANTELETS de mousseline,			
Manchettes de garçon,			
Matelots de toile,			
Matelots de Nankin,			
Mouchoirs de toile,			
Mouchoirs de batiste,			
PAIRES de bas de coton,			
paires de bas de fil,			
paires de bas petits,			
paires de bas de laine,			
paires de poches,			
Peignoirs,			
Pierrots & Jupon de linon,			
Pierrots & Jupon de mousseline,			
Pieces d'estomac,			
ROBES & Jupons de toile de coton,			
Robes & Jupons de mousseline,			
Robes & Jupons d'indienne,			
Robe de chambre,			
TETIERES,			
Tours de bonnet,			
Tours de chaises,			
VESTES de basin,			
Vestes de toile de coton,			
Vestes de nankin,			
Vestes de drap de coton.			
TOTAL			

ARTICLE	liv.	s.	d.
Linge d'Office.			
CHAUSSES à passer,			
ESSUIE-MAINS,			
NAPES damassées,			
Napes à linteaux,			
Napes à grains d'orge,			
Napes ouvrées,			
Napes d'office,			
Napes petites,			
Napes de venise,			
Napes de cuisine,			
PAQUETS de Torchons,			
SERVIETTES d'amassées,			
Serviettes à linteaux,			
Serviettes à grains d'orge,			
Serviettes ouvrées,			
Serviettes de Venise!			
TABLIERS d'office,			
Tabliers de cuisine,			
Torchons,			
Linge de la Femme de Chambre.			
BANDEAUX,			
Bonnets ronds,			
Bonnets piqués,			
CAMISOLES de toile de coton,			
Camisoles d'indienne,			
Chemises,			
Corset de toile,			
Corset de basin,			
DESHABILLÉ complet de toile de coton,			
Deshabillé complet d'indienne,			
FICHUS de mousseline,			
Fichus de linon,			
JUPONS piqués,			
Jupons houetrés,			
Jupons de toile de coton,			
LINGE de toilette,			
MOUCHOIRS blancs,			
Mouchoirs de couleur,			
PAIRES de poches,			
paires de bas de coton,			
paires de bas de fil,			
TOTAL			

ARTICLE	liv.	s.	d.
ROBE & Jupon d'indienne,			
Robe & Jupons de toile de coton,			
Robe & Jupon de mousseline,			
SERRE-TÊTES.			
Linge de la Cuisiniere.			
BONNETS ronds,			
Bonnets piqués,			
CAMISOLES d'indienne,			
Camisoles de toile de coton,			
Chemises,			
DESHABILLÉ compl. de toile de cot.			
Deshabiller complet d'indienne,			
FICHUS de mousseline,			
Fichus de linon,			
JUPONS piqués,			
Jupons de toile de coton,			
Jupons d'indienne,			
LINGE de toilette,			
MOUCHOIRS blancs,			
Mouchoirs de couleur,			
PAIRES de poches,			
paires de bas de laine,			
paires de bas de coton,			
paires de bas de fil,			
ROBE & Jupon d'indienne,			
Robe & Jupon de toile de coton,			
SERRE-TETE,			
Linge du Domestique.			
BONNETS de coton,			
Bonnets de laine,			
CALÇONS,			
Chemises,			
Cols,			
Cravattes,			
Culottes blanches,			
Culotte de Nankin,			
MOUCHOIRS,			
PAIRES de bas de coton,			
paires de bas de fil,			
paires de bas de laine,			
paires de bas de filoselle,			
paires de chaussons,			
VESTES blanches,			
Vestes de Nankin,			
TOTAL			

www.ingramcontent.com/pod-product-compliance
Ingram Content Group UK Ltd.
Pitfield, Milton Keynes, MK11 3LW, UK
UKHW022051190726
13855UKWH00002B/470

9 782013 091954